ŒUVRES COMPLÈTES

DE

AUGUSTE BRIZEUX

PARIS. — IMPRIMERIE DE J. CLAYE, 7 RUE SAINT-BENOIT.

ŒUVRES COMPLÈTES

DE

AUGUSTE BRIZEUX

PRÉCÉDÉES D'UNE NOTICE

PAR

SAINT RENÉ TAILLANDIER

TOME PREMIER

MARIE — LES BRETONS — LA HARPE D'ARMORIQUE
SAGESSE DE BRETAGNE

PARIS

MICHEL LÉVY FRÈRES, LIBRAIRES-ÉDITEURS

RUE VIVIENNE, 2 BIS

—

1860

Tous droits réservés

I

Les poésies d'Auguste Brizeux paraissent ici pour la première fois dans leur complet et harmonieux ensemble. L'auteur de *Marie* et des *Bretons* était sur le point de rassembler lui-même ses œuvres, de réunir maintes pages dispersées, de publier quelques pièces inédites, de grouper enfin tous ses poëmes dans un ordre qui reproduisît le développement de son inspiration, lorsque la mort surprit le moissonneur et l'empêcha de lier sa gerbe. Il avait, en mourant, légué à deux de ses amis, à M. Auguste Lacaussade et à celui qui écrit ces lignes, le soin d'achever sa tâche interrompue ; nous pouvons dire que nous n'avons rien négligé pour accomplir ce pieux devoir. Brizeux avait d'éminents confrères en poésie qui l'appréciaient, qui l'aimaient tendrement, et qui, en se chargeant de cette publication, en eussent augmenté l'éclat : il suffit de citer M. Auguste Barbier, M. Alfred de Vigny, M. Sainte-Beuve, M. Émile Deschamps, M. Victor de Laprade. Si l'on s'étonnait de voir nos modestes noms associés à celui du chan-

a

tre de la Bretagne, nous répéterions simplement ces mots charmants de La Fontaine parlant de sa collaboration avec Maucroix : « Une ancienne amitié en est la cause. »

Il y a déjà quatorze ans que Brizeux faisait son premier testament littéraire ; prévoyant le cas où une mort subite ne lui permettrait pas de prendre lui-même ses dernières dispositions, il avait donné à M. Lacaussade des instructions très-précises pour la publication de ses œuvres. L'ami sincère, le poëte discret et pur qui recevait ce témoignage si digne d'envie y trouvait la juste récompense du dévouement le plus délicat et le plus tendre. « Mon cher Lacaussade, écrivait Brizeux le 2 octobre 1846, je remets entre vos fidèles mains cette liste de mes poésies qui vous servira à les publier dans un ordre convenable, si elles étaient destinées à me survivre. » Certes, il n'avait pas oublié ce legs formulé avec une simplicité si touchante lorsque, onze ans après, ayant eu la pensée de me dédier une de ses histoires poétiques, il y insérait ces vers, témoignage bien précieux aussi pour moi de son indulgente et confiante amitié :

> Des bords de la Durance aux fleuves des Germains,
> O sage explorateur des grands courants humains !
> Mort, je vous lègue, ami, le soin de ma mémoire.
> . . . .
>
> Ah ! mes vers, sur les flots, dans les bois recueillis,
> Mes vers, mon seul trésor, ne seront point trahis !
> Vous avez le respect de toute noble chose ;
> Entre vos nobles mains, ami, je les dépose. »

La mission que Brizeux me donnait ainsi en 1857 ne révoquait pas celle qu'il avait confiée à M. Auguste Lacaussade. C'était plutôt la confirmation de sa pensée première ; il nous associait tous deux à la même œuvre. Les instructions écrites pour M. Lacaussade en 1846 et celles qu'il devait me laisser plus tard se combinaient ensemble, se complétaient mutuellement. L'un et l'autre, au même titre, nous étions chargés de veiller sur la mémoire du poëte. Lorsque Brizeux, dans les vers qu'on vient de lire, sembla m'attribuer plus spécialement ce soin, avait-il pressenti, hélas! que je recueillerais si tôt ses paroles suprêmes?

Au mois d'avril 1858, atteint déjà d'une maladie mortelle, il résolut tout à coup de quitter Paris, espérant retrouver ses forces sous le ciel du Languedoc. Un de ses frères d'un autre lit, M. Ernest Boyer, sous-préfet de Corbeil, qui l'aimait d'une affection sans partage, essaya en vain de le retenir; vainement aussi M. Auguste Barbier, M. Lacaussade, d'autres amis encore l'entouraient à l'envi des soins les plus dévoués; il était impatient de se réchauffer au soleil. Depuis les dix-huit ans que durait notre amitié, j'avais eu plus d'une fois le bonheur de le recevoir sous mon toit; il se rappela nos courses dans la campagne, nos longues promenades au bord de la mer, et ce fut près de moi, à Montpellier, qu'il voulut respirer ces chaudes haleines printanières auxquelles il redemandait la vie. Il vint donc, et ce fut pour mourir. Il était arrivé le 16 avril; trois semaines après, il expirait dans mes bras.

Comment dire quelle fut ma douleur, lorsque je vis le noble poëte, le poëte si fier et si doux, s'éteindre ainsi loin de tous les siens? Celui qui avait tant aimé les vallées de sa Bretagne venait de fermer les yeux dans une province éloignée; l'artiste, Parisien autant que Breton, allait s'acheminer vers sa dernière demeure sans y être accompagné par ses confrères. Famille, amis, tout lui manquait; moi seul, en ces tristes moments, je devais, ainsi que me l'écrivait M. Sainte-Beuve, représenter auprès du mort *toutes les amitiés, toutes les piétés et toutes les religions rassemblées.* Heureusement, je pouvais compter sur de sympathiques auxiliaires. Le vrai poëte est assuré de trouver une patrie partout où il y a des cœurs d'élite. Étranger moi-même en ce pays, mais connu d'un auditoire nombreux auquel l'auteur de *Marie* s'était mêlé plus d'une fois, je savais bien qu'il me suffirait de prononcer son nom pour réunir autour de son cercueil un cortége digne de lui. Le jour même où Brizeux avait rendu le dernier soupir, je publiai dans le *Messager du Midi* cette lettre *aux auditeurs du Cours de littérature française.*

« Messieurs et chers auditeurs,

« Dans mes leçons sur la littérature française, en rapprochant les écrivains modernes des maîtres immortels de l'art, j'ai eu plus d'une fois l'occasion de vous citer les vers de M. Brizeux, le chantre de *Marie*, des *Bretons* et des *Histoires poétiques*. L'auteur de ces belles pages vient de mourir à Montpellier. Épuisé par ses travaux, par une sensibilité ardente, par une vie toute dévouée au culte de l'art, il était venu réchauffer son corps au soleil du Midi ; il est arrivé ici le 16 avril et s'est éteint aujourd'hui, 3 mai, à cinq heures du matin. J'étais le seul ami personnel qu'il eût à Montpellier ; permettez-moi d'espérer que les amis de son talent voudront bien se réunir à moi pour l'accompagner à l'église. Il serait trop douloureux de penser que, dans une ville si sympathique aux lettres, un tel poëte a pu disparaître sans recevoir les hommages de la sympathie publique.

« Brizeux est mort loin de sa mère, loin de son pays qu'il a si bien chanté, loin de ses amis de Bretagne et de Paris. Je prie mes chers auditeurs, je les prie tous, connus et inconnus, de vouloir bien répondre à mon appel. Brizeux n'avait pas cette réputation bruyante qui est due, aujourd'hui plus que jamais, aux clameurs intéressées des coteries ; mais les meilleurs juges le plaçaient à un rang élevé parmi les plus nobles écrivains de nos jours, et il s'était formé un public d'élite qui lui était tendrement dévoué. Associez-vous, Messieurs, à ce public d'élite ;

il est digne de vos sympathies, le poëte qui n'a jamais chanté que la religion, la patrie, la liberté, le culte du bien et du beau, les sentiments les plus purs de l'âme humaine.

« SAINT-RENÉ TAILLANDIER. »

Le lendemain, 4 mai, l'élite de la ville s'était rendue à mon invitation. Des professeurs des Facultés, des conseillers de la Cour impériale, des membres de nos sociétés savantes, des étudiants, des ouvriers même (le cœur de Brizeux a dû en tressaillir) accompagnèrent le cercueil du poëte à l'église Sainte-Eulalie. De là, nous le conduisîmes au cimetière ; il fut déposé dans un caveau provisoire, en attendant que des mains pieuses vinssent le chercher pour l'ensevelir en Bretagne. Au moment où le cortége dut se séparer, je prononçai, non sans larmes, au nom de tous les amis absents, ces paroles de remercîments aux hommes de cœur qui m'avaient suivi, et de suprême adieu au poëte que nous pleurions.

« Messieurs,

« Cette cérémonie funéraire présente un **caractère particulier** de tristesse. Un vrai poëte, cœur pur, âme enthousiaste, consacre depuis trente ans son inspiration au sol qui l'a vu naître. Dans un temps où je ne sais quelles déclamations hautaines ont repoussé la famille et la patrie comme une invention de l'égoïsme, en face de cette fraternité menteuse qui mènerait à la promiscuité du chaos, il s'assied à l'ombre du foyer, il s'enferme au fond de sa province, il veut ne chanter que la Bretagne, sa foi, ses mœurs, ses paysages, la cabane du pêcheur, le sillon de l'homme des champs, tous les spectacles de la lande et de la mer, toutes les vertus simples et fortes de cette grande race celtique, demeurée là intacte et vierge sous la protection de la Croix! il trouve dans ces études populaires une riche moisson de poésie, un merveilleux tableau de la vie humaine, l'unité, la sérénité, l'harmonie, ce but suprême de l'art; et, encourageant ses frères à défendre leur trésor, il s'écrie :

> Oh! nous sommes encor les hommes d'Armorique,
> La race courageuse et pourtant pacifique,
> Comme aux jours primitifs la race aux longs cheveux
> Que rien ne peut dompter quand elle a dit : Je veux !
> Nous avons un cœur franc pour détester les traitres !
> Nous adorons Jésus, le Dieu de nos ancêtres!
> Les chansons d'autrefois, toujours nous les chantons :
> Oh! nous ne sommes pas les derniers des Bretons!
> Le vieux sang de tes fils coule encor dans nos veines,
> O terre de granit recouverte de chênes!

« Ainsi chante ce noble poëte ; ainsi, pendant trente ans, il compose l'élégie familière ou la rustique épopée de la Bretagne ; et le jour où il achève sa tâche, le jour où il s'éteint, épuisé par ses travaux, par une sensibilité ardente, par une vie toute dévouée au culte de l'art, il meurt à deux cents lieues du pays qu'il a tant aimé, il meurt loin de sa mère, loin de ses frères, loin de ses amis, qui, pressés en foule autour du barde, se seraient disputé l'honneur de réciter ses vers sur sa tombe !

« Moi seul ici, je l'ai connu, je l'ai aimé, j'ai serré ses nobles mains... vous tous, messieurs, qu'un sentiment pieux a réunis auprès de ce cercueil, et qui avez si généreusement répondu à mon appel, soyez doublement remerciés, puisque vous ne le connaissiez qu'à demi !...

« Mais j'ai tort, vous le connaissiez aussi. Amis des lettres, amis de l'art religieux et spiritualiste, sympathiques à tous les sentiments élevés, vous avez le droit de former ici ce cortége, et ce n'est pas à mon appel que vous avez répondu, c'est à la voix même du poëte. Brizeux n'appartient pas seulement à la Bretagne, il appartient à la France entière, à tous les cœurs épris du bien et du beau, à tous ceux qui savent goûter la délicatesse des sentiments, l'élévation de la pensée, le charme et la mélodie du langage. Il y a dans notre poésie du xixe siècle des imaginations plus variées, plus éclatantes ; il n'en est pas de plus pures. Connaissez-vous beaucoup de poëtes qui puissent se dire à l'heure suprême : « Je n'ai chanté que la religion, la patrie, l'amour de la nature et de l'art, les meilleures, les plus saines émotions de l'âme humaine. Jamais je n'ai prêté ma voix aux accents du désespoir, aux séductions de la volupté, aux entraînements de l'orgueil. Épurer les cœurs et consoler les âmes, c'était là toute ma poétique. » Brizeux peut se rendre ce témoignage. Le trait dominant de son œuvre, c'est sa passion pour l'art, et l'art était pour lui l'interprète des plus consolantes pensées. Dès le début, il s'était dit, comprenant bien la mission périlleuse et la responsabilité de l'écrivain en des temps comme le nôtre :

> Dans la paix de mon cœur et dans son innocence
> (Car les simples de cœur ont aussi leur puissance),
> Malade ou désolé, quoi que fasse le sort,
> J'achèverai mon œuvre et serai le plus fort :
> Mais bien souvent, Seigneur! quand la noire tempête
> Élèvera ses flots au-dessus de ma tête,
> Ainsi que le pêcheur près de sombrer, hélas!
> Vers vous en gémissant je tendrai les deux bras;
> Mon Dieu! que votre oreille alors s'ouvre et m'entende;
> Ma barque est si petite et la mer est si grande!

et Dieu l'a entendu. Il lui a donné une imagination sereine, il lui a inspiré l'enthousiasme du bien, l'horreur du mal; il lui a envoyé ces exquises jouissances de l'artiste, ce tourment du beau qu'il a si gracieusement décrit dans un hymne tout chrétien :

> Il est doux par le beau d'être ainsi tourmenté
> Et de le reproduire avec simplicité;
> Il est doux de sentir une jeune figure
> S'élever dans vos mains harmonieuse et pure,
> Si belle qu'on l'adore et qu'on en fait le tour,
> Amoureux de l'ensemble et de chaque contour;
> Sous la forme il est doux de répandre la flamme
> En s'écriant : « Voici la fille de mon âme! »
> Jusqu'au foyer d'amour pour elle j'ai monté :
> Admirez ce reflet de la divinité!
> Nous ne redirons pas ce que disait la haine,
> Que toute poésie est une chose vaine :
> Chanter, peindre, sculpter, c'est ravir au tombeau
> Ce que la main divine a créé de plus beau;

> Chanter, c'est prier Dieu; peindre, c'est rendre hommage
> A celui qui forma l'homme à sa propre image;
> Le poëte inspiré, le peintre, le sculpteur,
> L'artiste, enfant du ciel, après Dieu créateur,
> Qui jeta dans le monde une œuvre harmonieuse,
> Peut se dire : J'ai fait une œuvre vertueuse!
> Le beau, c'est vers le bien un sentier radieux,
> C'est le vêtement d'or qui le pare à nos yeux.

« Que d'autres pensées pieuses, sereines, bienfaisantes, je pourrais recueillir encore dans ses poëmes, — couronnes de fleurs bénies à déposer sur sa tombe! On m'a raconté qu'Ozanam, dans sa dernière maladie, transcrivait de sa main défaillante quelques vers empruntés à un livre récemment publié; il les transcrivait pour un ami, pour un enfant peut-être, et ce furent, si ma mémoire ne me trompe pas, les dernières lignes qu'il ait tracées. Quels étaient ces vers? des vers de Brizeux, cette jolie chanson du pêcheur, avec ce refrain si confiant, si joyeux :

> Le bon Jésus marchait sur l'eau :
> Va sans peur, mon petit bateau!

« Mais je ne me lasserais pas de répandre ces fleurs sur son cercueil, *manibus date lilia plenis*. Terminons du moins par ce cri d'espérance qu'il jetait vers l'éternelle patrie dans une des plus belles pages de son œuvre. Je parle de ce *Livre des conseils*, où il prend un jeune homme au sortir de l'enfance et le conduit par la main de la jeunesse à la virilité, de la virilité à la vieillesse, de la vieillesse à la mort. Arrivé au dernier terme, il détourne ses yeux de la terre, de cette terre qu'il a aimée, de ce monde où son âme de poëte découvrait tant de trésors cachés, et, les regards dirigés vers le ciel, il s'écrie :

> Ce monde a ses grandeurs ; l'autre, plus vaste encor,
> A l'esprit du mourant montre ses sphères d'or,
> Et vers l'immensité décide son essor!

« Cette confiance, cet amour, ce furent là ses consolations, je le sais, au milieu des épreuves de l'agonie!

« Adieu donc, et repose en paix, ô mon ami! Du sein de cette vie meilleure où tu es entré, rends-moi l'assistance que je t'ai prêtée ici-bas. Tu es de ceux dont l'action bienfaisante survit à notre destinée d'un jour. Au moment où nous déposons ici ta dépouille mortelle, tu m'as fourni l'occasion de redire, à des esprits dignes de les entendre, quelques-unes des plus belles paroles sorties de ton cœur. Quand je te rendrai bientôt aux mains de ta famille, qui m'avait confié la douce et douloureuse mission de la représenter à ton lit de mort, quand ton corps ira reposer sous cette terre de l'Armorique consacrée par tes chants, les autres amis qui viendront au-devant de toi remercieront, mieux que je ne saurais le faire, ceux qui m'entourent ici et qui t'ont rendu ce pieux devoir. Leurs hommages, plus complets que les nôtres, ne seront pas plus sincères. Ils t'accueilleront avec larmes ; ils t'élèveront peut-être un monument funèbre, comme celui que tu fis construire au savant grammairien celtique, à ce vénérable Legonidec, mort aussi, comme toi, loin des campagnes natales. Nous, ô mon ami ! nous garderons le souvenir de ton passage et le parfum vivifiant de tes inspirations.

« Adieu, mon cher Brizeux ! au nom de tous ceux qui te connaissent et qui t'aiment ; au nom de tes confrères de Paris ; au nom de ceux qui, de divers points de la France, te sachant malade ici, m'adressaient des lettres si touchantes, si pleines de sollicitude, et que ta mort va désoler ; — au nom de tous, une dernière fois, adieu ! »

Je ne fus pas seul à prononcer les adieux ; une société savante, l'Académie des sciences et lettres de Montpellier, était dignement représentée à cette cérémonie, et le membre qui prit la parole en son nom, M. Grasset, conseiller à la Cour impériale, exprima dans les termes les mieux sentis la sympathique douleur de ses confrères. Un homme de cœur, M. Théodore Serre voulut saluer le barde en son langage. Vers ou prose, chacun apportait son offrande. Le ciel même, d'abord gris et voilé, dégagea bientôt sa lumière ; autour de nous, sur la route du cimetière, les buissons des champs frémissaient au soleil ; et moi, songeant à ces harmonies que le poëte savait si bien comprendre, je me rappelais l'épisode de *la Chaîne d'or*, le convoi de la fille du pauvre, les fleurs d'avril pleuvant sur le cercueil, et le divin sourire de la nature si doucement associé aux tristesses d'un jour de deuil :

> Ce n'étaient que parfums et concerts infinis,
> Tous les oiseaux chantaient sur le bord de leurs nids.

Quelques jours après, un frère du poëte venait chercher sa dépouille mortelle et la ramenait en Bretagne. Quand le cercueil entra dans le port de Lorient, une foule émue et recueillie s'empressa de faire cortége au barde d'Armorique. De l'endroit où était creusée la tombe on apercevait l'Océan, et chacun se rappelait avec quelle vigueur le chantre si suave du Scorf et de l'Ellé avait peint aussi les tableaux de la mer, la Baie-des-Trépassés, les rochers de Penn-March, les grèves bretonnes, les mœurs des marins, les souvenirs des Celtes au bord des flots, et toutes ces îles sauvages où le christianisme fait éclore tant de merveilleuses fleurs sur le tronc rugueux du chêne druidique. En présence de ces grands spectacles complétés par l'évocation des souvenirs, au milieu de ces populations en pleurs, de nobles paroles furent prononcées. Un des plus anciens amis de Brizeux, M. Guieysse, dont le nom est consacré dans l'une des pièces de *Marie* et dans une page exquise des *Histoires poétiques,* M. le docteur Bodélio, son ami d'enfance, son condisciple au collége de Vannes, M. le capitaine Jury, attaché aussi au poëte breton par les liens de l'esprit et du cœur, firent entendre comme une symphonie de regrets et de louanges à laquelle bien des âmes répondirent. Les plus touchants témoignages arrivaient de tous côtés. Que de fleurs délicatement choisies ! que de strophes sans prétention dictées par un sen-

timent pur! Ici, c'était un ami, un disciple, M. Édouard
Briault, qui publiait tout un recueil de chants à la mémoire du maître bien-aimé ; là, au contraire, c'était un
vieillard vénérable, un des directeurs de la jeunesse
de Brizeux, qui venait en pleurant réciter ses vers à son
illustre élève. On le chantait dans ses deux langues; à la fin
de la cérémonie funéraire de Lorient, un jeune ouvrier ty-
pographe, M. Le Godec, avait lu des strophes françaises
adressées à Brizeux ; quelques semaines plus tard, un écrivain fidèle aux traditions de sa race, M. Luzel, s'écriait, dans
cette langue des Celtes que Brizeux maniait aussi en maître :
« Brizeux est mort, le barde d'Arvor! il est mort pour revivre
en un monde meilleur. Chantez le chant d'adieu, ô vous,
forêts et mer! » Ainsi, dans un même sentiment éclataient
toutes les voix de la Bretagne: l'harmonieux idiome de la
France nouvelle et l'idiome énergique des vieilles Gaules
mêlaient leurs accents sur ce tombeau.

Enfin, comme des voix qui s'appellent et se répondent,
du Sud au Nord, et de l'Ouest à l'Est, on vit se propager,
avec la fatale nouvelle, les émotions littéraires et morales
que le noble poëte avait éveillées chez les âmes choisies.
Un mois après la mort de Brizeux, le 10 juin 1858, ses
amis et confrères parisiens, ses camarades de l'armée des
lettres, faisaient célébrer pour lui un service funèbre dans
l'église Saint-Germain-l'Auxerrois. En même temps, des
plumes habiles s'empressaient d'expliquer à la foule l'originalité du poëte que la France venait de perdre. M. Louis
Ratisbonne dans le *Journal des Débats*, M. Édouard Thierry
et M. Théophile Gautier dans le *Moniteur*, M. Alfred Net-
tement dans l'*Union*, M. Paulin Limayrac dans le *Consti-
tutionnel*, M. Jules de Saint-Félix dans le *Courrier de Paris*,
M. Auguste Lacaussade dans la *Revue contemporaine*,
M. le marquis de Belloy dans la *Revue française*, M. Ar-
mand de Pontmartin dans le *Correspondant*, ont apprécié,

chacun à son point de vue, tous avec une sympathie cordiale et une admiration réfléchie, l'auteur de *Marie* et des *Bretons*, de la *Fleur d'or* et des *Histoires poétiques*. Parmi tant d'études excellentes, plus d'une assurément aurait pu servir d'introduction au recueil des poésies complètes de Brizeux; cet honneur semblait réservé surtout au travail de M. Auguste Lacaussade qui, faisant de curieux emprunts à la correspondance intime de notre ami, a pleinement réussi à peindre à la fois le poëte et l'homme avec sa physionomie si vive et si ardente. C'était là mon sentiment : M. Lacaussade fut d'un autre avis, et je fus obligé de m'y soumettre. Il pensa qu'ayant eu le douloureux privilége de fermer les yeux au poëte, c'était à moi de porter la parole au seuil du monument que nous lui élevons, comme je l'avais portée le premier sur son tombeau. Je reproduis donc ici l'article que je publiai le 1er septembre suivant dans la *Revue des Deux Mondes*, et qui est intitulé : *Poëtes modernes de la France. Auguste Brizeux, sa vie et ses œuvres.*

II

BRIZEUX, SA VIE ET SES ŒUVRES

Il y a trois ans à peine [1], en jugeant avec sa précision accoutumée l'auteur de *Marie* et des *Bretons*, Gustave Planche commençait ainsi : « M. Brizeux est à coup sûr une des physionomies les plus intéressantes du temps où nous vivons. » Et il terminait par ces mots : « Sa renommée, si modeste en apparence, me parait reposer sur de solides fondements..... Je ne loue pas seulement l'élévation,

[1]. Voyez la *Revue des Deux Mondes* du 15 février 1855.

mais aussi la sobriété de ses travaux. Sa vie est bien remplie, puisqu'il n'a jamais parlé sans être écouté. Il n'a pas à redouter le reproche de stérilité, puisque toutes ses pensées, recueillies par des esprits attentifs, ont germé comme une semence déposée dans un sol généreux. » L'austère critique, en traçant ces paroles, faisait preuve d'une rare sagacité ; on dirait que cette page est écrite d'hier. Ces pensées recueillies par des esprits attentifs, et qui ont germé comme une semence dans un sol généreux, c'est bien ce que nous avons vu après la mort du noble poëte. Brizeux n'a pas joui de toute sa renommée : discret, farouche, fuyant les routes tumultueuses, il aimait avec passion les secrets sentiers de la Muse, aussi soigneux d'éviter le bruit que d'autres sont ardents à le chercher. Avec cette pudeur de l'esprit, avec cette grâce fière et sauvage, on s'expose à l'oubli dans un temps comme le nôtre. Brizeux semblait un peu oublié, lorsque Gustave Planche lui promettait un succès durable. Ce fut la mort, hélas! qui justifia la prédiction du critique. Le jour où le poëte breton s'éteignit, le jour où l'on apprit que cette voix si mâle et si douce ne se ferait plus entendre, toutes les sympathies cachées éclatèrent. Il était mort loin des siens, loin de la Bretagne et de Paris ; d'un bout de la France à l'autre, partout où il y avait des âmes dignes de ressentir les émotions du beau, ce fut un concert de louanges et de regrets. Depuis les fraîches idylles de *Marie* jusqu'aux *Histoires poétiques*, les pensées du doux chantre, on le vit bien alors, avaient été recueillies par des esprits attentifs ; la semence avait germé dans un sol généreux.

Il semble qu'il n'y ait rien de nouveau à dire sur le poëte que la France vient de perdre. Les maîtres de la critique, M. Sainte-Beuve à plusieurs reprises, au sujet de *Marie* d'abord et ensuite des *Ternaires*, M. Charles Magnin à propos des *Bretons* [1], Gustave Planche à l'occasion de *Primel et Nola* et des *Histoires poétiques*, ont caractérisé le talent de Brizeux et marqué son rang dans la poésie du XIX° siècle. Depuis qu'il nous a quittés, bien des voix ont salué son départ, bien des amis inconnus ont voulu inscrire leur nom sur sa tombe, et, dans cet accord unanime de la presse littéraire et des esprits fidèles à l'idéal, on a vu se dessiner peu à peu l'originale physionomie du poëte qui l'inspirait. J'ose croire cependant que tout n'a pas été dit. Un artiste si fin, si scrupuleux, un écrivain qui joignait au sentiment exquis de la langue le souci constant de la pensée, garde encore bien des secrets, trop de secrets peut-être, car il prenait plaisir (et ce fut là son défaut dans les derniers temps de sa vie) à condenser sous des formes elliptiques les trésors de son inspiration. L'homme aussi veut être étudié de près. Comment s'est développée chez lui cette sensibilité pénétrante? Quelle a été la première éducation du poëte? Que doit-il à l'action de son pays, à ses souvenirs d'enfance et de jeunesse? Par quelles transitions insensibles le barde des landes et des grèves est-il devenu un maître consommé dans l'art des élégantes italiennes? D'où vient enfin, chez l'auteur de *la Fleur d'or*, ce mélange de la nature et de l'art, de la force et de la grâce, de la simplicité rustique et de la subtilité florentine? Plus on relit les poëmes de Brizeux, plus le tissu serré de son style révèle de finesses cachées et de nuances harmonieuses. La vie du poëte expliquera son œuvre. Des notes bien précieuses qu'il m'a confiées en mourant, ses lettres, ses ébauches de prose et de poésie, des communications de sa famille, me permettront de jeter un jour nouveau sur

---

1. Voyez la *Revue des Deux Mondes* du 15 février 1841 et du 1ᵉʳ août 1845.

toute une part de sa vie que ses plus intimes amis connaissaient peu. Un de ses condisciples à l'école du curé d'Arzannô, un camarade de Loïc, d'Élô, de Daniel, qui a été au catéchisme avec Marie, s'est fait un pieux devoir de rassembler pour nous ses souvenirs. Je voudrais soulever les voiles de la poésie sans en profaner le doux mystère; je voudrais suivre, de l'enfance à la virilité, la destinée du poëte et l'histoire de son âme.

Julien-Auguste-Pélage Brizeux est né à Lorient le 12 septembre 1803. Sa famille était originaire de l'Irlande, de cette verte Érin, qu'il aimait comme une seconde patrie, et qu'il a tant de fois, dans ses chants, associée à la Bretagne;

> Car les vierges d'Eir-inn et les vierges d'Arvor
> Sont des fruits détachés du même rameau d'or.

Les Brizeux (*Brizeuk*, breton, de *Breiz*, Bretagne) seraient venus en France après la révolution de 1688, lorsque Guillaume d'Orange eut détrôné Jacques II. Ils s'établirent aux bords de l'Ellé, à l'extrémité de la Cornouaille, aux confins du pays de Vannes. L'aïeul du poëte, notaire et contrôleur des actes, avait une nombreuse famille et une fortune médiocre; après lui, le manoir paternel fut vendu, et les enfants se dispersèrent. L'un d'eux, c'est le père de celui qui a écrit *Marie*, Pélage-Julien Brizeux, servit avec honneur dans la chirurgie de marine pendant les guerres de la révolution. La mer, la Bretagne, les souvenirs lointains de l'Irlande, ce furent là pour l'enfant les premières sources d'impressions, de ces impressions qu'une âme naïve recueille sans les comprendre, qui s'y endorment et paraissent s'y éteindre, puis un jour, longtemps après, se réveillent tout à coup, pleines de fraîcheur et d'énergie. Il était encore bien jeune quand il eut le malheur de perdre son père. Il lui restait une mère dont l'influence fut singulièrement vive sur son éducation morale. On a remarqué chez plus d'un grand poëte moderne l'action de l'âme maternelle. Il y a là-dessus des pages bien senties de M. Sainte-Beuve. Virgile a eu raison de dire : *Cui non risere parentes...* Celui à qui sa mère n'a pas souri, ni les dieux ni les déesses ne l'aimeront. La poésie est une de ces déesses qui ne protégent pas l'homme à qui a manqué le sourire de sa mère. Les génies les plus différents ont dû maintes richesses cachées à ces mystérieuses communications des âmes, Victor Hugo comme Lamartine, et Gœthe aussi bien que Novalis. « C'est ma mère, dit Gœthe, qui m'a donné, avec sa gaieté vive et franche, le goût d'écrire, le goût et la joie de l'invention poétique. » Brizeux dut à la sienne la simplicité du cœur et une sensibilité exquise. On se rappelle les pièces touchantes où il a exprimé ce que nous indiquons ici. Quand il composa son poëme de *Marie*, avec quelle grâce, avec quelle piété joyeuse il associe sa mère à l'œuvre qui s'élève sous ses mains :

> Si ton doigt y souligne un mot frais, un mot tendre,
> De ta bouche riante, enfant, j'ai dû l'entendre ;
> Son miel avec ton lait dans mon âme a coulé ;
> Ta bouche, à mon berceau, me l'avait révélé.

Brizeux a souvent chanté sa mère, et jamais une idée banale ne lui est échappée, jamais non plus une parole ambitieuse n'a défiguré l'expression de sa tendresse. D'autres poëtes, en célébrant leurs foyers, ont oublié toute mesure ; ils ont glorifié une image abstraite, l'idéal de la mère, un type unique et incomparable, si bien que chacun, en les lisant, se sent blessé et réclame au fond de sa conscience. Rien de pareil chez Brizeux ; il n'absorbe pas toutes les mères dans la sienne, il dessine un portrait, il peint une figure distincte et sait la faire aimer. Ce sentiment de la mesure uni à une sensibilité ardente, ce goût si vif de la réalité chez un artiste si épris de l'idéal, ce sont là des traits à noter dans la physionomie du poëte. Ils sont visibles dès le premier jour, et chaque progrès de la vie ne fera que les marquer davantage.

Le jeune Breton avait huit ans quand il fut envoyé à l'école du curé d'Arzannô. Allons-y avec lui. Nous voilà désormais en pleine Bretagne. Lorient est une ville moderne avec ses rues alignées et ses services publics ; ce n'est pas là qu'il faut chercher les traditions de la terre des Celtes. A deux lieues de Kemperlé, entre Lorient et le Faouet, c'est-à-dire sur la limite du pays de Vannes et de la Cornouaille, est le petit village d'Arzannô, qui appartient aujourd'hui au département du Finistère. C'est un chef-lieu de canton composé de quelques maisons de paysans. Là, tout est celtique, la langue, les mœurs, les costumes. La terre aussi a bien sa physionomie distincte ; nulle part on ne voit la lande plus sauvage, les genêts plus verts, le blé noir plus vivace, les chênes plus solidement fixés dans un sol de granit. Les deux fleuves chers aux Bretons, le Scorf et l'Ellé, coulent à quelque distance, le Scorf à l'est, l'Ellé à l'ouest. Ce qui est bien breton surtout, c'est le presbytère et la vie du *recteur* au milieu de ses paysans. M. Sainte-Beuve, à propos de *Jocelyn*, mettant en scène cette famille de pasteurs et de vicaires chantés par les poëtes ou poëtes eux-mêmes, comme il y en a de si gracieux exemples en Angleterre et en Allemagne, ajoute ces mots : « La vie de nos curés de campagne en France n'a rien qui favorise un genre pareil d'inspiration et de poésie. S'il avait pu naître quelque part, c'eût été en Bretagne, où les pauvres *clercs*, après quelques années de séminaire dans les Côtes-du-Nord, retombent d'ordinaire dans quelque hameau voisin du lieu natal. M. Brizeux nous a introduits parmi ce joyeux essaim d'écoliers qui bourdonnait et gazouillait autour des haies du presbytère chez son curé d'Arzannó. » Arzannó, comme on voit, est déjà un lieu consacré dans l'histoire de la poésie; on le citait, il y a vingt ans, à côté du délicieux Auburn de Goldsmith et de ce village de Grünau, où Voss, l'auteur de *Louise,* a placé son vénérable pasteur. Le poëte qui fera la célébrité d'Arzannó y arrive aujourd'hui tout enfant; il va vivre comme un clerc auprès du curé, il portera l'aube blanche, il chantera la messe dans le chœur, et c'est là, entre le presbytère et les champs de blé noir, entre l'église et le pont Kerlò, que naîtra sa poésie, vraie poésie du sol, naïve, rustique, chrétienne et merveilleusement encadrée dans un paysage d'Armorique.

Les amis de Brizeux l'ont bien souvent interrogé sur ces années de son enfance; il éludait toujours les questions, laissant aux idylles de *Marie* le soin de se traduire elles-mêmes. Il parlait quelquefois, les yeux pleins de larmes, des leçons de son vénéré maître, lorsque le curé d'Arzannó leur expliquait la messe, et qu'entonnant le récitatif, il leur détaillait toutes les nuances et toutes les beautés du plain-chant. Le plus souvent il s'en tenait à une réponse générale et qui empêchait d'insister; il savait bien qu'on en serait vite arrivé aux questions inévitables : « Marie a-t-elle existé? Vit-elle encore? L'avez-vous revue? » Ces secrets de son cœur étaient aussi ses secrets d'artiste; tant qu'il vivrait, pensait-il, on ne devait pas y toucher. Depuis sa mort, j'ai cherché, j'ai découvert un de ses amis d'enfance. Le condisciple

..... Du petit Pierre Élô,
Qui chante en écorchant son bâton de bouleau,

le condisciple de Brizeux, de Loïc et de Joseph Daniel m'a introduit au presbytère.

Le curé d'Arzannó, M. Lenir, était un homme rare, un

vrai type du vieux clergé breton. Sous des dehors rustiques, on sentait en lui un esprit vif, plein de séve, plein de richesses naturelles, une âme simple et fortement trempée. Après avoir fait ses humanités en Bretagne, M. Lenir était allé étudier la théologie à Saint-Sulpice. Il était libre de tout vœu au moment où la révolution éclata ; ce fut l'heure qu'il choisit pour entrer dans les ordres. Il revint en Bretagne à la veille de la Terreur, et l'on devine à quels dangers sans cesse renaissants il fut obligé de disputer sa vie. Traqué de ville en ville, contraint de se cacher dans les bourgs de Cornouaille, il devint paysan avec les paysans, et, ne pouvant sans péril exercer le saint ministère, il se consolait en donnant des leçons aux enfants de ses hôtes. C'est là qu'il prit le goût de ces écoles populaires où il devait plus tard enfermer si humblement l'activité d'un cœur d'apôtre. Quand le premier consul eut rouvert les églises, l'abbé Lenir fut placé à la tête d'un collége que son évêque venait d'établir à Kemperlé. Il ne put y rester longtemps ; la période révolutionnaire avait éclairci les rangs du clergé, et l'on manquait de prêtres dans les campagnes ; le directeur du collége de Kemperlé fut nommé à la cure d'Arzannô. Un certain nombre de ses élèves l'y suivirent ; telle fut l'origine de cette école où les enfants des villes étaient mêlés aux jeunes paysans du bourg, et qui a fourni, me dit-on, des sujets d'élite aux carrières les plus différentes.

Le digne curé, par le charme de son esprit comme par la bonté de son cœur, avait le don de s'attacher ses écoliers pour la vie, et aujourd'hui encore, après tant d'années, ceux qui l'ont connu ne peuvent en parler sans larmes. « Il devait savoir maintes choses par intuition, m'écrit celui que j'ai appelé en témoignage, ou bien il avait prodigieusement travaillé dans sa jeunesse, car, à l'époque où je l'ai connu, il ne lisait plus guère que Bourdaloue, César, Virgile, et cependant il parlait de tout d'une manière intéressante. Il disait admirablement les vers, et il savait des poëmes entiers par cœur; je l'ai vu amoureux de Virgile et de l'*Énéide*. Enthousiaste et spirituel dans la conversation, il était brave en tout, brave d'esprit et de corps. Bien qu'il se livrât sans cesse avec une familiarité expansive, jamais on ne surprenait en lui quelque chose de commun; dans ses moindres actes, comme dans ses sentiments et ses paroles, il y avait toujours une dignité naturelle. Joignez à cela des allures élégantes, faciles, et vous jugerez quelle influence un tel homme devait avoir sur des enfants qu'il ne quittait presque jamais. Dieu et ses écoliers, c'étaient là toutes ses pensées. La vie matérielle lui était complétement indifférente; il n'y pensait qu'à l'occasion des pauvres, car il était charitable à tout donner. Si on lui adressait quelque observation à ce sujet : « Je n'ai connu personne, disait-il, qui se soit ruiné à faire l'aumône. »

« Il avait, — je laisse encore la parole à l'élève du curé d'Arzannô, — il avait la passion de l'enseignement. Que de fois, pendant la Terreur, il sortait des granges, des meules de foin où il avait été obligé de se blottir, et s'en allait retrouver ses élèves dans les fermes et les châteaux! Chargé de la cure d'Arzannô, les devoirs de son ministère, qu'il remplissait scrupuleusement, ne l'empêchaient pas d'être tout à son école. Plus tard, épuisé par l'âge, privé de la vue, le corps paralysé, il s'était retiré chez sa belle-sœur; une de ses nièces lui faisait la lecture; elle lui lisait son bréviaire d'abord, puis de longs passages des *Géorgiques* ou de l'*Énéide*, et le bon vieillard prenait encore plaisir à traduire, à expliquer son cher poëte à ceux qui l'entouraient. »

Ne surprend-on pas ici quelques-unes des inspirations familières à Brizeux? Ce vieux prêtre breton qui toute sa vie a lu son Virgile aussi fidèlement que son bréviaire, n'est-ce pas le digne maître de l'auteur de *Marie?* Lui aussi, plus tard, il se composera un bréviaire où Virgile aura sa place. Qu'on se rappelle cette pièce de *la Fleur d'or*, où trois frères, trois envoyés de l'amour éternel, sont si harmonieusement associés. Le premier est saint Jean, le disciple bien-aimé, celui qui a prononcé les plus tendres, les plus chrétiennes paroles de la loi du Christ :

> Tous ces mots de géhenne et de peuple maudit,
> Sur ses lèvres de miel nul ne les entendit;
> Mais ces mots : « Aimez-vous, enfants, les uns les autres, »
> Voilà ce que disait le plus doux des apôtres.

Le second est Raphaël; il a reçu le don de la beauté, il a trouvé des formes célestes pour peindre les vierges, les enfants et les anges, il a créé tout un peuple d'idéales figures pour charmer les regards et purifier l'esprit de l'homme. Le curé d'Arzannô eût été, sans doute, un peu scandalisé de voir le peintre d'Urbin placé de la sorte auprès de saint Jean; mais qu'eût-il dit en voyant apparaître tout à coup, transfiguré sous un rayon du christianisme, le troisième personnage de cette glorieuse famille? Le théologien eût protesté tout haut, le bon maître aurait souri tout bas. Troublé et séduit tour à tour, après avoir grondé son élève, il aurait répété avec délices ces vers si purs, se rappelant qu'au moyen âge une tradition populaire avait fait de Virgile un chrétien :

> L'évangéliste Jean, le peintre Raphaël,
> Ces deux beaux envoyés de l'amour éternel,
> Ont un frère en Jésus, digne que Jésus l'aime,
> Bien qu'il soit né païen et soit mort sans baptême.
> Virgile est celui-là : tant l'aimable douceur
> Au vrai Dieu nous élève et fait toute âme sœur!
> Donc, comme une couronne autour de l'Évangile,
> Inscrivez ces trois noms : Jean, Raphaël, Virgile;

> Le disciple fervent, le peintre au pur contour,
> Le poëte inspiré qui devina l'amour.

Les notes qui me sont communiquées sur l'école du curé d'Arzannò confirment de tout point les peintures que le poëte en a faites. L'emploi de la journée, les pieux exercices entremêlés à l'étude, les offices *chantés à pleine tête* et les leçons apprises dans les champs, le presbytère et la lande en fleurs, la règle et la liberté, je retrouve là tout ce que Brizeux a décrit. J'y vois de plus que, sans annoncer encore une vocation poétique, il était vif, ardent, toujours prêt à questionner, à provoquer le maître, qui ne demandait pas mieux que de sentir ainsi l'aiguillon ; de là des entretiens, des sympathies particulières entre l'excellent prêtre et l'enfant qui devait le glorifier un jour. Je trouve aussi des notes fort curieuses sur l'enseignement de l'abbé Lenir ; sur sa manière d'apprendre le latin à ses élèves, sur les différentes périodes de cette école si originale, la période titanique et la période homérique. La première se rapporte aux années révolutionnaires et aux guerres de la Vendée ; la seconde, celle que Brizeux a vue, offrait l'heureuse liberté des mœurs patriarcales. Mais c'est assez de détails ; j'entends la question que le lecteur m'adresse, et qui touche à des points plus importants. A côté de la figure de l'abbé Lenir, il y en a une autre dans les premiers vers de Brizeux. Ce maître si doux n'a pas été son seul maître. Où est Marie ? où est la fleur de blé noir ? Cette jeune fille du Scorf, destinée à une célébrité si pure, ne paraît-elle pas enfin dans ces confidences sans apprêt ?

« A une certaine époque de l'année, m'écrit le condisciple du poëte, nous avions le catéchisme que le curé nous faisait lui-même en langue bretonne. Tous les enfants de la paroisse y assistaient, c'est-à-dire, avec les enfants d'Arzannò, ceux des hameaux voisins. On y venait des fermes et des métairies d'alentour, quelquefois même d'une assez grande distance. Nous remplissions l'église, d'un côté les garçons, les filles de l'autre. A la sortie, tant qu'on était dans le bourg, il fallait bien se contenir, et les filles en profitaient pour prendre les devants; mais, à un certain angle du chemin, dès que nous étions assurés de n'être pas vus, nous prenions notre volée et courions après elles. C'est ainsi que Brizeux a connu Marie... »

Toutes ces choses, qui sont un peu trop simples dans un récit en prose, Brizeux les a dites en vers, avec cet accent de la poésie, avec cet art délicat et savant qui en fait des chefs-d'œuvre. Il nous suffit de recueillir ce témoignage sur la réalité de l'idylle. Le témoin que j'invoque n'est pas un ami complaisant : loin de là, il est exact, précis ; il discute les tableaux du paysagiste, il croit savoir où la réalité finit et où la poésie commence. « J'ai vu Marie, dit-il ; elle n'était pas précisément jolie, mais il y avait chez elle une grâce singulière. » Le portrait, tracé ici de souvenir et sans prétention littéraire, me représente bien la fleur de blé noir, comme l'a nommée Brizeux ; seulement le condisciple du poëte ne craint pas de contester presque tous les détails des idylles où Marie joue un rôle. Ces entretiens de la jeune Bretonne avec l'amoureux de son âge, ces rencontres sur la lande, le tableau si pur de cette journée passée au pont Kerlô, tout cela lui paraît inexact et impossible. L'écolier de l'abbé Lenir a aimé Marie avec son cœur et son imagination d'enfant; qui pourrait en douter? Quant à Marie, mon correspondant l'affirme, jamais elle n'a distingué parmi ses camarades celui qu'elle allait rendre poëte. J'ose contester à mon tour ces renseignements, qui veulent être trop exacts. A coup sûr, il importe assez peu que le poëte ait décrit des scènes réelles dans le sens vulgaire du mot. Si ces conversations au seuil de l'église, ces paroles échangées en traversant la lande, ces longues heures passées au bord du Scorf, expriment seulement les désirs de son cœur et les rêves de son imagination enivrée, il y a là une réalité idéale qui suffit bien au poëte. N'y a-t-il que cela pourtant? Le camarade de celui qui aimait Marie a-t-il surveillé tous ses pas? Pendant qu'il jouait avec Albin. Elò, Daniel (il les connaissait bien, il me raconte leur histoire, il me parle de ceux qui sont morts et me dit ce que les vivants sont devenus), pendant qu'il jouait avec eux autour des meules de foin, sait-il ce qui se passait du côté du moustoir? Cette liberté même qu'il a si exactement décrite, cette vie en plein air ne justifie-t-elle pas tous les épisodes de l'idylle? Je m'arrête; c'est assez d'avoir indiqué les deux opinions. Boccace explique à sa manière l'amour subit de Dante, âgé de neuf ans, pour la petite Béatrice Portinari, et bien qu'il soit presque contemporain de l'auteur de la *Divina Comedia*, la plupart des critiques modernes ont dû rectifier sa narration. La Marie de Brizeux n'est pas la Béatrice de Dante; mais dans sa simplicité, dans sa grâce élégamment rustique, la douce fille du moustoir, avec son corset rouge et ses jupons rayés, a déjà ses admirateurs, j'allais dire ses dévots. Si quelque jour on discutait, au point de vue de la vérité, l'idylle du pont Kerlò, je donne d'avance mes documents et mes notes[1].

Il fallut quitter cependant cette libre vie d'Arzannô. L'écolier de l'abbé Lenir allait avoir douze ans; c'était l'heure de commencer des études, non pas plus fécondes

1. Le correspondant si bien instruit dont j'ai résumé les notes, et que je me permets de contredire ici, est M. Lenir, naguère chef du personnel à l'administration des domaines, aujourd'hui directeur de l'enregistrement à Kemper. Or, depuis que cette page a paru dans la *Revue des Deux-Mondes*, j'ai appris que je n'avais pas eu tort de discuter ce point avec M. Lenir et de contester son opinion; un frère du poète, M. Ernest Boyer, son confident, et en maintes occasions son témoin, a bien voulu ajouter à mes conjectures l'autorité décisive de ses souvenirs. Tous les

peut-être, mais plus régulièrement suivies. Adieu le presbytère, et la lande embaumée, et les rives du Scorf, et les sentiers connus qui conduisent au moustoir! Adieu les leçons sur Virgile au milieu des foins et des genêts! Brizeux entra au collége de Vannes en 1816. L'année précédente, lorsque Napoléon, revenu de l'île d'Elbe, avait recommencé la lutte contre l'Europe, les écoliers de Vannes s'étaient armés pour que les Bretons restassent les maîtres chez eux. « Assez de guerres! criaient des milliers de voix, assez de sang versé pour l'ambition d'un homme! Nos pères et nos frères sont morts sur tous les champs de bataille! nous, s'il faut mourir, nous mourrons en Armorique. » Et ils avaient pris les armes contre les soldats de l'Empereur. C'était la guerre des chouans, la guerre des géants, comme l'appelait Napoléon, recommencée par d'héroïques écoliers. Pendant trois mois, ils tinrent la campagne, harcelant l'ennemi, l'obligeant à diviser ses forces; enfin la bataille eut lieu le 10 juin 1815, et ce fut une mêlée terrible où blancs et bleus, enfants d'un même pays, tombèrent sous des balles fratricides. Ces luttes impies, purifiées toutefois par tant d'épisodes héroïques et touchants, ne furent pas inutiles à l'éducation du poëte. Un esprit bien fait mûrit vite à ce feu des guerres civiles. En arrivant à Vannes, l'élève du curé d'Arzannô trouvait plus que les souvenirs de ce tragique épisode; la tradition était vivante et présente. Cet enfant qui joue dans la cour, ce grave jeune homme qui passe

épisodes du poëme de *Marie,* la scène du pont Kerlô, les adieux sous le porche de l'église, la nuit de Noël, tout cela est scrupuleusement vrai; la pénétrante simplicité des tableaux n'est égalée que par la sincérité du peintre. « J'accompagnais mon frère, me disait M. Boyer, à cette foire d'Arzannô où il acheta des bagues à Marie et à ses sœurs. Je n'étais qu'un enfant, mais je la vois encore avec son air calme et doux,

De ses deux jeunes sœurs, sœur prudente, entourée. »

avec son livre, ils faisaient partie de la bande du meunier Gam-Berr. Celui-ci était auprès du barde populaire surnommé le *Cygne-Blanc*, lorsque le vaillant chanteur fut frappé d'un coup de sabre à la gorge. Que d'émotions pour une âme si vive et si prompte! L'écolier de Vannes admirait ses aînés, il sentait bouillonner en lui le sang breton, et cependant, avec son instinct du vrai, il comprenait bien qu'un intérêt plus élevé, l'intérêt de la grande patrie, était en jeu dans ce déplorable conflit. Huit jours après cette bataille de Vannes, le 18 juin, Napoléon était vaincu à Waterloo; les écoliers bretons avaient-ils donc fait cause commune avec les Anglais de Wellington et les Prussiens de Blücher? Brizeux sentait tout cela, des émotions contradictoires agitaient son âme, et plus tard, dans un chant de conciliation et de paix, il éprouvait le besoin d'expliquer cette levée d'armes de ses camarades, en la dégageant de toute complicité avec les ennemis de la France :

> O reine des Bretons, Liberté douce et fière,
> As-tu donc sous le ciel une double bannière?
> En ces temps orageux j'aurais suivi tes pas
> Où Cambronne mourait et ne se rendait pas :
> Dans ces clercs, cependant, ton image est vivante,
> Et chantant leurs combats, Liberté, je te chante!
> Ils n'avaient plus qu'un choix, ces fils de paysans :
> Ou prêtres ou soldats; — ils se sont faits chouans :
> Et leur pays les voit tombant sur les bruyères,
> Sans grades, tous égaux, tous chrétiens et tous frères...
> Hymnes médiateurs, éclatez, nobles chants!
> Vanne aussi m'a nourri; mon nom est sur ses bancs :
> J'ai nagé dans son port et chassé dans ses îles,
> J'ai vu les vieux débris de ses guerres civiles;
> Puis je connais le cloître où le moine Abélard
> Vers la libre pensée élevait son regard.
> Planez sur les deux camps, ô voix médiatrices!
> Baume des vers, couvrez toutes les cicatrices!
> . . . .
> Ainsi, de l'avenir devançant l'équité,

> Quand l'atroce clairon n'est plus seul écouté,
> Pour nos fils j'expliquais ta dernière querelle,
> Au joug des conquérants race toujours rebelle,
> Qui portes dans tes yeux, ton cœur et ton esprit,
> Le nom de Liberté par Dieu lui-même écrit.
> Et cependant, pleurez, fiers partisans de Vanne !
> Celle que nous suivions depuis la duchesse Anne
> Dans le sang se noya ! Les noirs oiseaux du Nord
> Volèrent par milliers autour de l'aigle mort :
> Les corbeaux insultaient à cette grande proie
> Et dépeçaient sa chair avec des cris de joie !

On a dit que Brizeux, après les vives impressions de son enfance, avait traversé une période toute différente, que le sentiment breton s'était effacé chez lui pour ne reparaître que bien plus tard, au moment où il prit la plume et se mit à chanter ses landes natales. C'est beaucoup trop dire assurément; surtout cette façon de présenter les choses serait absolument inexacte, si on voulait donner à entendre que son inspiration bretonne n'a été pour lui qu'un thème bien choisi, une ingénieuse combinaison d'artiste. Brizeux lui-même, dans les vers que je viens de citer, indique avec autant de précision que de franchise l'état de son âme pendant cette période. Les événements de 1815 avaient ouvert l'esprit de l'enfant. Cette France, qui est la patrie des Bretons depuis le mariage de la duchesse Anne avec Louis XII, était exposée à de suprêmes périls. Brizeux n'est pas de ceux à qui la petite patrie fait oublier la grande. Au lieu de se battre dans les champs de Vannes, c'est lui qui nous le déclare, il serait allé à la frontière. Amour de la Bretagne, attachement à la France, ces deux sentiments, bien loin de se contredire, se soutiennent l'un l'autre. Je me défie du patriotisme qui exclurait l'amour du foyer, comme je me défie du sentiment de l'humanité chez ceux qui condamneraient le patriotisme. De même l'homme le plus dévoué à la petite patrie (que ce soit une province entière ou simplement le foyer paternel, peu importe) sera aussi le plus dévoué à la grande. La France avait été cruellement éprouvée à la suite des guerres de l'Empire ; comment s'étonner qu'une âme ardente et généreuse ait été entraînée de ce côté ? Il y a, en effet, toute une période où l'élève du curé d'Arzannô paraît s'occuper beaucoup plus de la France que de la Bretagne. Ajoutez, aux motifs que j'ai signalés, des voyages hors du pays, un séjour prolongé dans les villes du nord, sans compter l'inquiétude d'un esprit de vingt ans qui cherche encore sa voie, et vous comprendrez que cette espèce d'interruption dans les sentiments bretons de toute sa vie ait été simplement apparente. En 1819, Brizeux, âgé de seize ans, va terminer ses études au collége d'Arras, dirigé alors par un de ses parents, son grand-oncle, M. Sallentin. Trois ans après, il revient à Lorient, entre dans une étude d'avoué, y passe deux années environ, et part ensuite pour Paris, afin d'y faire son droit.

C'était le moment où une littérature nouvelle venait de naître. Que de prestigieux horizons ouverts à l'esprit de la jeunesse dans cette année 1824 ! Déjà les *Méditations* de Lamartine avaient paru en 1820. Victor Hugo avait donné (juin 1822 et février 1824) les deux premiers volumes de ses *Odes et Ballades*, et au mois de septembre de cette même année paraissait enfin le journal qui allait prendre la direction du mouvement et fonder une critique intelligente et libre. Les tentatives de la jeune école, les unes vraiment belles, les autres bizarres et puériles, offraient un spectacle incohérent ; *le Globe* voulut donner à la révolution poétique la philosophie de l'art, dont elle ne se doutait pas. Brizeux arrivait à Paris au moment même où les premiers numéros du *Globe* agitaient le monde littéraire. Ce fut alors, il l'a dit souvent, qu'il entendit les appels de la Muse. Il fallait les vives excitations de Paris pour dégager et faire épanouir dans son intelligence tout ce qu'il apportait de la Bretagne. Sans parler des trésors de poésie qu'il avait ramassés aux bords du Scorf et de l'Ellé, il avait fait d'excellentes études aux colléges de Vannes et d'Arras; l'écolier de l'abbé Lenir était peut-être mieux préparé que personne à s'inspirer de la critique nouvelle sans rien perdre de son indépendance. Ce ne fut pas une inspiration artificielle qu'il reçut; la lecture du *Globe* lui révéla ce qu'il était. Cette élévation de vues unie à la justesse, tant d'audace et de mesure, une liberté si fervente, un spiritualisme si pur, toutes ces choses le ravirent. Il passa plusieurs années à Paris, fort peu assidu aux cours de l'École de droit, mais visitant les musées, étudiant dans les bibliothèques, goûtant les fines lectures d'Andrieux, s'exaltant aux leçons de M. Cousin et bientôt initié, auprès de M. Alfred de Vigny, aux plus suaves délicatesses de l'art nouveau.

Il avait décidément renoncé à l'étude du droit pour courir les chances de la vie littéraire. Son coup d'essai fut une petite comédie en vers, intitulée *Racine*, et représentée au Théâtre-Français le 27 septembre 1827. On connaît l'histoire de la troisième représentation des *Plaideurs*. M. de Valincour, ami de Racine et son successeur à l'Académie, la raconte agréablement dans sa lettre à l'abbé d'Olivet. Cette piquante anecdote est le sujet de la comédie de Brizeux [1]. La pièce avait été reçue dès le commencement de l'année 1826, au moment où M. Charles Magnin donnait à l'Odéon une comédie en prose sur la même aventure, *Racine ou la troisième représentation des Plaideurs* [2]. M. Magnin, avant de devenir une des lumières

---

1. Elle a été écrite en collaboration avec M. Philippe Busoni.
2. Jouée à l'Odéon le 16 mars 1826.

de la critique et de l'érudition françaises, avait donné cette jolie pièce, « voulant, — dit M. Sainte-Beuve [1], — marquer son goût pour les ouvrages de nos grands poëtes, sa familiarité dans leur commerce, et témoigner agréablement qu'il avait qualité comme critique des choses de théâtre. » M. Magnin allait enrichir le Globe d'excellents articles sur les représentations théâtrales, et personne n'ignore avec quelle hauteur de vues, avec quelle finesse et quelle largeur d'érudition il suit dans tous les sens les vicissitudes de la scène depuis ses origines. On chercherait vainement un rapport analogue entre la comédie de Brizeux et les poëmes qui ont illustré son nom. Il en parlait rarement et semblait l'avoir rayée de la liste de ses œuvres. Ceux qui en retrouveront le texte, devenu rare aujourd'hui, y verront de la grâce, de la gaieté, une familiarité charmante avec les maîtres, des passages bien faibles souvent, souvent aussi des vers négligemment faciles, comme il sied au dialogue comique; en un mot, un certain reflet de la poésie d'Andrieux. Il y a même une allusion expresse à ce joli tableau du Souper d'Auteuil que la critique a signalé avec raison comme le chef-d'œuvre des pièces-anecdotes [2]. Brizeux se cherchait encore lui-même. Il se trouvera bientôt. Chaque année, aux vacances, il allait revoir sa mère et son pays; il revit

---

[1]. Voyez l'article sur M. Magnin dans la *Revue des Deux-Mondes* du 15 octobre 1843.

[2]. Je ne citerai que ce passage; il suffit pour donner le ton des vers et de la pièce :

RACINE.
Tu boiras donc toujours!
CHAPELLE.
                    Oui, parbleu! mon enfant,
Dans le vin les bons vers. Je conviens que pourtant
Tu ne les fais pas mal, non plus que ce Molière.
RACINE.
Ah! sans lui tu serais au fond de la rivière.

aussi Marie et le curé d'Arzannò. Ces souvenirs si doux, interrompus un instant par la fièvre inquiète de la première jeunesse, refleurirent naturellement dans son âme. Heureux celui qui n'a qu'à interroger ses souvenirs pour avoir sous la main les éléments d'un chef-d'œuvre ! Ce fut le bonheur de Brizeux.

Un jeune homme, né en Bretagne, a été élevé dans un village du Finistère. Il a eu pour maître un vieux curé, pour condisciples de jeunes paysans. Il a grandi au sein d'une nature à la fois douce et sauvage, courant à travers les bois, connaissant tous les sentiers des landes, ou passant de longues heures au bord des fraîches rivières de sa vallée natale. La piété de son éducation, sous la discipline du prêtre, s'associait librement à toutes les joies naïves d'une existence agreste. Une jeune paysanne, enfant comme lui, ornait d'une grâce plus douce encore cette nature tant aimée. Plus tard, le jeune homme a quitté son pays, il est entré dans une vie toute différente. Le voilà dans sa chambre solitaire, à Paris, triste, inquiet de l'avenir, occupé de philosophie et d'art, comparant les voix discordantes d'un siècle troublé à l'harmonie que sa première enfance recueillit sans la comprendre. Ce contraste, mieux senti de jour en jour, devient un poëme au fond de son cœur. Il fixe tous ses souvenirs dans une

CHAPELLE.
Chut! ne me parle plus de cet affreux repas.
J'en tremble encor. D'ailleurs tu ne t'y trouvais pas.
J'en suis fâché, mon fils, cela manque à ta gloire.
Souper fameux auquel à peine on pourra croire,
Que peut-être un auteur doit illustrer un jour,
Sûr d'illustrer aussi sa mémoire à son tour!
RACINE.
Tu ne feras point là le plus beau personnage.
CHAPELLE.
Je ferai le plus gai, c'est assez mon usage.
(Scène xii.)

langue souple et harmonieuse, et il écrit ce livre, ce recueil d'élégies, d'idylles agrestes, décoré du nom de l'humble paysanne. Rien de plus frais ni de plus original : à la suave douceur des sentiments s'unit la franchise des peintures; des scènes pleines de réalité et de vie servent de cadre à ce qu'il y a de plus pur, le poëme de l'enfance et de la première jeunesse. Tantôt le poëte est enfantin, mais avec une grâce supérieure, comme dans l'idylle du pont Kerlô; tantôt il jette un cri de douleur qui retentit dans notre âme :

> Oh! ne quittez jamais le seuil de votre porte!
> Mourez dans la maison où votre mère est morte!

tantôt enfin, ce passé qu'il chante en détail et dont chaque incident lui fournit un tableau, il le recompose tout entier, il en concentre, pour ainsi dire, tous les rayons. La religion, quand il portait l'aube blanche et balançait l'encensoir dans le chœur; la nature, quand il courait par les prés et les bois; l'amour, quand il voyait passer Marie et qu'il causait avec elle au pont Kerlô : religion, nature, amour, voilà ce qui remplissait son cœur dans sa chère Bretagne; et lui, réunissant tous ces souvenirs dans un même chant, il en fait une symphonie où tous les accords viennent se fondre.

Quelquefois, au milieu de ses idylles bretonnes, le poëte abandonne son sujet; aux fleurs de son pays s'entremêlent des fleurs d'une autre zone. Ce sont, par exemple, des pensées philosophiques qu'on dirait détachées et traduites de Platon, des maximes graves, spiritualistes, des hymnes à la liberté, à la beauté idéale que l'artiste doit réaliser dans ses œuvres. Ces nobles pièces donnent un ton plus élevé à la peinture des gracieux souvenirs. Il ne convient pas, en effet, que le regret des joies de l'enfance envahisse l'âme entière et paraisse l'efféminer. En même temps qu'il trace le tableau des jeunes années, il nous fait entrevoir le monde nouveau qui s'ouvre à l'intelligence virile. D'un côté ce sont des sentiments; de l'autre des pensées. Ici, c'est l'enfance avec ses émotions charmantes, fugitives; là, c'est la jeunesse et bientôt la virilité, avec les mâles voluptés de l'esprit. Tel est le sens de ces belles poésies platoniciennes. Remarquez bien que les études de l'artiste marchent de front dans ce livre avec les souvenirs de l'homme. Il aime Marie comme une image pure qui a enchanté son enfance; il l'aime aussi comme un type de grâce naturelle et rustique, à l'aide duquel il espère introduire dans la poésie française une fraîcheur inconnue. L'art, il l'a dit en poëte, est trop orgueilleux de sa beauté artificielle et savante; Marie, ô brune enfant, qui m'as appris la simplicité, montre-toi telle que je t'ai vue au bord de l'étang du Rorh !

> Ne crains pas si tu n'as ni parure ni voile !
> Viens sous ta coiffe blanche et ta robe de toile,
> Jeune fille du Scorf !...

C'est l'artiste qui parle ici autant que le jeune Breton enivré de ses souvenirs. Ce sentiment de l'artiste reparaît sans cesse chez l'auteur de *Marie*, et certainement il pensait à son œuvre, lorsque, dans cet hymne dédié à M. Ingres, il exprime si bien le doux tourment du beau, le bonheur de sentir une jeune figure s'élever sous nos mains, belle, harmonieuse, toujours plus pure et plus voisine de l'idéal. Oui, la figure s'élève, l'œuvre grandit et se transforme; l'auteur, qui ne voulait chanter d'abord que des souvenirs enfantins, a trouvé dans ces souvenirs un poëme d'un ordre supérieur. Maintes pièces d'un sentiment profond, *Jésus, le Doute, la Chaîne d'or*, nous révèlent des aspects nouveaux; derrière le Breton et l'artiste, j'aperçois le philosophe qui passera sa vie à interroger l'âme humaine. Ce qu'il chante, c'est la beauté morale, et le cadre où il la place, c'est la Bretagne poétiquement glorifiée. La Bretagne ! elle nous apparait dans les derniers chants comme la gardienne de la pureté primitive, comme le roc solide, inébranlable, battu de tous côtés par l'Océan, mais immobile et défendant à jamais les anciennes mœurs. Cette idée éclate avec un mélange extraordinaire de douceur et de passion, de grâce et d'enthousiasme, dans la pièce qui clôt le recueil. Rappelez-vous le chant du poëte, après la messe de minuit, sur les rochers qui dominent Ker-Rohel, et voyez avec quelle grandeur se termine ce poëme, commencé d'une façon si naïve ! Des songes de l'enfance, nous sommes arrivés aux plus mâles inspirations de la virilité. Ce n'est plus l'enfant qui rêve, c'est l'homme qui pense. Ce n'est plus l'amoureux du pont Kerlô, c'est l'artiste fortifié par la réflexion et l'étude, qui glorifie dans la Bretagne la terre de la simplicité primitive et de la fidélité opiniâtre, la terre qui nourrit des chênes dans ses flancs de granit.

Brizeux n'avait pas atteint du premier coup à cet idéal. La troisième édition de *Marie* (M. Sainte-Beuve a dit que c'est la perfection même) est bien supérieure à la première. La première, publiée en 1831 [1] sans nom d'auteur, portait le titre de roman, que Brizeux devait effacer plus tard avec colère. Cette erreur de titre prouve que l'auteur de *Marie* ne possédait pas encore cette philosophie de l'art devenue chez lui bientôt si précise et si originale ; il n'a jamais pu pardonner à ceux que nous avons vus, dans leur insouciance superbe, confondre le roman et la poésie. La troisième édition, *Marie, par Brizeux*, est de 1840. Pendant ces neuf années, le poëte avait perfec-

---

[1]. *Marie* a paru au mois de septembre 1831, bien que le livre porte la date de 1832.

tionné son éducation d'artiste. Quelques semaines après la publication de son œuvre, dans les derniers jours de novembre 1834, il partait pour l'Italie avec M. Auguste Barbier. L'auteur des *Iambes* en rapporta le poëme du *Pianto*, dont une des plus belles pages, *le Campo Santo*, est dédiée à son ami; si Brizeux ne fut pas aussi prompt à chanter son voyage [1], il y recueillit des leçons bien précieuses qu'il devait mûrir encore dans des séjours prolongés à Florence et à Naples. Il revint de cette première excursion au mois d'août 1832; deux ans plus tard, il repartait pour Rome, après s'être arrêté quelques mois à Marseille. Il y a là un épisode de sa vie qui ne doit pas être oublié. M. Ampère, qui avait préludé devant l'athénée de Marseille à ses succès du Collége de France, invité à se choisir un successeur, avait désigné l'auteur de *Marie*. Il s'agissait d'un cours de poésie française. Brizeux accepta cette mission avec joie; il se rendit à Marseille dès les premiers jours de 1834, et ouvrit ses leçons le 20 janvier. Le sujet de ce cours était une théorie générale de la poésie éclairée par maints exemples de l'école nouvelle. L'autorité de son nom déjà connu, la protection des vers de *Marie*, la délicatesse des aperçus littéraires assurèrent bientôt à Brizeux un auditoire d'élite. Il a consacré lui-même ce souvenir à propos de la rencontre qu'il fit d'un marin breton et de sa femme sur les côtes de Marseille. Il voulut que les murs grecs de Massilie, les troupeaux de chèvres des bassins de Meilhan et ses leçons platoniciennes sur l'art fussent associés aux paysages d'Arzannò. Son cours fini, au mois de mai 1834, il s'embarquait pour Civita-Vecchia. L'Italie était devenue la seconde patrie de son âme. La Bretagne lui avait donné l'inspiration première, l'amour des choses simples, le goût des mœurs

---

1. *Le Pianto* avait paru au mois de janvier 1833.

primitives, le pressentiment d'une merveilleuse harmonie; l'Italie lui donna la science exquise de l'art. Cette pièce, *la Nuit de Noël*, qui termine l'idylle bretonne avec tant de grandeur, d'autres qui en complètent les détails, comme *les Batelières de l'Odet*, furent publiées par lui dans la *Revue des Deux Mondes*, après ses voyages de Rome et de Florence. Le premier fruit des leçons qu'il reçut de l'art italien, ce fut donc la troisième édition de *Marie;* le second fut le recueil lyrique intitulé *les Ternaires* (1841).

Je ne voudrais pas interrompre le tableau du développement de Brizeux; de *Marie* aux *Ternaires*, des *Ternaires* aux *Bretons*, des *Bretons* à *Primel et Nola* et aux *Histoires poétiques*, il y a un enchaînement d'inspirations et d'idées que je serais heureux de reproduire ici comme je l'ai vu se dérouler sous mes yeux. Puis-je oublier pourtant, à cette date de 1841, un épisode littéraire qui se rattache encore à son voyage d'Italie? Quelques mois avant de publier les *Ternaires*, Brizeux faisait paraître une excellente traduction de la *Divine Comédie*. Bien des écrivains, d'un bout de l'Europe à l'autre, se sont exercés sur cette œuvre mystérieuse; pour ne parler que de la France, M. Antoni Deschamps, dans plusieurs chants traduits de l'*Enfer*, a déployé une vigueur toute dantesque, et plus récemment M. Louis Ratisbonne a eu le courage de mener à bon terme une traduction en vers où brille en maints endroits le plus sérieux mérite. La traduction de Brizeux est en prose, mais cette prose souple et nerveuse reproduit avec une fidélité expressive la physionomie du poëte florentin. « Les plis ondoyants de l'ancienne toge, dit-il en sa préface, s'ajusteraient mal à une figure semi-gothique. » Il dit encore : « la *Divine Comédie* ne peut être d'une lecture courante comme l'*Iliade* et l'*Énéide;* il faut suivre le théologien et même le scolastique dans toutes sortes d'arguties, le politique passionné dans mille allusions aux affaires de sa petite république, l'artiste du moyen âge dans les étrangetés et les raffinements d'une poésie toute complexe : enfin, c'est une étude et même un travail; mais qu'on pénètre dans cette grande œuvre, et peu à peu un grand charme se fera sentir. » Le grand charme de cette inspiration laborieuse, les traits naïfs et durs de cette figure semi-gothique, tout cela est rendu avec un art qui n'échappe point aux initiés. On retrouve ici l'âme méditative qui a longtemps vécu avec Alighieri, comme on va voir, dans le livre lyrique des *Ternaires*, le jeune Celte poétiquement enivré de la liqueur toscane.

Ce recueil des *Ternaires* fut très-apprécié des poëtes et des artistes; le public le goûta peu. La foule, routinière en toute chose, l'est surtout en poésie; elle ne permet guère que l'imagination se renouvelle. Si vous avez réussi à l'engager sur vos pas, n'espérez pas l'attirer sans résistance dans les chemins nouveaux où l'art vous conduit. Les jugements tout faits lui conviennent; à chaque ouvrage qui paraît, il faut qu'elle puisse appliquer de vieilles formules. Le livre des *Ternaires* dépaysait un grand nombre des lecteurs de *Marie*. Ce qui avait charmé dans *Marie*, c'étaient la simplicité et la fraîcheur; *les Ternaires* nous montraient l'élève d'Arzannô initié à toutes les finesses de l'art italien. De même qu'après 1830 il avait opposé au tumulte des esprits et des lettres ces doux paysages du Léta, dont rien ne troublait l'harmonie, il opposait, dix ans plus tard, au matérialisme littéraire, très-visible déjà, les délicatesses les plus fines du style et de la pensée. On déclamait en vers; il fut sobre et poétiquement contenu. On faisait de grosses peintures à la brosse; il rechercha les symboles, et prit plaisir à cacher maints trésors sous le voile léger de la Muse. Cette inspiration inattendue, avouons-le, déconcerta plus d'un lecteur.

Tandis que les esprits fins savouraient ces élégances, subtiles parfois, et dont la subtilité même est un charme, bien des admirateurs de *Marie* redemandaient leur poëte d'autrefois. La transition était décidément trop brusque entre l'élève du curé d'Arzanno et l'artiste qui buvait le nectar florentin dans son beau vase étrusque. Brizeux lui-même le comprit; le recueil des *Ternaires* reparut sous le titre de *la Fleur d'or*, habilement renouvelé par diverses additions, par maints arrangements de détail, surtout par une distribution aussi claire qu'ingénieuse. La fleur d'or, c'est la fleur de l'esprit et de l'art que le barde breton va cueillir aux pays du soleil. Toutes les périodes du voyage se déroulent dans un ordre harmonieux, et la pensée du lecteur, conduite par un rayon de lumière, est initiée à la charmante éducation du poëte. Lisez ce livre, vous qui ne l'avez pas lu; lisez-le surtout, si vous ne connaissez que *les Ternaires*. Ces pièces si originales et si vives, *l'Aleatico, les Cornemuses, en revenant du Lido, Lettre à Loïc, Lettre à un chanteur de Tréguier, les Chants alternés*, vous souriront mieux dans ce brillant cadre. Quelle heureuse alliance de la Bretagne et de l'Italie! Comme le son de la *piva* fait éclater là-bas les échos du *corn-boud* armoricain! *Sonne encore, ô piva !..* Et à côté de ces poëmes où les fleurs des landes natales sont si bien entremêlées aux fleurs des sillons de Mantoue, quelle science de la vie dans *le Livre des Conseils !* Ce recueil de *la Fleur d'or* était une des œuvres chéries de Brizeux; bien des secrets de son esprit sont là, et ceux qui n'ont pas médité ces fines pages ne connaissent qu'une partie du poëte. Philosophe, chrétien, artiste, il a semé ses meilleurs trésors sur la route qui mène des bourgs de Bretagne aux villes d'Italie.

> Des villes d'Italie où j'osai, jeune et svelte,
> Parmi ces hommes bruns montrer l'œil bleu d'un Celte,
> J'arrivais, plein des feux de leur volcan sacré,

Mûri par leur soleil, de leurs arts enivré;
Mais dès que je sentis, ô ma terre natale,
L'odeur qui des genêts et des landes s'exhale,
Lorsque je vis le flux, le reflux de la mer,
Et les tristes sapins se balancer dans l'air,
Adieu les orangers, les marbres de Carrare!
Mon instinct l'emporta, je redevins barbare,
Et j'oubliai les noms des antiques héros,
Pour chanter les combats des loups et des taureaux!

Ces beaux vers peignent bien l'émotion que ressentit le poëte, lorsqu'il revit l'Armorique après les musées de Rome et les enchantements d'Ischia. Sa douce patrie avait gagné à ce contraste une physionomie nouvelle; les landes, les grèves, les men-hir, les mœurs celtiques, prenaient à ses yeux un caractère sauvage et grandiose que nul poëte encore n'avait chanté. Le poëte de la Bretagne et des Bretons, ce sera lui. Nous n'avons plus affaire ici au rêveur adolescent dont l'idylle demi-grecque, demi-celtique, rappelait, on l'a dit, un Moschus breton : ce n'est pas davantage l'artiste philosophe qui poursuivait librement la fleur d'or au pays de Virgile et de Raphaël; une seconde transformation s'est faite dans son esprit. La Bretagne populaire et rustique lui est apparue dans sa beauté barbare; pour la reproduire telle qu'il la voit, pour étudier ces antiques mœurs, ces traditions druidiques et chrétiennes restées là depuis des milliers d'années, il prendra lui-même le costume du paysan. Un de ses amis d'enfance, et l'un de ceux qui l'ont le mieux connu, M. Guieysse, à qui est dédiée une des jolies pièces de *Marie*, interrogé par moi sur la vie de Brizeux en Cornouaille, m'écrivait dernièrement : « Vous savez avec quel plaisir il revenait en Bretagne. Après avoir consacré quelques semaines aux joies de la famille, il se retirait dans un bourg, loin des villes, le plus ordinairement dans une mauvaise auberge, seul gîte qu'il pût se procurer;

qu'importe? il y trouvait les longues causeries du soir dans la langue du pays, au coin de la vaste cheminée, avec des paysans à qui il chantait ses vers bretons, et parmi lesquels il a rencontré plus d'une fois des appréciateurs intelligents. » Je le vois d'ici dans l'auberge du bourg, heureux de causer breton avec les gens de Cornouaille et de Léon, de noter leurs impressions naïves, et de passer ainsi les heures de la veillée en pleine poésie rustique. Dans le pays de Vannes comme dans le pays de Tréguier, à Carnac et dans les îles, il allait rassemblant ces merveilleux traits de poésie dont son œuvre a si bien profité. Un juge très-autorisé [1] a exprimé le regret qu'un poëme intitulé *les Bretons* ne fût pas consacré surtout à la Bretagne héroïque, à la Bretagne des Du Guesclin et des Beaumanoir, des Montfort et des Clisson. Brizeux réservait une composition de ce genre pour une période ultérieure; il croyait faire une œuvre plus opportune, et à laquelle il était appelé mieux que personne, en recueillant les fragments épars de l'épopée populaire. La Bretagne héroïque, on la retrouvera toujours dans l'histoire; les mœurs du laboureur et du marin, les traditions druidiques mêlées d'une manière si originale aux cérémonies chrétiennes, est-on sûr de les retrouver? Il y en a déjà qui s'effacent; il faut les recueillir au plus vite; il faut les chanter et les défendre. Voilà ce que Brizeux cherchait dans les chaumières de la Bretagne. Il consacra bien des années à ce travail, et il en fut récompensé par les plus vives émotions du cœur comme par les plus belles inspirations poétiques. Que de jouissances pour l'ami des lutteurs de Scaer! que de transports inattendus pour l'artiste!

Une chose admirable dans ce poëme, c'est qu'étant si

---

1. M. Charles Magnin; voyez la *Revue des Deux Mondes* du 1er août 1845.

Breton, il soit en même temps si profondément humain. Ce tableau d'une race particulière nous représente avec un art accompli la grande famille des hommes. Rien de plus local par les mœurs et les costumes, rien de plus général par les sentiments. Que de richesses cachées dans les détails! Que d'images fraîches et vigoureuses de la vie! Du printemps à l'hiver, du berceau de l'enfant à la tombe du vieillard, combien de scènes où la nature et l'humanité s'épanouissent en leur simplicité première! Je voudrais qu'il me fût permis de commenter l'œuvre de Brizeux, et, sans rien surfaire, je montrerais, sous la rustique épopée, toute une philosophie morale. Le peintre et le poëte, le moraliste et l'érudit ont travaillé ensemble à ces familières idylles. Tant de soins, de conceptions sérieuses, de combinaisons magistrales, pour un résultat si simple en apparence, voilà l'exquise originalité de ce poëme.

Je n'en citerai qu'un chant, trop peu remarqué peut-être, et qui montre bien avec quel art ferme et souple, et aussi avec quelle piété nationale, Brizeux résumait en quelques pages les recherches de l'érudit et les observations du voyageur. Nous sommes à Carnac, auprès des mystérieux men-hir; c'est la fête du saint évêque Cornéli, un des saints bretons les plus chers au poëte, un saint que Virgile aurait invoqué avec amour, saint Cornéli, patron des bœufs :

> Aujourd'hui, Cornéli, c'est votre jour de fête;
> Votre crosse à la main et votre mitre en tête,
> Des hommes de Carnac vous écoutez les vœux,
> Majestueusement debout entre deux bœufs,
> Bon patron des bestiaux!...

Mais si les hommes de Carnac lui adressent leurs vœux, les bestiaux ne viennent plus défiler devant lui comme autrefois; c'est un vieillard du pays qui en fait la remarque. Dans son enfance encore, il a vu cette coutume antique fidèlement observée ; maintenant tout s'en va, les usages se perdent, les prêtres eux-mêmes sont d'accord avec les cœurs sans foi pour abolir les traditions du pays. Il faut l'entendre, le vieux Celte, lorsqu'il accuse ainsi et les prêtres et les générations qu'ils ont formées. « Dans l'ancien temps, les animaux avaient leurs saints, leurs protecteurs : saint Cornéli aimait les bœufs, saint Éloi protégeait les chevaux, saint Hervé les défendait contre les loups ; hommes et bêtes, tous étaient meilleurs et plus forts, car tous vivaient confiants, et si le jour de fête de saint Cornéli un paysan du canton n'eût pas amené son bœuf devant l'autel de Carnac, le bœuf y serait venu seul. Aujourd'hui nous avons appris l'ingratitude à nos bestiaux. Ce n'était pas un ingrat, lui. Savez-vous son histoire ? Poursuivi par des soldats païens, il fut soustrait à leurs coups par ses deux bœufs, qui l'emportèrent au galop dans sa charrette. Ils couraient toujours, quand soudain les voilà au bord de l'Océan. Que faire ? Cornéli se retourne, et d'un geste il pétrifie les païens : ce sont les men-hîr de Carnac. Quant à ses bœufs, il les emmena au paradis. » Lorsque le vieillard a terminé sa plainte, il y a là un étranger qui prend la parole ; c'est un homme instruit, et qui sait, par les livres, bien des choses effacées de la tradition. Il ose demander au vieillard et à ceux qui l'écoutent comment leurs pères eux-mêmes ont oublié leurs ancêtres. Cette histoire des bœufs de saint Cornéli est manifestement la transformation chrétienne d'une légende bien plus vieille encore, de la légende druidique des grands bœufs blancs de Hu-Cadarn, fils de Dieu, qui sauvèrent le monde, près d'être submergé dans l'abîme. L'étranger ne signale pas cette transformation, qui pourrait affaiblir chez ces cœurs naïfs la croyance aux bœufs de saint Cornéli ; le lien est indiqué seulement, et tandis que les paysans étonnés s'écrient : « Parlez-nous encore, parlez-nous de nos pères! » on voit la chaîne se renouer des traditions chrétiennes aux traditions celtiques. Le soir, quand les prêtres furent rentrés au presbytère, de longs troupeaux, bœufs, vaches, taureaux, génisses, sous la conduite des pâtres, défilaient dans l'ombre autour de la fontaine de Carnac et devant l'autel de saint Cornéli.

N'est-ce point là un tableau de maître? La Bretagne d'aujourd'hui, celle du moyen âge et celle des druides, la lutte naïve des prêtres catholiques et des paysans celtes sur le terrain des traditions, cette harmonie des contraires qui recouvre une fidélité obstinée aux instincts primitifs de la race, tout cela n'est-il pas indiqué en quelques traits dans une parfaite mesure? Lorsque je relis ces curieuses pages, je comprends mieux le rôle si original que les bœufs joueront dans ce tableau de la Bretagne. Le taureau qui venge son frère en éventrant le loup, les bœufs de Kemper qui brisent leurs attaches pendant l'émeute pour aller au secours des conscrits,

> Renversant les bouviers, lançant contre les bornes
> Gendarmes et soldats enfourchés par leurs cornes,

ces épisodes, et d'autres encore, montrent que saint Cornéli a bien inspiré son poëte. Je comprends mieux aussi le caractère des hommes, tant de douceur et de fermeté, tant de patience et de force, l'accord d'une philosophie si vraie et de superstitions si poétiques, et voyant tous ces contrastes si merveilleusement associés, je répète la conclusion que Brizeux lui-même, si modeste pourtant, n'a pas craint d'exprimer avec confiance : « Ramené à son principe, ce poëme des *Bretons* pourrait s'appeler *Harmonie.* »

La première édition des *Bretons* avait paru en 1845; l'année suivante, sur l'initiative de M. Alfred de Vigny et grâce au chaleureux concours de M. Victor Hugo, ce beau poëme fut couronné par l'Académie française. Cependant Brizeux continuait ses études de penseur et d'artiste, tantôt retouchant ses œuvres déjà publiées, changeant un mot, ajoutant un vers, tourmenté des plus délicats scrupules de l'artiste, tantôt méditant sur toutes choses avec une extrême sensibilité d'intelligence et faisant pour l'avenir maintes provisions de poésie. Il aimait avec passion ce souffle littéraire qu'on respire à Paris, les visites aux musées, les théories à outrance sur la philosophie et l'art, théories parfois subtiles, téméraires, qui eussent ébouriffé les sots, charmantes et salutaires entre gens qui se comprennent; et pourtant au bout de quelques mois il avait toujours besoin de se retremper dans une autre atmosphère. Il partait alors pour le midi de la France, et de là pour l'Italie. Il y passa l'hiver de 1847; c'était le quatrième séjour qu'il y faisait, ce fut aussi le dernier. La révolution de 1848 le surprit à Rome. Ame généreuse, il avait noblement chanté, après 1830, la liberté idéale, la belle déesse athénienne qui conduit le cortége des arts et sanctifie le travail; les désordres de 1848 le remplirent de tristesse. Très-lié avec un homme d'élite qui joua un noble rôle dans les premiers temps de la révolution italienne, il ne se fit pas longtemps illusion sur les espérances de son ami : dans toutes les villes, Venise seule exceptée, le mouvement d'une régénération nationale était arrêté par les violences démagogiques. Ce spectacle, nous le voyons par ses lettres, l'affligea profondément. Il resta pourtant en Italie pendant toute l'année 1848, habitant tour à tour Rome, Naples, Florence, cherchant partout le pays de la fleur d'or et ne le trouvant plus. Ce dernier voyage avait duré plus de deux ans; il revint en France au mois d'avril 1849, passa quelque temps à Paris, donna une seconde édition des *Bretons*, et repartit pour la Cornouaille. Il avait besoin de calme, il voulait revoir la vie humaine dans son harmonie et sa sérénité; ce qu'il avait cherché vainement en Italie, ce que Paris ne lui aurait pas donné non plus, il le trouva aux bords de l'Ellé.

Les deux derniers recueils de Brizeux, *Primel et Nola*, et les *Histoires poétiques*, relèvent de la même inspiration. On a remarqué dans *la Fleur d'or* la pièce si dramatique et si touchante intitulée *Jacques*. Un pauvre maçon, nommé Jacques, travaille avec son compagnon sur un échafaudage qui s'écroule; la planche qui les retient encore est trop faible pour les supporter tous les deux, il faut que l'un périsse afin que l'autre soit sauvé. « Jacques, dit le compagnon, j'ai une femme et trois enfants. — C'est vrai, » dit Jacques, et il se précipite dans la rue. Ces traits de dévouement, d'héroïsme naturel et simple ne passaient jamais inaperçus pour Brizeux. Il en remplissait sa mémoire, il les racontait à ses amis. Je l'entends encore s'écrier : « Est-ce beau ! est-ce beau ! » Et les larmes lui venaient aux yeux. En Bretagne, à Paris, partout, il avait recueilli de ces fleurs du bien, car c'était là un de ses principes :

> La fleur de poésie éclôt sous tous nos pas,
> Mais la divine fleur, plus d'un ne la voit pas.

Lui, il la voyait toujours. Il avait donc toute une collection d'histoires de ce genre. Quelques-unes d'entre elles étaient comme les notes des *Bretons;* il s'en était servi pour son poëme, et ne comptait pas en faire un autre usage. Il y eut même un instant dans sa vie où il crut avoir accompli son œuvre; *Marie*, *la Fleur d'or* et *les Bretons* composaient tout un cycle parfaitement clos, et désormais, disait-il, il ne pouvait plus que se répéter. Un peu découragé peut-être, ou plutôt trop résigné à des pensées modestes, il eût sans doute prolongé son silence, si ses amis ne lui eussent révélé à lui-même quelle veine de poésie circulait dans sa conversation enthousiaste, abondante, toute pleine de sentiments et d'idées. Brizeux reprit donc sa plume pour célébrer l'héroïsme des cœurs simples, les dévouements inconnus, la secrète noblesse de cette humanité trop portée à se calomnier elle-même. Tel est le sujet des *Histoires poétiques*, et on peut se demander si l'inspiration que traduit ce nouveau recueil, déjà ancienne chez Brizeux, ne fut pas ranimée par la situation des choses publiques. Au milieu des agitations de la France, en face des passions et des intrigues, des convoitises et des trahisons de toute espèce, il était heureux de chanter les sentiments naturels de l'âme, la simplicité, la bonté du cœur, la dignité qui se respecte, surtout le dévouement sous toutes ses formes. Ici, c'est un jeune homme, le journalier Primel, aimé d'une jeune veuve belle et riche, et qui, par fierté, n'osant devenir son époux, veut du moins travailler encore pour gagner ses habits de noces. Là, c'est la vieille Mona, dont le rebouteux du canton, le bonhomme Robin, a guéri la vache à demi morte; aussi, quand Robin tombe malade, voyez comme la pauvre vieille associe l'animal à sa reconnaissance! La paysanne et la vache s'en vont trouver le bon rebouteux, la vache avec son lait, qui le réconfortera peut-être, la paysanne avec maintes paroles d'affection, avec maints propos joyeux qui charmeront du moins sa dernière heure. Plus loin nous sommes à Paris; Lamennais est en prison au milieu de l'hiver, il allume le feu de la cheminée quand un cri de désespoir retentit dans le tuyau; une hirondelle s'était blottie là pour y passer la dure saison. Le vieillard, ce Celte à l'esprit superbe et au cœur plein de tendresse, le vieillard est ému, et vite il jette de l'eau sur le bois qui flambe :

> En vain gronda la bise, en vain depuis novembre
> Jusqu'en mars pluie et vent assiégèrent la chambre,
> Le tison resta mort : blotti sous son manteau,

Le sage tendrement souffrit pour un oiseau;
Mais au moindre rayon, pour son ami fidèle,
Gaîment au bord du toit gazouillait l'hirondelle.

Que d'inspirations de ce genre dans les *Histoires poétiques!* la *Traversée*, les *Écoliers de Vannes*, le *Missionnaire*, les *Pécheurs*, l'*Artisanne*, attestent à la fois et la sensibilité du poëte et la savante variété de son style. Cette science du style, devenue chez lui une préoccupation de toutes les heures, il la déployait quelquefois aux dépens du naturel. En cherchant la concision, il a rencontré trop souvent l'obscurité. La veine courante et facile de *Marie*, le large souffle des *Bretons*, avaient fait place, dans maintes pièces, à une forme écourtée, condensée, pleine d'ellipses et de sous-entendus. Pour ceux qui n'ont lu que ses derniers vers, ce chantre si doux a pu sembler un peu dur; cette imagination si prompte a pu être accusée de sécheresse : pur défaut de forme et qui tenait aux scrupules exagérés de l'artiste. Il y a une classe d'écrivains qu'on pourrait appeler, comme le personnage de Térence, *les hommes qui se tourmentent eux-mêmes;* Brizeux avait ainsi maints accès de dévotion poétique où il devenait un *héautontimoroumenos*. Combien il eût mieux réussi à moins de frais! Peut-être aussi les défauts de ses derniers recueils sont-ils la rançon des trésors qu'il y a semés. Si l'auteur de *Primel et Nola* ne s'était pas appliqué à concentrer sa pensée sous la formule la plus brève, s'il n'avait pas demandé ce secret à La Fontaine, à Horace, aux proverbes populaires, et surtout à ceux de ses cantons, eût-il écrit ce *journal poétique* où sont dessinés en quelques traits tant de petits tableaux vifs, nets et merveilleusement éclairés par la pensée? *Le Colporteur, le Tisserand, la Procession, la Génisse, Comme on bâtissait la Maison d'école, la Fête des Morts, Dernière Demeure*, toutes ces petites pièces sont des chefs-d'œuvre d'art. La force et la souplesse, le réel et l'idéal, tous les tons s'y trouvent réunis, et à travers cette variété d'images le poëte nous ramène toujours au Dieu de la Bretagne et du monde.

Brizeux complétait sans cesse ce recueil d'*histoires poétiques*, et il ne les empruntait pas seulement à son pays. Ceux qui lui ont reproché de s'être trop cantonné dans sa Bretagne n'ont pas tenu compte de ses excursions si variées dans le domaine général de l'homme. Les tableaux les plus opposés sollicitaient sa verve de conteur. De la boutique de l'épicier, si vivement décrite dans *l'Artisanne*, il passait au salon du roi Louis XV ou au tombeau de la fille de Cicéron. Sa *Poétique nouvelle*, malgré les objections légitimes que le plan a provoquées, ne renferme-t-elle pas des pages du plus grand style et de l'inspiration la plus large? Le discours de Molière aux auteurs comiques de ce temps-ci, le tableau de la révolution, de la mort de Louis XVI, des victoires de la république, la glorification des *chambres* de Raphaël, sont-ils d'un poëte obstinément enfermé dans sa province? Il avait combiné une meilleure distribution de ces tableaux; tout le recueil de *Primel et Nola* devait s'y fondre; des pièces non réunies encore en volume, d'autres tout à fait inédites, *les Celtes, la Dame de la Grève, les Dépositaires*, y auraient trouvé place, et de même que *la Fleur d'or* a montré sous un jour nouveau les poésies des *Ternaires*, cette seconde édition des *Histoires poétiques* aurait révélé l'abondante inspiration de l'auteur dans la dernière période de sa vie. S'il n'a pas eu le temps d'accomplir lui-même son œuvre, il en a laissé le plan très-net, très-précis, et le rêve du scrupuleux artiste sera réalisé.

Les derniers vers que Brizeux ait imprimés sont intitulés *l'Élégie de la Bretagne*. C'est le cri suprême du barde. On dirait qu'il désespère de l'œuvre à laquelle il a consacré sa vie. Dans cette lutte pour la défense des vieilles mœurs, il se sent vaincu et il pousse un gémissement à faire tressaillir les os des ancêtres. Ah! le grand destructeur arrive, c'est la machine en feu qui roule sur la voie de fer :

> Le dernier de nos jours penche vers son déclin :
> Voici le dragon rouge annoncé par Merlin!
> Il vient, il a franchi les marches de Bretagne,
> Traversant le vallon, éventrant la montagne,
> Passant fleuves, étangs, comme un simple ruisseau,
> Plus rapide nageur que la couleuvre d'eau :
> Il a ses sifflements! Parfois le monstre aveugle
> Est le taureau voilé dans l'arène et qui beugle :
> Quand s'apaise la mer, écoutez longuement
> Venir sur le vent d'est le hideux beuglement!
>
> Bientôt ils descendront dans les places des villes,
> Ceux qui sur les coteaux chantaient, gais chevriers,
> Vendant leurs libres mains à des travaux serviles,
> Villageois enlaidis vêtus en ouvriers.
>
> O Dieu qui nous créas ou guerriers ou poëtes,
> Sur la côte marins et pâtres dans les champs,
> Sous les vils intérêts ne courbe pas nos têtes,
> Ne fais pas des Bretons un peuple de marchands!
>
> Nature, ô bonne mère! éloigne l'industrie!
> Sur ton sein laisse encor nos enfants s'appuyer!
> En fabrique on voudrait changer la métairie :
> Restez, sylphes des bois, gais lutins du foyer!
>
> La science a le front tout rayonnant de flammes,
> Plus d'un fruit savoureux est tombé de ses mains :
> Éclaire les esprits sans dessécher les âmes,
> O bienfaitrice! alors viens tracer nos chemins.
>
> Pourtant ne vante plus tes campagnes de France!
> J'ai vu par l'avarice ennuyés et vieillis
> Des barbares sans foi, sans cœur, sans espérance,
> Et, l'amour m'inspirant, j'ai chanté mon pays.
>
> Vingt ans je l'ai chanté... Mais si mon œuvre est vaine,
> Si chez nous vient le mal que je fuyais ailleurs,
> Mon âme montera, triste encor, mais sans haine,
> Vers une autre Bretagne, en des mondes meilleurs!

d

Ainsi le poëte était toujours ramené à sa patrie; qu'on ne croie pas cependant que dans ces beaux vers il s'agisse seulement de la Bretagne. La Bretagne ici, c'est la patrie de l'âme, c'est le domaine de la religion, de la philosophie et de l'art; le dragon rouge, c'est la toute-puissance de l'industrie et le matérialisme destructeur. Ceux qui voient avec effroi grossir comme un torrent la servile démocratie de notre époque, tous ceux qui combattent pour la défense de l'idéal, pour la cause des idées philosophiques et religieuses, tous ceux qui mettent encore l'esprit au-dessus des sens et l'homme libre au-dessus de l'esclave ont le droit de répéter en leur nom la noble clameur du poëte!

J'ai oublié de mentionner deux ouvrages de Brizeux qui complètent sa physionomie, deux ouvrages celtiques et français à la fois, *la Harpe d'Armorique* (*Télen Arvor*[1]) et *Sagesse de Bretagne* (*Furnez Breiz*[2]). *La Harpe d'Armorique* est le recueil des vers qu'il a composés dans sa langue natale pour les paysans de Léon et de Cornouaille. La plupart de ces chants sont bien connus aujourd'hui de Vannes à Kemper et de Kemper à Tréguier. Les bardes rustiques les débitent aux fêtes patronales avec accompagnement de biniou, les métayers les répètent au coin de l'âtre pendant les soirées d'hiver. L'auteur nous en donne ici le texte breton avec une traduction littérale; il les a traduits ailleurs en beaux vers et les a insérés dans ses poëmes, unissant ainsi ses inspirations populaires à ses inspirations d'artiste, car l'unité est partout dans la vie et les œuvres de Brizeux. Le livre intitulé *Sagesse de Bretagne* est un petit *trésor* de proverbes armoricains. « Nous l'avons recueilli, dit le poëte, de la bouche même des marins et des laboureurs. » On y sent en effet la saveur du sol et de la mer.

---

1. Un volume, Lorient 1844.
2. Un volume, Lorient.

Fruits variés de l'expérience, bon sens pratique, finesse joyeuse, profondeur naïve, voilà ce que renferment d'ordinaire les recueils de cette nature; il y a, dans celui-ci, des accents imprévus où se révèle une race originale. L'ingénieuse distribution de ces devises en augmente l'intérêt; vous reconnaissez encore le poëte à la manière dont il a lié sa gerbe. L'ouvrage est terminé par une touchante et instructive notice sur M. Le Gonidec; le portrait de ce savant homme est à sa place au milieu de ces études celtiques dont il a été le promoteur. Ajoutons à ces curieuses recherches un *Dictionnaire de Topographie bretonne*, auquel Brizeux a consacré de longues années, et que ses compatriotes, sans doute, ne laisseront pas inédit. Si les *Histoires poétiques* sont les notes morales du poëme des *Bretons*, ces deux livres en sont les notes philologiques, géographiques, et ils montrent avec quel soin religieux l'écrivain accomplissait sa tâche.

Voilà le poëte; l'homme n'est pas moins intéressant à étudier de près. Il y a plus d'un maître, et parmi les premiers, qui n'est poëte qu'à ses heures; Brizeux l'était sans cesse. L'inspiration le possédait toujours; sa sensibilité était si vive, si exquise, que toute chose se transformait pour lui en sujet de joie ou de douleur. Joie et douleur, tristesse ou enthousiasme, chez ces natures de choix, n'est-ce pas l'inspiration même? Il se révoltait quelquefois contre cette sensibilité ardente; la douleur, à laquelle il offrait tant de prise, était son ennemi personnel, et il déployait une verve philosophique singulièrement hardie chaque fois qu'il attaquait l'insoluble question : pourquoi le mal? Ce problème était le tourment de son esprit; il ne voulait pas cependant que sa poésie en conservât la trace. S'il écrivait des vers où éclataient ses doutes, ses révoltes, ses interrogations adressées au Créateur, ce n'était que pour lui seul. J'en ai trouvé dans ses notes, et de bien

beaux, avec ces mots tracés d'une main ferme : *à brûler.*
Son extrême facilité d'émotions était corrigée en effet par
une vigueur de méditation peu commune. Sentir vivement, méditer avec force sur les sentiments de son âme,
c'était, on peut le dire, la constante occupation de Brizeux.
Le résultat de ce double travail intérieur fut la sérénité,
l'harmonie, où il voyait avec raison le but suprême de
l'art. Aux heures où il souffrait le plus, il voulait que sa
poésie ne parlât aux hommes que de consolations, il voulait faire aimer la vie, et il y découvrait maints trésors ;
il voulait charmer et fortifier les âmes, les arracher à l'ennemi, à la douleur maudite. La religion, la famille, la
patrie, les plus saines émotions de la vie humaine, les
meilleures joies du cœur et de l'esprit, voilà ce que chantait Brizeux, et cela, je le répète, à l'heure même où ses
souffrances morales semblaient le vaincre, où ses larmes
parfois mouillaient le papier. Il est bien de lui, ce vers si
tendre :

Tous entendront ma voix, nul ne verra mes pleurs.

Ces méditations, curieuses, ardentes, sur la vie philosophique et morale, Brizeux les appliquait aussi aux questions de littérature et de style. Il appartenait certes au
mouvement de la poésie nouvelle éclose chez nous de
1820 à 1830 ; il avait assez marqué sa place dans cette
rénovation de l'art, lui qui avait créé en France l'idylle
vraie, l'idylle à la fois réelle et idéale : libre cependant,
sans préjugés d'école, il étudiait les maîtres classiques
avec une pénétration merveilleuse. Son admiration, très-fine et très-indépendante, n'admettait pas de jugements
convenus. Il louait ou blâmait, pièces en mains, avec des
raisons personnelles, très-senties, qui eussent bien surpris
parfois les commentateurs attitrés. Son La Fontaine, son
Boileau étaient chargés de notes à la fois respectueuses et

hardies. Dans son ardeur à renouveler chez nous le récit poétique, il étudiait les secrets de La Fontaine, et ce style le jetait en extase, bien qu'il ait poétiquement déchiré la page où le fabuliste médit de Kemper-Corentin. On eût dit qu'il conversait de plain-pied avec ces hommes d'un autre âge, et cela sans présomption aucune, sans ombre d'arrogance, comme un disciple de l'idéal qui cause librement avec un maître enchanté lui-même de l'ardeur et de la liberté du disciple. Il reprenait maintes choses, hasardait un conseil, soulignait un vers et le refaisait parfois [1]. Il avait beaucoup lu, sans trop de méthode, un peu à la façon de La Fontaine. Il possédait comme lui les poëtes du Nord et du Midi, ceux du Midi surtout. Bien qu'il ait ardemment aimé Shakspeare, Byron, les lakistes, et qu'il ait goûté avec finesse les complications savantes de Gœthe, il revenait toujours cependant à la tradition grecque et latine, aux chantres des pays du soleil, et avec la libre allure de sa critique il leur associait les poëtes orientaux, les sages persans, les mystiques hindous, se rappelant,

---

1. Parmi des remarques très-précises sur Corneille et Racine, sur Molière et La Fontaine, *les deux grands*, comme il les appelle, je trouve cette rectification d'une petite pièce de Malherbe. Il commence par transcrire les vers sur *la pucelle d'Orléans brûlée par les Anglais :*

> L'ennemi, tous droits violant,
> Belle amazone, en vous brûlant
> Témoigna son âme perfide ;
> Mais le destin n'eut point de tort :
> Celle qui vivait comme Alcide
> Devait mourir comme il est mort.

Puis il ajoute : « Les quatre premiers vers sentent un peu le normand et la procédure. On pouvait dire plus vivement :

> Monte au bûcher, fille intrépide,
> Et laisse à l'Anglais son remord :
> Celle qui vivait comme Alcide,
> Devait mourir comme il est mort. »

d.

il l'a dit plus d'une fois, que sa race celtique était fille de l'Asie. Il aimait la Sàvitri du *Mahâbhârata* autant que la Nausicaa de l'*Odyssée*.

Son invention était ardente aussi et beaucoup plus variée qu'on ne l'a cru. S'il achevait ses moindres œuvres avec lenteur, les retouchant sans cesse, *amoureux de l'ensemble et de chaque contour*, sa conversation était pleine d'idées, de plans qu'il traçait tout à coup et avec fougue. Plus d'un écrivain lui a dû des inspirations fécondes. Le théâtre, où il avait débuté avant de se connaitre lui-même, le tentait de nouveau dans sa maturité. Le roman ne l'attirait pas moins, et s'il n'avait été dévoué à la poésie pure, on devine tout ce qu'il y aurait mis de finesse, d'élévation morale, de délicates études psychologiques. Je trouve dans ses papiers des notes très-curieuses, très-nombreuses, pour un roman intitulé *Valentin*, qui aurait été le résumé de son expérience et de sa philosophie. Les vers du *Livre des Conseils*, où il recommande si bien l'harmonie de nos facultés, l'alliance des contraires, l'équilibre en toute chose, *car la vie est un art*, eussent servi d'épigraphe à cette histoire. « Je veux, dit-il, conduire mon héros jusqu'à cet état de sérénité et de force où l'âme est *sui compos*. Il n'y arrivera qu'après de dures épreuves. Avant qu'il se résigne en sage, on entendra ses cris... Que ce soit un livre fortifiant et sain, le contraire de *René*, d'*Adolphe*, etc., sans que cette prétention soit affichée. *Sui compos*, voilà le but de ce livre. » Au milieu des détails, des indications de caractères, il y a çà et là des jugements très-fins sur les principaux romans psychologiques de notre siècle. Citons encore une ligne qui explique l'intérêt de ces notes : « Il faut que cette étude contienne mon esthétique, ma philosophie, ma politique, ma religion. » La pensée première de ce roman avait tant de prix pour Brizeux, que je la retrouve sous la forme d'une comédie intitulée *l'Equilibre*. Le plan est fait, les actes et les scènes sont distribués; chaque personnage est annoncé avec les nuances de son caractère : il s'agit de *corriger* (Brizeux souligne le mot en souriant), il s'agit de corriger, ni plus ni moins, le *Misanthrope* de Molière. Entre Alceste et Philinte, il faudrait un Ariste, c'est-à-dire Molière lui-même, et Molière l'a oublié. Brizeux réparera l'omission. Il met en scène une âme franche, impétueuse, dont l'âpreté a besoin d'être contenue par la science de la vie; en face de ce nouvel Alceste, il place trois ou quatre Philintes (la race a pullulé), une véritable légion de complaisants qui excusent tout, parce qu'ils ne croient à rien. Voilà bien des occasions d'emportements pour l'Alceste du xix° siècle ; où est Ariste pour régler cette passion qui s'égare ? Ariste est représenté par une femme. Cette harmonie que cherche le poëte, cette mesure dans l'ardeur généreuse et la patience, cette science de la vie enfin, c'est une mère qui est chargée de l'enseigner à l'homme.

Je ne rendrai pas à Brizeux le mauvais service de louer des œuvres qui n'existent qu'en projet : en telle matière, l'exécution est tout. Je signale seulement ces ébauches de romans, de comédies (il y en a d'autres encore), afin de marquer avec plus de précision la physionomie de l'écrivain. Pourquoi ne les a-t-il pas terminées? Parce que la poésie pure le rappelait toujours. Lévite consacré à l'art des vers, il se laissait entraîner à sa fougue, à l'abondance de ses idées, il jetait sur le papier maintes ébauches; puis, au moment de commencer sa comédie ou son roman : « Non, disait-il, je resterai fidèle à l'unité de ma vie, à l'harmonie de mon œuvre. » Sur ce terrain, sa verve, si concentrée qu'elle fût, était intarissable. Entre cent autres projets, il méditait depuis longtemps un grand poëme sur l'époque héroïque de son pays. Ce devaient être trois récits, *Tristan, Merlin, Arthur*, poétiques et touchantes histoires, distinctes l'une de l'autre et unies cependant par un lien commun sous ce même titre : *la Chute de la Bretagne*. Brizeux répondait ainsi à la critique de M. Magnin, critique intelligente et féconde, puisqu'elle provoquait une telle ardeur. L'ouvrage, d'après le plan de l'auteur, n'aurait pas eu moins de trois mille vers; c'eût été le pendant du poëme des *Bretons*. On aurait vu face à face la Bretagne fabuleuse et la Bretagne réelle, les pères et les enfants, les druides et les prêtres, les héros et les pâtres [1].

On a parlé de ses vivacités, de ses brusques humeurs, de ses enthousiasmes et de ses antipathies également passionnées; pourquoi omettrais-je ce trait de physionomie qui achève de le peindre ? Il s'en est accusé lui-même, et plus d'une fois, dans ses vers. N'oublions pas d'ajouter que la passion chez lui cédait bien vite à la raison ; nul n'était plus prompt à revenir. La générosité du cœur réparait les emportements de l'esprit. Je n'en citerai qu'un exemple, et si je choisis celui-là, c'est qu'il se rattache à une œuvre du poëte. Un jour, au début de la guerre de Crimée, quand il écrivait ses appels à l'Allemagne, il avait composé une autre pièce, une invective furieuse contre la race germanique. L'Allemagne était la

---

1. On ne lira pas sans intérêt le programme du poëte : « L'histoire et les noms de Gauvain, Lancelot, Ivain, Perceval, Érec, se mêleront à cette trilogie. Arthur pourra paraître dans le poëme de *Tristan*, de *Merlin*, et chacun réciproquement dans les trois poëmes, de manière à faire un tout de ces trois histoires séparées. Le bénéfice de ce plan est de conserver isolé chacun de ces poétiques récits, et cependant de former un tout nommé *la Table Ronde* ou *la Chute de la Bretagne*. Le défaut du poëme de l'Arioste, œuvre admirable, c'est que, le lien étant naturellement rompu et le nombre des acteurs immense, l'intérêt ne s'arrête sur personne,.... mais il ne voulait qu'amuser. Il faut que ce poëme intéresse et touche. Mœurs héroïques, sans emphase, mais prises au sérieux. »

Chine de l'Europe, le pays des conseillers titrés, des mandarins pédants; il raillait tout, le philosophe, le philologue, l'étudiant alourdi par la bière,

> L'éternel professeur avec sa fiancée
> Éternelle;

bref, la satire et l'insulte y étaient prodiguées à pleines mains en des vers merveilleusement frappés. J'écoutai en souriant, puis je pris la défense de l'Allemagne; je lui peignis en quelques mots ce noble peuple dévoué à la science, aux lettres, à la pensée; je lui rappelai en quelle estime y étaient tenus les poëtes, comme les maîtres de l'art y étaient populaires. Bien des choses qu'il aimait en Bretagne se retrouvaient, lui disais-je, dans les vallées du Neckar; l'Allemagne aussi est la terre des chênes. Le pays de Pélage, d'Abélard, de Descartes, avait-il le droit de maudire ainsi le pays de Leibnitz et de Kant! Cette aversion que les Schlegel et autres avaient témoignée à la France avait son origine en 1813, c'était le réveil du sentiment national; en un mot, je le réfutais avec ses principes mêmes, avec ses vers, je lui rappelais la pièce *aux Prêtres de Bretagne*. Soudain je vis ses yeux s'emplir de larmes; il prit le papier où était tracée son invective et le déchira en morceaux.

On a parlé aussi de son existence trop peu assise et de son médiocre souci des conventions mondaines. Brizeux, si élégant dans sa jeunesse (c'est ainsi que le peint ce condisciple dont je citais plus haut les souvenirs), avait contracté en voyageant des allures toutes nomades. A coup sûr, il tenait plus à l'élégance morale qu'à la correction extérieure. Pendant ses longs séjours au milieu des paysans de la vallée du Scorf, étudiant les mœurs et le langage rustiques, passant les soirs au coin de l'âtre, dans la métairie ou l'auberge du bourg, il y avait pris des habitudes qu'il n'oubliait pas assez en revenant à la ville. Sa vie errante, cette manière de travailler dans les rues, cette parfaite ingénuité qui ne se défie ni des sots ni des pédants, tout cela pouvait lui nuire. Quelquefois même ce n'étaient pas les pédants et les sots qui le blâmaient; ses amis ne lui ménageaient pas les conseils, et quel vrai poëte n'a pas eu besoin dans sa vie d'être guidé parfois comme un enfant? Quant à ceux qui ont envenimé ces reproches pour fermer à l'auteur de *Marie* et des *Bretons* les portes de l'Académie française, je leur souhaite de n'avoir jamais sur la conscience de plus graves péchés que les siens. Ses torts, s'il en eut, n'ont nui qu'à lui seul; ses vertus ont profité à plus d'un. Il a honoré les lettres autant qu'aucun écrivain de ce temps-ci. Quand je me représente l'indépendance de son caractère, la pureté de sa vie, son amour de la France, sa fidélité à l'art et à l'amitié, son sentiment de sa dignité poétique, à la fois si modeste et si fier, je voudrais inscrire sur son monument ces vers qu'il a composés pour le tombeau d'un ami :

> C'était un diamant. La perle la plus rare
> Se dissout dans l'acide et finit lentement.
> L'acier lance en éclats le marbre de Carrare.
> Rien n'entamait son cœur. C'était un diamant.

Tous ceux qui connaissaient Brizeux ont pleuré en lui plus que le poëte. La Bretagne a bien senti la perte qu'elle vient de faire. Parmi tant de pièces de vers inspirées par la mort du barde, qu'on me permette d'en citer au moins une; elle est écrite dans sa langue natale, et on y entend comme un gémissement de ces bruyères au milieu desquelles il demandait à être enseveli avec Albin, Daniel et tous ceux du canton.

MORT DU BARDE DE LA PETITE-BRETAGNE.

Mourir pour revivre.

« Douleur, douleur à toi, Petite-Bretagne! — Gémissez et répandez des larmes, — rochers aux bords de la mer profonde, — et vous, chênes, au sein des forêts! —

« La mort impitoyable, comme un loup sorti des bois au milieu de l'hiver, — fauche sans merci dans notre Bretagne; — sa faux est toute rouge de sang. —

« Mais ce sang-là a bonne odeur; — il sent la rose et l'aubépine blanche; — car c'est le sang d'un barde, un vrai Breton, — qui partout chantait son pays.

« Brizeux est mort, le barde d'Arvor! — Il est mort pour revivre en un monde meilleur. — Chantez le chant d'adieu, ô vous, forêts et mer! — Rossignol de nuit, pleure son trépas. —

« Et vous, ô Marie, sur sa tombe priez Dieu et la Vierge, — et mettez une rose nouvelle à l'endroit du cœur du doux chanteur. —

« Mais où faudra-t-il enterrer le corps du barde qui chanta si bien le pays que nous aimons tous, — mer tout autour, bois au milieu? —

« Mettez-le à la pointe du Raz, près de la mer profonde, où il entendra dans le vent le chant des blanches prêtresses de l'île de Sein.

« Ou bien encore mettez-le dans la plaine de Carnac, sous le plus grand des men-hir, et près de là plantez un jeune chêne.

« Sur le men-hir fruste et sans ornement vous graverez un petit livre doré, — et aux branches du chêne vous suspendrez une harpe. —

« Et le vent de mer, en passant, chantera des *sônes* et des *gwerz*, et sur les branches du chêne le rossignol pleurera toute la nuit.

« O Français, dans votre Académie vous n'avez pas voulu du barde de Bretagne, qui chanta toujours la patrie et la foi [1].

---

1. Ce reproche n'est pas tout à fait juste. Quelques jours après le

« — Et vous avez bien fait, — car dans un autre monde il est avec Gwenclan et Aneuzin (une académie qui n'est pas mauvaise), — avec Taliésin et Merlin.

« — Mais en Bretagne il y a des bardes encore; — or chantez tous ses louanges en des *giverz* qui vivront à jamais dans le pays.

« — Et moi, je voudrais avoir deux ailes et de grandes plumes pour m'envoler au loin par-delà la mer bleue, afin de dire à nos frères des contrées lointaines : — « Pleurez et portez le deuil ! »

« Il est mort, le barde de la Petite-Bretagne ! Bois de chênes, et vous, mer, pleurez ! » — « S'il est mort, c'est pour revivre d'une vie meilleure ! » répond une voix venue de loin (1). »

On connaît les détails de sa mort. Atteint d'une maladie de poitrine, il était allé dans le midi de la France, à Montpellier, chercher le soleil qu'il aimait tant. Ni le soleil d'avril, ni les soins de l'amitié, ni les secours de l'art, ne purent le sauver. Il garda jusqu'au dernier jour la sérénité de son intelligence, l'exquise sensibilité de son âme. Du cœur et des lèvres il envoyait un souvenir à chacun de ses amis. Ses dernières pensées ont été pour sa mère et la Bretagne. « Quand je serai mort, disait-il à celui qui l'assistait, insérez quelques mots très-simples, très-modestes, dans un journal de Montpellier; dites que la Bretagne devrait bien ouvrir une souscription pour faire transporter mon corps dans ma patrie. J'ai fait cela moi-même pour Le Gonidec. » L'inspiration religieuse ayant été l'âme de sa vie et de ses chants, on me demandera sans doute dans quels sentiments il est mort. Je dois être discret sur ce

---

mort de Brizeux, un membre éminent de l'Académie française m'écrivait ces mots : « Hier, à notre réunion du jeudi, on savait la triste nouvelle, et l'on s'en est fort entretenu, avec tous les regrets et les éloges dus à un poëte qui appartenait par bien des côtés à l'Académie, et qui était fait pour lui appartenir de plus en plus. »

1. L'auteur de ces vers est M. F.-M. Luzel.

point; Brizeux a voulu mourir caché comme il avait vécu. Je le dirai seulement, car il ne me l'a pas défendu, et cette révélation contiendra peut-être un avertissement salutaire : le parti qui se prétend religieux, et qui éloigne du christianisme un grand nombre des plus nobles âmes de ce temps-ci, lui était devenu, dans ces dernières années, plus odieux que jamais. Il craignait d'être confondu avec ces pharisiens, et cette crainte le préoccupait beaucoup trop assurément : quel rapport entre l'artiste chrétien et de judaïques docteurs? Il est mort plein de foi et d'espérance, plein de foi en la bonté de Dieu et d'espérance dans une vie meilleure. Il s'accusait de ses fautes avec l'humilité d'un cœur pur : « J'étais si faible! » disait-il. Le jour où son corps fut porté à l'église et de là au cimetière dans un caveau d'attente, l'ami qui ne l'avait pas quitté jusqu'à la dernière heure, se rappelant qu'à la mort de Klopstock on avait récité sur sa tombe les plus touchants épisodes de *la Messiade,* crut aussi pouvoir lire sur le cercueil de Brizeux quelques-uns des plus beaux chants sortis de son âme. Le lendemain il écrivait à un ami ces paroles, assez peu orthodoxes, je le confesse, mais qui résument avec fidélité le christianisme confiant et les suprêmes aspirations de Brizeux : « Le cercueil va partir pour Lorient. Ce pauvre corps, que j'ai vu tant souffrir, reposera sous la terre de Marie; l'âme est *dans une autre Bretagne, en des mondes meilleurs,* avec Platon, Virgile, saint Jean, Raphaël, saint Corentin, patron de Kemper, et saint Cornéli, patron des bœufs. »

Août 1858.

III

Nous avons dit déjà que les vœux du poëte mourant ont été réalisés. Le corps de Brizeux a été ramené dans sa patrie ; M. Rouland, ministre de l'instruction publique, s'était empressé de contribuer à cette œuvre pieuse. L'auteur des *Bretons* aura sa tombe dans sa ville natale. Puisse-t-il aussi avoir son monument dans la vallée du Scorf, comme l'ont souhaité ses amis de Paris, comme il le demandait lui-même en ses vers, un monument simple, rustique, un monument celtique et chrétien tout ensemble, une pierre et une croix au pied d'un chêne !

> Vous mettrez sur ma tombe un chêne, un chêne sombre,
> Et le rossignol noir soupirera dans l'ombre :
> « C'est un barde qu'ici la mort vient d'enfermer.
> Il aimait son pays et le faisait aimer. »

Quant à son monument littéraire, c'est l'édition de ses poésies complètes. La voici terminée selon ses recommandations suprêmes. Dans *Marie*, dans *la Fleur d'or*, le lecteur remarquera plusieurs pièces inédites ; si le poëme des *Bretons*, sauf quelques corrections de détail, est resté ce qu'il était, les *Histoires poétiques* présentent une physionomie toute nouvelle ; le recueil de *Primel et Nola* y est entièrement fondu ; un ordre meilleur met en leur vrai jour ces récits *tous divers de pensers et de tons*, dit le poëte, et unis cependant par le lien d'une inspiration toujours fidèle à son amour.

Dans cette distribution des *Histoires poétiques*, nous avons obéi religieusement, est-il besoin de le dire ? à la volonté expresse de notre ami. Il n'est qu'un seul point de cette édition où il nous a été impossible de suivre le plan tracé de sa main. Brizeux désirait que ses poésies complètes fussent publiées en trois volumes, dont le premier eût contenu *Marie* et *la Fleur d'or*, le second *les Bretons*, le troisième les *Histoires poétiques*. Puisque des convenances de librairie ne nous ont pas permis d'exécuter ce dessein, nous voulons du moins signaler ici le projet du poëte, afin que l'avenir, s'il y a lieu, accomplisse ce que nous n'avons pu faire. Au reste, obligés d'adopter un ordre différent, nous nous sommes bien gardés de substituer notre pensée à la sienne; c'est à Brizeux lui-même que nous avons demandé conseil. La préface des *Histoires poétiques* (première édition, chez Victor Lecou, 1855) contient à ce sujet des indications qui ne devaient pas nous échapper. Brizeux y donne la division de ses œuvres, et il place d'un côté *Marie* et *les Bretons*, de l'autre *Primel et Nola*, et les *Histoires poétiques*; *la Fleur d'or*, recueil philosophique, voyage aux pays de la Science et de l'Art, est comme le lien qui unit la poétique gerbe. « De mon pays, dit-il, j'ai tracé d'abord une image légère dans l'idylle de *Marie*, puis un tableau étendu dans l'épopée rustique des *Bretons*, laquelle trouve son complément dans ces *Histoires poétiques*, et le recueil de *Primel et Nola*. Tout a son lien dans le livre lyrique de *la Fleur d'or*. »

Le plan indiqué ici est celui que le lecteur trouvera dans ces deux volumes; le premier contient *Marie* et *les Bretons*, auxquels se joignent naturellement les deux recueils en langue celtique, *Telen Arvor* et *Furnez Breiz*; le second, qui renferme l'édition définitive des *Histoires poétiques*, s'ouvre par *la Fleur d'or*, centre mélodieux de tous les chants de l'auteur. On aura donc d'un côté l'idylle et l'épopée, de l'autre les études de l'artiste avec les récits du penseur et du sage. C'est Brizeux tout entier sous son double aspect, le poëte breton et le poëte profondément humain, le chantre des choses simples et l'esprit initié à toutes les délicatesses de l'art, le doux maître enfin qui voulait que tous les contrastes de son inspiration, unis, fondus ensemble, formassent, en ce siècle troublé, une sereine et virile harmonie.

Saint-René Taillandier.

3 mai 1860.

MARIE

Le lieu où sont placées les douze idylles ou élégies qui donnent leur nom à ce livre ne se recommande ni par l'éclat des costumes, d'ordinaire si riches en Bretagne, ni par le dialecte pur de ses habitants. La partie méridionale du pays est même fort aride et sèche ; ce ne sont que des bruyères et des landes, quelques ifs épars le long des fossés, ou de grosses pierres blanches lourdement couchées sur le sol. Vers le nord, la campagne devient mouvante et pleine de vie. La rivière de l'Ellé a cette beauté un peu triste qui plaît tant sous notre climat ; rien n'est frais comme les eaux de Castell-linn ; et du petit village de Stang-er-harò, ou de la montagne opposée, rien n'est vert et sauvage comme la vallée du Scorf.

Au milieu des incertitudes de nos temps, incertitudes cruelles et cependant chères à la pensée en ce qu'elles constatent son indépendance, la nature est une synthèse toujours visible et vivante où l'on aime à se reposer. Là, toutes nos facultés peuvent se développer à l'aise et s'appliquer, notre intelligence concevoir, notre cœur aimer, notre imagination librement déployer ses ailes.

Bien peu de gens ont des idées exactes sur la Bretagne. Pour apprécier les peuples simples, il faut avoir été élevé parmi eux, de bonne heure avoir parlé leur langue, s'être assis à leur table : alors se découvrent leur poésie intime et cachée, et la grâce native de leurs mœurs.

Les campagnes civilisées qui environnent Paris sont trop connues : ici, ni religion, ni arts, ni costumes, ni langue ; ils n'ont plus l'ignorance qui retient dans le bien ; la science qui vous y ramène, ils ne l'ont pas encore. La science est belle pour les peuples comme pour les individus, mais lorsque le cercle est entièrement parcouru et qu'on revient perfectionné à son point de départ.

Que mon pays me pardonne si j'ai montré le chemin de ses fontaines et de ses bruyères.

12 Septembre 1831.

MARIE

Rien ne trouble ta paix, ô doux Létà! le monde
En vain s'agite et pousse une plainte profonde,
Tu n'as pas entendu ce long gémissement,
Et ton eau vers la mer coule aussi mollement ;
Sur l'herbe de tes prés les joyeuses cavales
Luttent chaque matin, et ces belles rivales
Toujours d'un bord à l'autre appellent leurs époux,
Qui plongent dans tes flots, hennissants et jaloux :
Il m'en souvient ici, comme en cette soirée
Où de bœufs, de chevaux notre barque entourée,
Sous leurs pieds s'abîmait, quand nous, hardis marins,
Nous gagnâmes le bord, suspendus à leurs crins,
Excitant par nos voix et suivant à la nage
Ce troupeau qui montait pêle-mêle au rivage.
J'irai, j'irai revoir les saules du Létà,
Et toi qu'en ses beaux jours mon enfance habita,
Paroisse bien aimée, humble coin de la terre,
Où l'on peut vivre encore et mourir solitaire !

Aujourd'hui que tout cœur est triste et que chacun
Doit gémir sur lui-même et sur le mal commun ;
Que le monde, épuisé par une ardente fièvre,
N'a plus un souffle pur pour rafraîchir sa lèvre ;

Qu'après un si long temps de périls et d'efforts,
Dans l'ardeur du combat succombent les plus forts;
Que d'autres, haletants, rendus de lassitude,
Sont prêts de défaillir, alors la solitude
Vers son riant lointain nous attire, et nos voix
Se prennent à chanter l'eau, les fleurs et les bois:
Alors c'est un bonheur, quand tout meurt ou chancelle,
De se mêler à l'âme immense, universelle;
D'oublier ce qui fuit, les peuples et les jours,
Pour vivre avec Dieu seul, et partout et toujours.
Ainsi, lorsque la flamme au milieu d'une ville
Éclate, et qu'il n'est plus contre elle un sûr asile,
Hommes, femmes, chargés de leurs petits enfants,
Se sauvent demi-nus, et couchés dans les champs,
Ils regardent de loin, dans un morne silence,
L'incendie en fureur qui mugit et s'élance:
Cependant la nature est calme, dans les cieux
Chaque étoile poursuit son cours mystérieux,
Nul anneau n'est brisé dans la chaîne infinie,
Et l'univers entier roule avec harmonie.

Immuable nature, apparais aujourd'hui !
Que chacun dans ton sein dépose son ennui !
Tâche de nous séduire à tes beautés suprêmes,
Car nous sommes bien las du monde et de nous-mêmes :
Si tu veux dévoiler ton front jeune et divin,
Peut-être, heureux vieillards, nous sourirons enfin !

Celle pour qui j'écris avec amour ce livre
Ne le lira jamais : quand le soir la délivre
Des longs travaux du jour, des soins de la maison,
C'est assez à son fils de dire une chanson;
D'ailleurs, en parcourant chaque feuille légère,
Ses yeux n'y trouveraient qu'une langue étrangère.

Elle qui n'a rien vu que ses champs, ses taillis,
Et parle seulement la langue du pays.
Pourtant je veux poursuivre; et quelque ami peut-être
Resté dans nos forêts, et venant à connaître
Ce livre où son beau temps tout joyeux renaîtra,
Dans une fête, un jour, en dansant lui dira
Cette histoire qu'ici j'ai commencé d'écrire,
Et qu'en son ignorance elle ne doit pas lire;
Un sourire incrédule, un regard curieux
A ce récit naïf passeront dans ses yeux :
Puis, de nouveau mêlée à la foule qui gronde,
Tout entière au plaisir elle suivra la ronde.

PARIS.

Étonnement de l'âme et des yeux, lorsqu'on rentre
Dans cette ville active et qu'en vain nous fuyons!
Certain orgueil nous prend, on dit : Voici le centre,
L'ardent foyer qui lance en tout lieu ses rayons.

On vivait par le cœur, on vit par la pensée.
Mais l'art et la pensée ont aussi leur douceur :
Comme un bel arbre, aimons la colonne élancée!
L'art vrai n'a-t-il donc pas la nature pour sœur?

Et même les vieillards, ces mornes créatures,
A ce grand mouvement raniment leurs ressorts :
Ils vont causant entre eux de lettres, de peintures,
Et l'esprit les distrait des souffrances du corps.

A MA MÈRE

Je crois l'entendre encor, quand, sa main sur mon bras,
Autour des verts remparts nous allions pas à pas :
« Oui, quand tu pars, mon fils, oui, c'est un vide immense,
Un morne et froid désert où la nuit recommence ;
Ma fidèle maison, le jardin mes amours,
Tout cela n'est plus rien ; et j'en ai pour huit jours,
J'en ai pour tous ces mois d'octobre et de novembre,
Mon fils, à te chercher partout de chambre en chambre :
Songe à mes longs ennuis ! et lasse enfin d'errer,
Je tombe sur ma chaise et me mets à pleurer.
Ah ! souvent je l'ai dit : dans une humble cabane,
Plutôt filer son chanvre, obscure paysanne !
Du moins on est ensemble, et le jour, dans les champs,
Quand on lève la tête, on peut voir ses enfants.
Mais le savoir, l'orgueil, mille folles chimères
Vous rendent tous ingrats, et vous quittez vos mères.
Que nous sert, ô mon Dieu ! notre fécondité,
Si le toit paternel est par eux déserté ;
Si, quand nous viendra l'âge (et bientôt j'en vois l'heure),
Parents abandonnés, veufs dans notre demeure,
Tournant languissamment les yeux autour de nous,
Seuls nous nous retrouvons, tristes et vieux époux ? »

Alors elle se tut. Sentant mon cœur se fondre,
J'essuyais à l'écart mes pleurs pour lui répondre ;
Muets, nous poursuivions ainsi notre chemin,
Quand cette pauvre mère, en me serrant la main :
« Je t'afflige, mon fils, je t'afflige ! — Pardonne !
C'est qu'avec toi, vois-tu, l'avenir m'abandonne ;
En toi j'ai plus qu'un fils ; oui, je retrouve en toi
Un frère, un autre époux, un cœur fait comme moi.

A qui l'on peut s'ouvrir, ouvrir toute son âme :
Pensif, tu comprends bien les chagrins d'une femme ;
Tous m'aiment tendrement, mais ta bouche et tes yeux,
Mon fils, au fond du cœur vont chercher les aveux.
Pour notre sort commun, demande à ton aïeule.
J'avais fait bien des plans, — mais il faut rester seule ;
Nous avions toutes deux bien rêvé, — mais tu pars.
Pour la dernière fois, le long de ces remparts,
L'un sur l'autre appuyés, nous causons, — ô misère !
C'est bien, ne gronde pas. — Chez ta bonne grand'mère
Rentrons. Tu sais son âge : en faisant tes adieux,
Embrasse-la longtemps. — Ah ! nous espérions mieux. »

LE LIVRE BLANC

J'entrais dans mes seize ans, léger de corps et d'âme,
Mes cheveux entouraient mon front d'un filet d'or,
Tout mon être était vierge et pourtant plein de flamme,
Et vers mille bonheurs je tentais mon essor.

Lors m'apparut mon ange, aimante créature,
Un beau livre brillait sur sa robe de lin,
Livre blanc ; chaque feuille était unie et pure :
« C'est à toi, me dit-il, d'en remplir le vélin.

Tâche de n'y laisser aucune page vide,
Que l'an, le mois, le jour, attestent ton labeur ;
Point de ligne surtout et tremblante et livide
Que l'œil fuit, que la main ne tourne qu'avec peur.

Fais une histoire calme et doucement suivie ;
Pense, chaque matin, à la page du soir :
Vieillard, tu souriras au livre de ta vie,
Et Dieu te sourira lui-même en ton miroir. »

———

Quand on est plein de jours, gaîment on les prodigue :
Leur flot bruyant s'épanche au hasard et sans digue,
C'est une source vive et faite pour courir,
Et qu'aucune chaleur ne doit jamais tarir ;
Pourtant la chaleur vient, et l'eau coule plus rare ;
La source baisse, alors le prodigue est avare,
Incliné vers ses jours comme vers un miroir,
Dans leur onde limpide il cherche à se revoir ;
Mais, en tombant, déjà les feuilles l'ont voilée,
Et l'œil n'y peut saisir qu'une image troublée.

———

MARIE

Assez, Sonneur, assez ! vous briserez la cloche !
Sa voix par les vallons roule de roche en roche.
Les pâtres dans l'étable ont renfermé les bœufs :
« Le catéchisme sonne, Iann, peignez vos cheveux.
— Vous me rapporterez, Daniel, de l'eau bénite.
— Et vous, partez aussi, Marie, et courez vite ! »

Chaque jour, vers midi, par un ciel chaud et lourd,
Elle arrivait pieds nus à l'église du bourg :
Dans les beaux mois d'été, lorsqu'au bord d'une haie
On réveille en passant un lézard qui s'effraie,

Quand les grains des épis commencent à durcir,
Les herbes à sécher, et l'airelle à noircir;
D'autres enfants aussi venaient de leur village,
Tous, pieds nus, en chemin écartant le feuillage
Pour y trouver des nids, et tous à leur chapeau
Portant ces nénuphars qui fleurissent sur l'eau.
Alors le vieux curé, par un long exercice,
Nous préparait ensemble au divin sacrifice,
Lisait le catéchisme, et, nous donnant le ton,
Entonnait à l'autel un cantique breton.
Mêlant nos grands cheveux, serrés l'un contre l'autre,
Nous écoutions ainsi la voix du digne apôtre;
Lui, sa gaule à la main, passait entre les rangs
Et mettait les rieurs à genoux sur leurs bancs. —
Que celui dont l'enfance ennuyée et stérile
A langui tristement au milieu d'une ville,
Dans une cour obscure, une chambre, où ses yeux
A peine entrevoyaient la verdure et les cieux,
Se raille du passé, le dédaigne et l'offense :
Hélas! le malheureux n'a jamais eu d'enfance;
Il n'a pas grandi libre et joyeux en plein air,
Au murmure des pins, sur le bord de la mer :
L'odeur de la forêt, et pénétrante et vive,
N'a point trempé ses sens, et quelque amour naïve
Demeurée en son cœur à travers l'avenir,
Jamais, vieux et chagrin, ne peut le rajeunir...
Oh! quand venait Marie, ou lorsque le dimanche,
A vêpres, je voyais briller sa robe blanche,
Et qu'au bas de l'église elle arrivait enfin,
Se cachant à demi sous sa coiffe de lin,
Volontiers j'aurais cru voir la Vierge immortelle,
Ainsi qu'elle appelée, et bonne aussi comme elle!
Savais-je en ce temps-là pourquoi mon cœur l'aimait,
Si ses yeux étaient bleus, si sa voix me charmait.

Ou sa taille élancée, ou sa peau brune et pure ?
Non ! j'aimais une jeune et douce créature.
Et sans chercher comment, sans me rien demander,
L'office se passait à nous bien regarder.
Je lui disais parfois : « Embrassons-nous, Marie ! »
Et je prenais ses mains : mais vers sa métairie
La sauvage fuyait ; et moi, jeune amoureux,
Je courais sur ses pas au fond du chemin creux,
Longtemps je la suivais, sous le bois, dans la lande,
Dans les prés tout remplis d'une herbe épaisse et grande,
Enfin je m'arrêtais, ne pouvant plus la voir :
Elle, courant toujours, arrivait au Moustoir.

Jours passés, que chacun rappelle avec des larmes,
Jours qu'en vain l'on regrette, aviez-vous tant de charmes?
Ou les vents troublaient-ils aussi votre clarté,
Et l'ennui du présent fait-il votre beauté ?

―――

Notre premier malheur est notre sûre épreuve.
A ce coup imprévu toute âme belle et neuve
Se révolte, et se plaint amèrement à Dieu
D'un mal inexplicable et mérité si peu ;
Mais tendre et résignée, et se sentant meilleure,
Sur le malheur d'autrui cette âme rêve et pleure.
Le méchant se révolte aussi contre le ciel,
Mais chez lui le courroux bientôt se change en fiel !
Du mal, en souriant, il sonde le mystère,
Et prévoit qu'on en peut tirer parti sur terre.

―――

LE PAYS

Oh ! ne quittez jamais, c'est moi qui vous le dis,
Le devant de la porte où l'on jouait jadis,
L'église, où tout enfant, et d'une voix légère,
Vous chantiez à la messe auprès de votre mère;
Et la petite école où, trainant chaque pas,
Vous alliez le matin, oh ! ne la quittez pas !
Car une fois perdu parmi ces capitales,
Ces immenses Paris, aux tourmentes fatales,
Repos, fraiche gaité, tout s'y vient engloutir,
Et vous les maudissez sans en pouvoir sortir.
Croyez qu'il sera doux de voir un jour peut-être
Vos fils étudier sous votre bon vieux maitre,
Dans l'église avec vous chanter au même banc,
Et jouer à la porte où l'on jouait enfant.

LE BARDE

Morne et seul, je passais mes jours à m'attrister,
Mais l'Esprit du pays m'est venu visiter,
Et le son de sa voix semblait le chant des brises
Qui sifflent dans la lande aux bords des pierres grises.

Il dit : « Je fus un barde et l'on me chante encor:
Cette colline verte au-dessous de Ker-rorh
Est ma tombe. A ses pieds le torrent se déchaine.
Là, durant les chaleurs, sous les branches d'un chêne,
Un vieux prêtre chrétien souvent venait s'asseoir,
Et toi, qui par la main guidais cet homme noir,

Enfant, tu t'asseyais près de lui sur la mousse,
Et tu lisais alors d'une voix calme et douce.
D'un sage et vieux druide, ainsi, dans la forêt.
Disciple, je suivis l'enseignement secret.
J'ai redit vos discours aux Esprits des bruyères,
Et ceux des bois taillis, des étangs, des rivières.
Quand ton livre s'ouvrait, volaient en tourbillons :
On eût dit sous le chêne un essaim de frelons,
Tant arrivaient d'Esprits, d'Ombres et d'Ames folles
Pour recueillir le miel des savantes paroles.
On t'aimait. A la nuit, quand par le bois d'Élô,
Tu revenais au bourg, des touffes de bouleau
Entendais-tu sortir des plaintes étouffées?
Ces plaintes, cher enfant, étaient celles des fées;
C'étaient leurs cris d'amour, leurs chants grêles, leurs vœux.
Car plusieurs te suivaient en baisant tes cheveux,
Et quand l'une dans l'air déployait son écharpe,
Tous les bardes chantaient inclinés sur la harpe.

Cette nuit le jeune homme est triste: la cité
Le retient dans ses murs comme en captivité;
Seul près de son foyer, voyant le bois qui fume,
Il pense au sombre Arvor tout entouré de brume.
Il entend la mer battre au pied de Log-Onà,
Et la nue en pleurant passer sur Comanà.
Jeune homme, dans ton cœur ainsi tu te désoles;
Mais Paris, c'est le lieu des arts et des écoles;
Ici toute science a ses temples ouverts,
Et l'Armorique, hélas! n'a plus que ses bois verts.
Rejeton du passé, barde, notre espérance,
Reste encore et grandis dans ces villes de France!
L'Esprit de ton pays viendra te visiter.
Quand ton cœur est trop plein, laisse ton cœur chanter.

MARIE.

Adieu, l'ombre pâlit. Sur tes vitres mouillées
Comme le vent se plaint ! Bruyantes et gonflées,
Les sources vers la mer vont dégorger leurs eaux.
Et les rocs de Penn-marc'h déchirent les vaisseaux :
Par tes vers, ô chrétien ! calme donc ces flots sombres,
Car le Christ a ravi leur force aux anciens Nombres. »

HYMNE

DÉDIÉ A M. INGRES

Pieux servants de l'art, conservez la Beauté !
De ce moule où le monde en naissant fut jeté
Des types merveilleux sortirent, le poëte
Comme dans un cristal dans ses chants les reflète.
Par le Grand-Ouvrier tel fut l'ordre prescrit :
Il mit les Éléments sous la loi d'un Esprit,
Pour que chaque rouage, en l'immense machine,
Remplit, sans dévier, sa fonction divine ;
Et les artistes saints, créateurs après Dieu,
Animés de son souffle, éclairés de son feu,
Durent par les couleurs, et le marbre, et la lyre,
Rendre de l'univers ce qu'ils y savent lire.
Il est doux par le Beau d'être ainsi tourmenté,
Et de le reproduire avec simplicité ;
Il est doux de sentir une jeune figure
S'élever, sous nos mains, harmonieuse et pure,
Si belle qu'on l'adore et qu'on en fait le tour,
Amoureux de l'ensemble et de chaque contour ;
Sous la forme il est doux de répandre la flamme,
En s'écriant : Voici la fille de mon âme !
Jusqu'au foyer d'amour pour elle j'ai monté :
Admirez ce reflet de la Divinité !

Nous ne redirons pas ce que disait la haine,
Que toute poésie est une chose vaine :
Chanter, peindre, sculpter, c'est ravir au tombeau
Ce que la main divine a créé de plus beau :
Chanter, c'est prier Dieu; peindre, c'est rendre hommage
A celui qui forma l'homme à sa propre image :
Le poëte inspiré, le peintre, le sculpteur,
L'artiste, enfant du ciel, après Dieu créateur,
Qui jeta dans le monde une œuvre harmonieuse,
Peut se dire : J'ai fait une œuvre vertueuse !
Le Beau, c'est vers le Bien un sentier radieux,
C'est le vêtement d'or qui le pare à nos yeux.

MARIE

Humble et bon vieux curé d'Arzannô, digne prêtre,
Que tel je respectais, que j'aimais comme maître,
Pour occuper tes jours, si pleins, si réguliers,
N'as-tu plus près de toi tes pauvres écoliers ?
Hélas ! je fus l'un d'eux ! dans ma douleur présente,
J'aime à me rappeler cette vie innocente;
Leurs noms, je les sais tous : Albin, Elô, Daniel,
Alan du bourg de Scaer, Ives de Ker-ihuel.
Tous jeunes paysans aux costumes étranges,
Portant de longs cheveux flottants, comme les anges.
Oh ! je pleurai d'abord longtemps et je gémis :
Pour la première fois je voyais mes amis,
Pour la première fois je quittais mes deux mères :
D'abord je répandis bien des larmes amères.
Le travail arriva qui sut tout adoucir.
Le travail, mon effroi, bientôt fit mon plaisir.
Le premier point du jour nous éveillait : bien vite,

La figure lavée, et la prière dite.
Chacun gagnait sa place, et sur les grands paliers,
Dans les chambres, les cours, le long des escaliers,
En été dans les foins, couchés sous la verdure,
C'était tout le matin, c'était un long murmure,
Comme les blancs ramiers autour de leurs maisons,
D'écoliers à mi-voix répétant leurs leçons :
Puis la messe, les jeux; et, les beaux jours de fête,
Des offices sans fin chantés à pleine tête.

Aujourd'hui que mes pas négligent le saint lieu,
Sans culte et cependant plein de désir vers Dieu,
De ces jours de ferveur, oh ! vous pouvez m'en croire,
L'éclat lointain réchauffe encore ma mémoire,
Le psaume retentit dans mon âme, et ma voix
Retrouve quelques mots des versets d'autrefois.
Jours aimés ! jours éteints ! comme un jeune lévite,
Souvent j'ai dans le chœur porté l'aube bénite,
Offert l'onde et le vin au calice; et, le soir,
Aux marches de l'autel balancé l'encensoir.
Cependant tout un peuple à genoux sur la pierre,
Parmi les flots d'encens, les fleurs et la lumière,
Femmes, enfants, vieillards, hommes graves et mûrs,
Tous dans un même vœu, tous avec des cœurs purs,
Disaient le Dieu des fruits et des moissons nouvelles,
Qui darde ses rayons pour sécher les javelles,
Ou quelquefois permet aux fléaux souverains
De faucher les froments et d'emporter les grains.
Les voix montaient, montaient! moi, penché sur mon livre,
Et pareil à celui qu'un grand bonheur enivre,
Je tremblais, de longs pleurs ruisselaient de mes yeux ;
Et, comme si Dieu même eût dévoilé les cieux,
Introduit par sa main dans les saintes phalanges,
Je sentais tout mon être éclater en louanges.

Et noyé dans des flots d'amour et de clarté,
Je m'anéantissais devant l'Immensité!

Je fus poëte alors! Sur mon âme embrasée,
L'imagination secoua sa rosée,
Et je reçus d'en haut le don intérieur
D'exprimer par des chants ce que j'ai dans le cœur.

Il est dans nos cantons, ô ma chère Bretagne!
Plus d'un terrain fangeux, plus d'une âpre montagne :
Là de tristes landiers comme nés au hasard,
Où l'on voit à midi se glisser le lézard ;
Puis un silence lourd, fatigant, monotone,
Nul oiseau dont la voix vous charme et vous étonne,
Mais le grillon qui court de buisson en buisson,
Et toujours vous poursuit du bruit de sa chanson ;
Dans nos cantons aussi, lointaines, isolées,
Il est de claires eaux et de fraîches vallées,
Et d'épaisses forêts, et des bosquets de buis,
Où le gibier craintif trouve de sûrs réduits :
Enfant, j'ai traversé plus d'un fleuve à la nage,
Ravi sa dure écorce à plus d'un houx sauvage,
Et sur les chênes verts, de rameaux en rameaux,
Visité dans leurs nids les petits des oiseaux.
En Armorique enfin, de Tréguier jusqu'à Vannes,
Il est dans nos cantons de jeunes paysannes,
Habitantes des bois ou bien du bord des mers,
Toutes belles ; leurs dents sont blanches, leurs yeux clairs,
Et dans leurs vêtements variés et bizarres
Respirent je ne sais quelles grâces barbares ;
Et si, dans les ardeurs d'un beau mois de juillet,
Haletant, vous entrez et demandez du lait,
Et que, pour vous servir, quelques-unes d'entre elles
Viennent, comme toujours simples et naturelles,

S'accoudant sur la table et causant avec vous,
Ou, pour filer, ployant à terre les genoux,
Vous croyez voir, ravi de ces façons naïves,
Et de tant de blancheur sous des couleurs si vives,
La fille de l'El-Orn, caprice d'un follet,
Ou la fée aux yeux bleus qui dans l'âtre filait.

Amour! religion! nature! à mon aurore,
Ainsi vous m'appeliez de votre voix sonore;
Et comme un jeune faon qui court, à son réveil,
Aux lisières des bois saluer le soleil,
Brame en voyant au ciel la lumière sacrée,
Et, le reste du jour errant sous la fourrée,
Le soir aspire encor de ses larges naseaux
Les feux qui vont mourir dans la fraîcheur des eaux,
Amour! religion! nature! ainsi mon âme
Aspira les rayons de votre triple flamme,
Et dans ce monde obscur où je m'en vais errant,
Vers vos divins soleils je me tourne en pleurant,
Vers celle que j'aimais et qu'on nommait Marie,
Et vers vous, ô mon Dieu, dans ma douce patrie !
Oh! lorsqu'après deux ans de poignantes douleurs,
Je revis mon pays et ses genêts en fleurs,
Lorsque, sur le chemin, un vieux pâtre celtique
Me donna le bonjour dans son langage antique,
Quand, de troupeaux, de blés causant ainsi tous deux,
Vinrent d'autres Bretons avec leurs longs cheveux,
Oh! comme alors, pareils au torrent qui s'écoule,
Mes songes les plus frais m'inondèrent en foule!
Je me voyais enfant, heureux comme autrefois,
Et, malgré moi, mes pleurs étouffèrent ma voix !...

Alors, j'ai voulu voir les murs du presbytère
Dont, jeune, j'ai porté la règle salutaire.

Et m'avançant à l'ouest par un sentier connu,
Au pays des vallons pensif je suis venu.

Déjà, non loin du bourg, j'entrais dans cette lande
Qui jette vers le soir une odeur de lavande,
Quand d'un étroit chemin tout bordé de halliers,
Près de moi descendit un troupeau d'écoliers :
Leur maître les suivait quelques pas en arrière,
De son air souriant récitant le bréviaire.
Lui seul me reconnut; cependant à mon nom
Je vis dans tous les yeux briller comme un rayon :
Nous causâmes : au bout de cette promenade,
J'étais pour les plus grands un ancien camarade.

Mes amis d'autrefois, aujourd'hui dispersés,
Et comme moi peut-être en bien des lieux froissés,
Revenez comme moi vers cette maison sainte !
Notre jeunesse encor revit dans son enceinte.
Toujours même innocence et même piété,
Et dans l'emploi du temps même variété.
Le soir, comme autrefois, le plus jeune vicaire
Sur un auteur latin au curé fait la guerre ;
D'un vers de l'Énéide on discute le sens ;
César, surtout, César qui dans ses bras puissants
Étreignit l'Armorique, et, frissonnant et blême,
Dans les bras d'un Gaulois fut emporté lui-même,
Sur les crins d'un coursier traîné hors du combat,
Et ne dut son salut qu'au mépris du soldat.

Cependant la nuit tombe. Enfants et domestiques,
Quelques voisins, amis des pieuses pratiques,
S'assemblent dans la salle et leur humble oraison,
Encens du cœur, s'élève et remplit la maison ;
Et la journée ainsi, pieuse et régulière,
Comme elle a commencé finit dans la prière.

L'APPRENTISSAGE

Soit que ma pente aussi vers ce côté m'entraîne,
J'ai juré de fermer mon âme à toute haine,
A tout regret cuisant; ouverte à bien jouir,
De la laisser au jour libre s'épanouir;
De n'aimer d'ici bas que les plus douces choses :
De me nourrir du Beau, comme du suc des roses
L'abeille se nourrit, sans chercher désormais
Quel mal on pourrait faire à qui n'en fit jamais :
Ainsi, les yeux au ciel où la tête baissée,
D'aller droit mon chemin en suivant ma pensée,
Tout à mes souvenirs, à mes songes errants,
Qu'au hasard, tour à tour, je quitte et je reprends;
Tout au devoir, à l'art, à la philosophie;
Et calme, et solitaire au milieu de la vie,
De traverser les flots de ce monde moqueur,
Sans jamais y mêler ni ma voix ni mon cœur. —
Tel était mon projet, ce projet fut peu sage.
Lorsque de cette vie on fait l'apprentissage,
Non, ce n'est point assez de s'armer de candeur,
De baisser, en marchant, les yeux avec froideur;
Comme au creux d'un vallon le ruisseau qui s'écoule,
Il faut sur les deux bords toucher à cette foule,
Réfléchir dans son cours bien des objets hideux,
Parfois troubler ses eaux en passant trop près d'eux;
Pour quelques rossignols chantant sur vos rivages,
Vous entendrez gémir bien des oiseaux sauvages,
Et les torrents viendront, et le flux de la mer
Parmi vos douces eaux mêlant son sel amer.
Ce monde où l'on doit vivre, oh! jugeons-le, mon âme !
Partout haine, bassesse, ou jalousie infâme;

Nulle pitié, le sang, l'or dieu, la fausseté,
Et sous tous ses aspects l'ignoble làcheté !
Non, ce n'est pas assez pour le chevreuil timide
De n'aimer que les bois et la feuillée humide ;
Il a pour fuir les loups des pieds aériens,
Et deux rameaux aigus pour éventrer les chiens.

LA CHANSON DE LOÏC

Dès que la grive est éveillée,
Sur cette lande encor mouillée
    Je viens m'asseoir
    Jusques au soir ;
Grand'mère de qui je me cache,
Dit : Loïc aime trop sa vache.
    Oh ! nenni-da !
Mais j'aime la petite Anna.

A son tour, Anna, ma compagne,
Conduit derrière la montagne,
    Près des sureaux,
    Ses noirs chevreaux ;
Si la montagne, où je m'égare,
Ainsi qu'un grand mur nous sépare,
    Sa douce voix,
Sa voix m'appelle au fond du bois.

Oh ! sur un air plaintif et tendre ;
Qu'il est doux au loin de s'entendre.
    Sans même avoir
    L'heur de se voir !

De la montagne à la vallée
La voix par la voix appelée
    Semble un soupir
Mêlé d'ennuis et de plaisir.

Oui, retenez bien votre haleine,
Brise étourdie, ou dans la plaine,
    Parmi les blés,
    Courez, volez !
Ah ! la méchante est la plus forte,
Et dans les rochers elle emporte
    La douce voix
Qui m'appelait au fond du bois.

Encore ! encore ! Anna, ma belle !
Anna, c'est Loïc qui t'appelle !
    Encore un son
    De ta chanson !
La chanson que chantent tes lèvres,
Lorsque pour amuser tes chèvres,
    Petite Anna,
Tu danses ton gai ta-ra-la !

Oh ! te souvient-il de l'yeuse,
Où tu montas, fille peureuse,
    Quand tout à coup
    Parut le loup ?
Sur l'yeuse encor, ma mignonne,
Que parmi les oiseaux résonne
    Ta douce voix,
Ta voix qui chante au fond du bois.

Mais quelle est, derrière la branche
Cette fumée errante et blanche

Qui lentement
Vers moi descend?
Hélas! cette blanche fumée
C'est l'adieu de ma bien-aimée,
L'adieu d'amour,
Qui s'élève à la fin du jour.

Adieu donc! — contre un vent farouche,
Au travers de mes doigts ma bouche
Dans ce ravin
L'appelle en vain;
Déjà la nuit vient sur la lande,
Rentrons au bourg, vache gourmande:
O gui-lan-la!
Adieu donc, ma petite Anna!

LE CHEMIN DU PARDON

UN JEUNE HOMME

Où courez-vous ainsi, pieuses jeunes filles,
Qui passez deux à deux sous vos coiffes gentilles?
Ce tablier de soie et ce riche cordon
Disent que vous allez toutes quatre au Pardon.

UNE JEUNE FILLE

Laissez-nous, laissez-nous poursuivre notre route,
Jeunes gens! Nous allons où vous allez sans doute;
Et ces bouquets de mil au bord de vos chapeaux
Disent assez pourquoi vous vous faites si beaux.

UN JEUNE HOMME

Eh bien ! tout en causant, Gaït, si bon vous semble,.
Jusqu'à Saint-Matelinn nous marcherons ensemble ;
Et de même en causant nous reviendrons ce soir :
Mes yeux sont réjouis, Gaït, de vous revoir.

UNE JEUNE FILLE

Non, suivez votre route et nous suivrons la nôtre.
D'un côté les garçons et les filles de l'autre.
Vous nous retrouverez aux marches de la croix,
Et nos galants alors nous donneront des noix.

Aux environs de Scaer, ainsi, dans une lande,
D'amoureux pèlerins devisait une bande :
C'étaient Berthel, Jérôme, enfant modeste et fin,
Qui, lorsqu'il sert la messe, a l'air d'un séraphin ;
Anna des bois du Lorh était aussi du nombre,
Et Loïc qui la suit partout comme son ombre.
Moi-même à ce Pardon j'allais vêtu comme eux.
Pourtant à mon costume il manquait les cheveux,
Si bien qu'en traversant cette lande embaumée :
« Quel est donc celui-ci qui revient de l'armée ?
Disaient tout bas les gens ; à sa taille, à son air,
C'est celui qui partit pour Ronan, l'autre hiver.
« — Eh ! non ! c'est le jeune homme arrivé de la ville.
A parler notre langue on dit qu'il est habile :
Bonjour, Monsieur ! et Dieu vous garde du chagrin !
Vous ne méprisez pas ceux qui sèment le grain. » —
D'autres d'un air joyeux reprenaient : « Quelle somme,
Pour travailler aux champs, demandez-vous, jeune homme ? »

Nous avancions toujours, et par tous les sentiers
Ce n'étaient que chapeaux, coiffes et tabliers

Allant vers le Pardon; sur la bruyère verte,
Des vapeurs du matin encor toute couverte,
Le soleil par moments dardait ses grands rayons
Et mon âme volait en exaltations.

Si notre sort commun, Arvor, veut le permettre,
Sais-tu la haute place où, moi, je veux te mettre?
Hélas! pauvre exilé de l'ombre des taillis,
Je sens qu'il est bien doux de parler du pays,
J'en dois savoir parler! Du moins que ceux des villes
Ne mêlent pas mon nom à leurs intrigues viles;
J'ai vu leur fiel haineux, leur sourire moqueur,
Et loin d'eux j'ai placé mon esprit et mon cœur!

Enfin, on distinguait, après plus d'une lieue,
Les murs de la chapelle et sa toiture bleue,
Et même avec l'odeur qui sort du cidre doux
Tous les bruits du Pardon arrivaient jusqu'à nous,
Quand le désir nous prit d'aller à la fontaine,
Croyant y retrouver Anne et sa sœur Hélène.
Une vieille était là, seule, à laver ses pots,
Qu'elle emplissait d'eau sainte et vendait aux dévots,
Elle s'en vint à nous disant ses patenôtres,
Et de mes cheveux courts dupe comme les autres,
La pauvresse ajouta : « Je le vois dans vos yeux,
Vous revenez de France avec un cœur joyeux.
Avez-vous retrouvé chez lui votre vieux père?
Celle qui vous aimait, vous aime encor, j'espère?
Désormais au pays vous passerez vos jours,
Et vous épouserez, jeune homme, vos amours. »

Trompée à mes habits et par cet air de joie
Que la gaîté d'autrui par instants nous envoie,
Mère, ainsi vous parliez; hélas! et dans Paris
L'histoire de ce jour tristement je l'écris.

LE BAL

N'y va pas ! Reste sur ton livre,
Dans ta chambre d'étudiant ;
Courbé sous la lampe de cuivre,
Occupe ta pensée et ton cœur en veillant.

Tu le sais trop, le plus stoïque
N'est bien sûr de lui qu'à l'écart ;
Et l'âpreté jeune et pudique
N'est pas lente à céder au charme d'un regard.

Il est une fleur douce et blanche
Qui croît à l'arbre du devoir,
Cueille cette fleur sur sa branche,
Pour être fort demain respire-la ce soir.

Non ! ta pensée ailleurs s'enivre :
Un ruban sur de noirs cheveux
Dans un bal attire tes yeux,
O jeune homme inquiet ! — et tu fermes ton livre !

MARIE

Un jour que nous étions assis au Pont Kerlò
Laissant pendre, en riant, nos pieds au fil de l'eau,
Joyeux de la troubler, ou bien, à son passage,
D'arrêter un rameau, quelque flottant herbage,
Ou sous les saules verts d'effrayer le poisson
Qui venait au soleil dormir près du gazon ;

Seuls en ce lieu sauvage, et nul bruit, nulle haleine
N'éveillant la vallée immobile et sereine,
Hors nos ris enfantins, et l'écho de nos voix
Qui partait par volée et courait dans les bois,
Car entre deux forêts la rivière encaissée
Coulait jusqu'à la mer, lente, claire et glacée ;
Seuls, dis-je, en ce désert, et libres tout le jour,
Nous sentions en jouant nos cœurs remplis d'amour.
C'était plaisir de voir sous l'eau limpide et bleue,
Mille petits poissons faisant frémir leur queue,
Se mordre, se poursuivre, ou par bandes nageant,
Ouvrir et refermer leurs nageoires d'argent ;
Puis les saumons bruyants, et sous son lit de pierre,
L'anguille qui se cache au bord de la rivière ;
Des insectes sans nombre, ailés ou transparents,
Occupés tout le jour à monter les courants,
Abeilles, moucherons, alertes demoiselles,
Se sauvant sous les joncs du bec des hirondelles. —
Sur la main de Marie une vint se poser,
Si bizarre d'aspect qu'afin de l'écraser
J'accourus ; mais déjà ma jeune paysanne
Par l'aile avait saisi la mouche diaphane,
Et voyant la pauvrette en ses doigts remuer :
« Mon Dieu, comme elle tremble ! oh ! pourquoi la tuer ? »
Dit-elle. Et dans les airs sa bouche ronde et pure
Souffla légèrement la frêle créature,
Qui, déployant soudain ses deux ailes de feu,
Partit, et s'éleva joyeuse et louant Dieu.

Bien des jours ont passé depuis cette journée,
Hélas ! et bien des ans ! dans ma quinzième année,
Enfant, j'entrais alors ; mais les jours et les ans
Ont passé sans ternir ces souvenirs d'enfants ;
Et d'autres jours viendront et des amours nouvelles,

Et mes jeunes amours, mes amours les plus belles,
Dans l'ombre de mon cœur mes plus fraîches amours,
Mes amours de quinze ans refleuriront toujours.

———

J'aime dans tout esprit l'orgueil de la pensée
Qui n'accepte aucun frein, aucune loi tracée,
Par delà le réel s'élance et cherche à voir,
Et de rien ne s'effraie, et sait tout concevoir;
Mais avec cet esprit j'aime une âme ingénue,
Pleine de bons instincts, de sage retenue,
Qui s'ombrage de peu, surveille son honneur,
De scrupules sans fin tourmente son bonheur,
Suit, même en ses écarts, sa droiture pour guide,
Et, pour autrui facile, est pour elle timide.

———

Souvent je me demande et je cherche en tout lieu
Ce qu'est Dieu sans l'amour, ou bien l'amour sans Dieu.
Aimer Dieu, n'est-ce pas trouver la pure flamme
Qu'on crut voir dans les yeux de quelque jeune femme?
Dans cette femme aussi, n'est-ce point, ici-bas,
Chercher comme un rayon du Dieu qu'on ne voit pas?
Ainsi, ces deux amours, le céleste et le nôtre,
Pareils à deux flambeaux, s'allument l'un par l'autre :
L'idéal purifie en nous l'amour charnel,
Et le terrestre amour nous fait voir l'éternel.

———

Quand le temps sur nos fronts efface par degré
L'enfance et les reflets de cet âge doré,

Arrive la jeunesse avec toute sa sève,
Et par un jet nouveau le corps monte et s'élève,
Et toujours monte ainsi, jusques à son été,
Au faîte radieux de sa virilité :
Et la pensée aussi va croissant d'âge en âge ;
Mais un regret la suit à travers son voyage,
Hélas ! car rien ne vaut le peu qu'on a quitté :
Tout ce qu'on gagne en force, on le perd en beauté.

MARIE

— « Après moins de six mois passés loin de la lande
Où l'on jouait, Marie, ah ! que vous voilà grande !
N'étaient ce corset rouge et ces jupons rayés
Qui, trop courts à présent, m'ont laissé voir vos pieds,
Jamais je n'aurais dit : « Cette fille qui prie
Au Calvaire, et s'en va vers l'église, est Marie. »
Et pourtant c'est bien vous ; je vous parle et vous vois,
Mais que vous êtes grande après moins de six mois !
La tige qu'on mesure au temps de la poussée,
Vienne la Saint-Michel, n'est pas plus élancée.
J'ai honte à moi vraiment et me sens tout jaloux,
Car j'ai l'air aujourd'hui d'un enfant près de vous ;
Je n'ose vous parler, et jusqu'au fond de l'âme
Vous me troublez quasi comme une grande dame.
Cependant, jeune fille, ainsi que l'an passé
Causons ! Voyez, l'office à peine est commencé,
Et nul sous le portail ne viendra. — Prenons garde,
Voici que le Sonneur de son banc nous regarde,
Et j'entends sous le mur le petit Pierre Elô
Qui chante en écorchant son bâton de bouleau. —

MARIE.

Eh bien, tout cet hiver, au logis toute seule,
Et, le soir, travaillant auprès de votre aïeule,
Songiez-vous quelquefois à ceux qui sont au bourg?
Moi, je vous appelais, ô Maï! le long du jour
Je disais : « Quand viendront les vêpres du dimanche
Et ma brune Marie avec sa coiffe blanche?
Quand reviendra le temps des nids et des chansons,
Et le jeu d'osselets derrière les buissons? »
Mais j'appelais en vain! Durant l'hiver, les fièvres,
Marie, avaient jeté leurs feux noirs sur vos lèvres,
Et votre bonne mère en ses deux pauvres bras
Vous serrait et mouillait de ses larmes vos draps;
Et puis, baisant la terre, aux anges, à la Vierge
Jurait une neuvaine et de brûler un cierge;
Et que, s'ils vous sauvaient, sur ses genoux un jour
Deux fois de leur église elle ferait le tour.
Oui, j'ai su ses tourments, ses cris de toute sorte.
Le soir, quand le vieux Dall quêtait à notre porte,
Je lui donnais son pain : « Ah! disait le vieux Dall,
La mère a fait un vœu, car sa fille va mal. »
Mais un soir il me dit : « Payez-moi ma nouvelle!
Notre vierge est debout, mais plus grande et plus belle,
Croyez-en mon rapport, plus belle que devant.
Vous-même à ses côtés aurez l'air d'un enfant. » —
Le pauvre avait raison. Là, près de la muraille,
Ce jeune plant avait l'an dernier votre taille,
Il a poussé depuis; voyez votre hauteur :
Vous êtes tous les deux de la même grandeur. »

— Un jour d'avril, ainsi, sous le porche de pierre,
Tandis que dans l'église on faisait la prière,
Je parlais à Marie en secret et tout bas;
Mais elle m'écoutait et ne répondait pas.
Elle était devant moi distraite et sérieuse.

Oh! non, ce n'était plus Marie, enfant rieuse,
Qu'à son corsage plat, son pied vif et léger,
On eût prise de loin pour un jeune berger!
Enfin me regardant avec un doux sourire,
Comme une sœur aînée un frère qui l'admire,
Grave et tendre à la fois, elle me dit adieu;
Puis, entrant dans l'église, elle alla prier Dieu.

Avec ces mots d'adieu tout finit! — Un jeune homme,
Natif du même endroit, travailleur, économe,
En voyant sa belle âme, en voyant son beau corps,
L'aima; les vieilles gens firent les deux accords,
Et toute à son mari, soumise en son ménage,
Bientôt elle oublia l'amoureux de son âge.
Au sortir de la messe, ah! quand l'heureux rival,
Assise entre ses bras l'emportait à cheval,
Quand la noce passait, femmes et jeunes filles
Remplissant le chemin du bruit des deux familles,
Celui qui resta seul, celui-là dut souffrir!
Il mit tout son bonheur depuis à s'enquérir
De celle qu'il aima, de chaque métairie
Qu'elle habitait : du moins, le savez-vous, Marie?
Je vis de souvenirs, de souvenirs anciens,
Hélas! mais tous les jours et partout j'y reviens!

―

VERS ÉCRITS A LIVRY

Dans ces calculs du sort qu'on appelle hasard,
Si le bonheur obtient trop rarement sa part,
S'il faut, le cœur serré, pensif et solitaire,
Poursuivre avec effort sa course sur la terre,

Attendant vainement qu'au détour du chemin
Un ami se présente et nous serre la main,
A quoi bon espérer? Sans projets, sans envie,
Ne cherchons désormais que l'oubli de la vie:
Que chaque objet qui passe, ou noble ou gracieux,
Nous attire, et sur lui laissons aller nos yeux,
Vivons hors de nous-même. Il est dans la nature,
Dans tout ce qui se meut, et respire et murmure,
Dans les riches trésors de la création,
Il est des baumes sûrs à toute affliction :
C'est de s'abandonner à ces beautés naïves,
D'en observer les lois douces, inoffensives,
L'arbre qui pousse et meurt où nos mains l'ont planté,
Et l'oiseau qu'on écoute après qu'il a chanté ;
Ainsi, selon l'objet que le ciel nous envoie,
Notre âme s'ouvre encore à l'innocente joie.
Un enfant sur sa porte en passant m'a souri :
A son rire si frais mon cœur s'est attendri ;
Car, folâtre, et voulant le baiser sur la bouche,
Sa nourrice accourut ; mais le petit farouche,
A son sable occupé, longtemps fit le mutin,
Et ce furent des cris, un combat enfantin.
Malgré ces grands efforts, aux bras de la nourrice
Il lui fallut pourtant soumettre son caprice,
Écouter les beaux noms dont elle l'appelait,
Et donner un baiser de sa bouche de lait.
Heureux ainsi qui cherche en tous lieux, sur sa route,
Une fleur qu'il respire, une voix qu'il écoute,
Et, comme on étudie un livre curieux,
Sonde de chaque objet le sens mystérieux !
C'est qu'au milieu du champ cette pierre immobile,
Ce roseau balancé sur sa tige débile,
Ce chien qui tient sur vous son regard attaché,
Sont comme un livre obscur, symbolique, caché,

Un langage muet et plein de poésie,
Et que chacun traduit selon sa fantaisie,
Selon son naturel bienveillant ou moqueur,
Selon qu'il suit en tout son esprit ou son cœur.
Quand les hommes n'ont plus que des songes moroses,
Heureux qui sait se prendre au pur amour des choses,
Parvient à s'émouvoir, et trouve hors de lui,
Hors de toute pensée un baume à son ennui !
Hélas ! le cœur humain, écrit à chaque page,
Ne vaut plus que les yeux s'y fixent davantage ;
Chaque mot de ce livre est deviné, prévu ;
Ce que vous y verrez, vous l'avez déjà vu.

HYMNE

Aimons la Liberté ! c'est le souffle de Dieu,
C'est l'esprit fécondant qui pénètre en tout lieu ;
C'est l'éclair dans la nuit ; sur l'autel c'est la flamme ;
Le Verbe inspirateur qui rend la vie à l'âme :
Quand la terre languit dans son aridité,
Comme une large pluie, alors la Liberté
S'épanche, et tous les cœurs à ses fraîches paroles,
Tels que des fleurs du ciel, entr'ouvrent leurs corolles,
Et le monde a repris sa première splendeur,
Et la nature exhale une suave odeur !

— Liberté, dans nos murs toujours la bienvenue,
Comme d'anciens amants nous t'avons reconnue,
Et nous baisions ta robe, et tous avec gaîté
Nous suivions au combat ta sœur l'Égalité :
Oh ! partout, sur nos ponts, nos marchés, nos fontaines,

Nous inscrirons le nom de la fille d'Athènes !
Athènes ! oui, c'est là, parmi des champs de miel,
Qu'elle arrêta son vol en descendant du ciel !
Ces Grecs l'aiment encor. Pourtant dans notre enceinte
Elle porte sa tente et sa bannière sainte,
Et quand les nations l'appellent à la fois,
Des clochers de Paris elle entendra leurs voix :
Ici sa métropole, ici ses jours de fête,
Ici des hommes francs osant lever la tête,
Des pas libres, des mains qui peuvent se serrer,
Et l'air vital et fort qu'elle aime à respirer !
Les arts viendront. Toujours leur gracieux cortége
L'accompagne en chantant; de leurs beaux pieds de neige
Les Muses autrefois foulaient le Parthénon,
Et sur les lyres d'or elles disaient son nom ;
Les Sages l'adoptaient, appelant libérales
Toutes créations divines, idéales ;
Car la Liberté porte un cœur religieux,
Et dans son temple immense elle admet tous les dieux :
Statuaire, à ton marbre ! et quand il prend la lyre,
Le poëte au beau front, écoutez son délire !
Au travail ! au travail ! Qu'on entende partout
Le bruit saint du travail et d'un peuple debout !
Que partout on entende et la scie et la lime,
La voix du travailleur qui chante et qui s'anime !
Que la fournaise flambe, et que les lourds marteaux
Nuit et jour et sans fin tourmentent les métaux :
Rien n'est harmonieux comme l'acier qui vibre
Et le cri de l'outil aux mains d'un homme libre ;
Au fond d'un atelier rien n'est plus noble à voir
Qu'un front tout en sueur, un visage tout noir,
Un sein large et velu que la poussière souille,
Et deux robustes bras tout recouverts de houille !
Au travail ! au travail ! à l'œuvre ! aux ateliers !

Et vous, de la pensée habiles ouvriers,
A l'œuvre! Travaillez, tous dans votre domaine,
La matière divine et la matière humaine !
Inventez, maniez, changez, embellissez,
La Liberté jamais ne dira : C'est assez !
Toute audace lui plaît; vers la nue orageuse
Elle aime à voir monter une aile courageuse.

Aimons la Liberté ! c'est le souffle de Dieu ;
C'est l'esprit fécondant qui pénètre en tout lieu ;
C'est l'éclair dans la nuit; sur l'autel c'est la flamme :
Le Verbe inspirateur qui rend la vie à l'âme :
Quand la terre languit dans son aridité,
Comme une large pluie, alors la Liberté
S'épanche, et tous les cœurs à ses fraîches paroles,
Tels que des fleurs du ciel, entr'ouvrent leurs corolles,
Et le monde a repris sa première splendeur,
Et la nature exhale une suave odeur !

Août 1830.

A LA MÉMOIRE
DE
GEORGES FARCY

> Il adorait
> la France, la Poésie et la Philosophie.
> Que la Patrie conserve son nom !
> Victor Cousin.

Oui ! toujours j'enviai, Farcy, de te connaître,
Toi, que si jeune encore on citait comme un maître,
Cœur tendre, qui d'un souffle, hélas ! t'intimidais,
Attentif à cacher l'or pur que tu gardais !

Un soir, en nous parlant de Naple et de ses grèves,
Beaux pays enchantés où se plaisaient tes rêves,
Ta bouche eut un instant la douceur de Platon :
Tes amis souriaient, lorsque, changeant de ton,
Tu devins brusque et sombre, et te mordis la lèvre.
Fantasque, impatient, rétif comme la chèvre !
Ainsi tu te plaisais à secouer la main
Qui venait sur ton front essuyer ton chagrin.
Que dire ? le linceul aujourd'hui te recouvre,
Et, j'en ai peur, c'est lui que tu cherchais au Louvre.
Paix à toi, noble cœur ! ici tu fus pleuré
Par un ami bien vrai, de toi-même ignoré ;
Là haut, réjouis-toi ! Platon parmi les Ombres
Te dit le Verbe pur, Pythagore les Nombres.

Août 1830.

LE MOIS D'AOUT

O mes frères, voici le beau temps des vacances !
Le mois d'août, appelé par dix mois d'espérances !
De bien loin votre aîné, je ne puis oublier
Août et ses jeux riants ; alors, pauvre écolier,
Je veux voir mon pays, notre petit domaine,
Et toujours le mois d'août au logis nous ramène.
Tant un cœur qui nourrit un regret insensé,
Un cœur tendre s'abuse et vit dans le passé !
Voici le beau mois d'août, en courses, camarades !
La chasse le matin, et le soir les baignades !
Vraiment, pour une année, à peine nos parents
Nous ont-ils reconnus : vous si forts et si grands,
Moi courbé, moi pensif. — O changements contraires !
La jeunesse vous cherche, elle me fuit, mes frères ;

Gaîment vous dépensez vos jours sans les compter,
Économe du temps, je voudrais l'arrêter. —
Mais aux pierres du quai déjà la mer est haute :
Toi, mon plus jeune frère, allons, gagnons la côte ;
En chemin par les blés tu liras tes leçons,
Ou bien tu cueilleras des mûres aux buissons.
Hâtons-nous, le soleil nous brûle sur ces roches. —
Ne sens-tu pas d'ici les vagues toutes proches ?
Et la mer, l'entends-tu ? Vois-tu tous ces pêcheurs ?
N'entends-tu pas les cris et les bras des nageurs ?
Ah ! rendez-moi la mer et les bruits du rivage,
C'est là que s'éveilla mon enfance sauvage :
Dans ses flots, orageux comme mon avenir,
Se reflètent ma vie et tout mon souvenir !
La mer ! j'aime la mer mugissante et houleuse,
Ou, comme en un bassin une liqueur huileuse,
La mer calme et d'argent ! sur ses flancs écumeux
Quel plaisir de descendre et de bondir comme eux,
Ou, mollement bercé, retenant son haleine,
De céder comme une algue au flux qui vous entraîne !
Alors on ne voit plus que l'onde et que les cieux,
Les nuages dorés passant silencieux,
Et les oiseaux de mer, tous allongeant la tête,
Et jetant un cri sourd en signe de tempête...
O mer, dans ton repos, dans tes bruits, dans ton air,
Comme un amant, je t'aime et te salue, ô mer !

Assez, assez nager ! L'ombre vient, la mer tremble,
Contre les flots, mon frère, assez lutter ensemble !
Retrempés dans leur sel, assouplis et nerveux,
Partons ! le vent du soir séchera nos cheveux.

Quelle joie en rentrant, mais calme et sans délire,
Quand, debout sur la porte et tâchant de sourire,

Une mère inquiète est là qui vous attend,
Vous baise sur le front, et pour vous à l'instant
Presse les serviteurs, quand le foyer pétille,
Et que nul n'est absent du repas de famille !
Monotone la veille, et vide, la maison
S'anime, un rayon d'or luit sur chaque cloison :
Le couvert s'élargit; comme des fruits d'automne,
D'enfants beaux et vermeils la table se couronne ;
Et puis mille babils, mille gais entretiens,
Un fou rire, et souvent de longs pleurs pour des riens.
Mais plus tard, lorsqu'on touche aux soirs gris de septembre,
En cercle réunis dans la plus grande chambre,
C'est alors qu'il est doux de veiller au foyer !
On roule près du feu la table de noyer,
On s'assied : chacun prend son cahier, son volume ;
Grand silence ! on n'entend que le bruit de la plume,
Le feuillet qui se tourne, ou le châtaignier vert
Qui craque, et l'on se croit au milieu de l'hiver.
Les yeux sur ses enfants, et rêveuse, la mère
Sur leur sort à venir invente une chimère,
Songe à l'époux absent depuis la fin du jour,
Et prend garde que rien ne manque à son retour.
L'aïeule cependant sur sa chaise se penche,
Et devant le Seigneur courbe sa tête blanche.

Écoutez-la, Seigneur, et pour elle, et pour nous !
Cette femme, ô mon Dieu, qui vous prie à genoux,
Ne la repoussez pas ! Soixante ans à la gêne,
Et toujours courageuse, elle a porté sa chaîne :
Une heure de repos avant le grand sommeil !
Avant le jour sans fin, quelques jours au soleil

MARIE

Du bois de Ker-Mélô jusqu'au moulin du Teïr,
J'ai passé tout le jour sur le bord de la mer,
Respirant sous les pins leur odeur de résine,
Poussant devant mes pieds leur feuille lisse et fine,
Et d'instants en instants par-dessus Saint-Michel,
Lorsqu'éclatait le bruit de la barre d'Enn-Tell,
M'arrêtant pour entendre ; au milieu des bruyères,
Carnac m'apparaissait avec toutes ses pierres,
Et, parmi les men-hir, erraient comme autrefois
Les vieux guerriers des clans, leurs prêtres et leurs rois.—
Puis, je marchais encore au hasard et sans règle.
C'est ainsi que faisant le tour d'un champ de seigle,
Je trouvai deux enfants couchés au pied d'un houx,
Deux enfants qui jouaient, sur le sable, aux cailloux :
Et soudain, dans mon cœur, cette vie innocente
Qu'une image bien chère à mes yeux représente,
O Maï ! si fortement s'est mise à revenir,
Qu'il m'a fallu chanter encor ce souvenir.
Dans ce sombre Paris, toi, que j'ai tant rêvée,
Vois, comme en nos vallons mon cœur t'a retrouvée !

A l'âge qui pour moi fut si plein de douceurs,
J'avais pour être aimé trois cousines (trois sœurs) :
Elles venaient souvent me voir au presbytère :
Le nom qu'elles portaient alors, je dois le taire,
Toutes trois aujourd'hui marchent le front voilé ;
Une près de Morlaix et deux à Kemperlé ;
Mais je sais qu'en leur cloître elles me sont fidèles,
Elles ont prié Dieu pour moi qui parle d'elles.

Chez mon ancien curé, l'été, d'un lieu voisin,
Elles venaient donc voir l'écolier leur cousin;
Prenaient, en me parlant, un langage de mères;
Ou bien, selon leur âge et le mien, moins sévères,
S'informaient de Marie, objet de mes amours,
Et si pour l'embrasser je la suivais toujours;
Et comme ma rougeur montrait assez ma flamme,
Ces sœurs, qui sans pitié jouaient avec mon âme,
Curieuses aussi, résolurent de voir
Celle qui me tenait si jeune en son pouvoir.

A l'heure de midi, lorsque de leur village
Les enfants accouraient au bourg, selon l'usage,
Les voilà de s'asseoir, en riant toutes trois,
Devant le cimetière, au-dessous de la croix;
Et quand au catéchisme arrivait une fille,
Rouge sous la chaleur et qui semblait gentille,
Comme il en venait tant de Ker-barz, Ker-halvé,
Et par tous les sentiers qui vont à Ti-névé,
Elles barraient sa route, et, par plaisanterie,
Disaient, en soulevant sa coiffe : « Es-tu Marie ? »
Or, celle-ci passait avec Joseph Daniel;
Elle entendit son nom, et vite, grâce au ciel!
Se sauvait, quand Daniel, comme une biche fauve,
La poursuivit, criant : « Voici Maï qui se sauve ! »
Et sautant par-dessus les tombes et leurs morts,
Au détour du clocher la prit à bras-le-corps.
Elle se débattait, se cachait la figure;
Mais chacun écarta ses mains et sa coiffure,
Et les yeux des trois sœurs s'ouvrirent pour bien voir
Cette grappe du Scorf, cette fleur de blé noir.

HISTOIRE D'IVONA[*]

I

LES AMOURS

J'aime une fille jolie,
Ivona, tel est son nom.
  Qu'en dit-on ?
Déjà c'était ma folie,
Lorsqu'elle entra, blonde enfant,
  Au couvent.

Non, dans toute la Cornouaille,
De Lo'-Christ à Kemperlé
  Sur l'Ellé,
Il n'est œil noir qui la vaille;
Cœur plus aimant que le sien,
  Je crois bien.

Rien qu'en voyant sa tournure,
Les jeunes femmes de Scaër,
  Du bel air,
Ont imité sa parure;
Mais sa marche et ses appas,
  Oh ! non pas.

Pour écrire cent volumes
Traitant de ses qualités
  Et beautés,

---

[*] Ces trois chansons ici rassemblées sont tirées de la prose de Cambry, qui les avait prises du breton.

MARIE.

Quand j'aurais toutes les plumes
Dont s'habillent les oiseaux
    Gais et beaux ;

Comme une immense écritoire,
Où ma plume irait s'emplir
    A plaisir,
Quand la mer en encre noire
Pourrait se changer demain
    Sous ma main ;

Bref, quand le monde lui-même
Serait couvert tout entier
    De papier,
Pour chanter celle que j'aime,
Le temps manquerait toujours
    A mes jours.

II

LA NOCE

Quand la jeune Ivona, cette fille vermeille,
Se maria, ce fut la noce sans pareille :
Des courses de chevaux, des luttes, un repas,
Tels que depuis un siècle on n'en connaissait pas :
Plus de mille invités, des mendiants sans nombre ;
Cidre sous le hangar, et cidre encore à l'ombre ;
Deux cents coups de fusil en passant par le bourg,
Et des musiciens à rendre un homme sourd.
Le curé chantait fort, et riait sous son livre
D'entendre sur le plat sonner argent et cuivre ;
Mais bien plus, croyez-moi, que danseurs et lutteurs,
La veille, on admira deux habiles chanteurs,

Qui, le poing sur la hanche et dressant les oreilles,
En l'honneur des époux nous dirent des merveilles.
Ils déclamaient en vers comme des bacheliers.
Tous deux, suivant l'usage, avaient sur leurs souliers
Des lacets rouge et bleu ; debout devant la porte,
L'avocat du garçon commença de la sorte :

PREMIER CHANTEUR

« Salut aux cœurs joyeux, ouverts et sans façon !
A vous gloire et bonheur, gens de cette maison !
Or, sans plus de détours, amis, où donc est-elle
La perle du logis, la fleur qu'on dit si belle ?
Ce vase de parfums qu'on me cache avec soin,
Un jeune homme amoureux l'a respiré de loin :
Il soupire, il languit ; pour sécher tant de larmes
Je suis venu ; ma voix, hélas ! a peu de charmes ;
J'ignore les apprêts d'un langage doré,
Mais je suis jeune encore, un jour je m'instruirai.

SECOND CHANTEUR

Votre salut nous plait, et tant de gentillesse
Déjà vous a gagné le cœur de la vieillesse.
C'est un malheur bien grand, mais l'amour de vos yeux,
Celle que vous cherchez ne vit plus en ces lieux ;
Le vase de parfums n'est plus ; nous n'avons guère,
Hélas ! à vous offrir que des vases de terre,
Le ciel nous a ravi l'ange, notre trésor.
L'ange qui nous aimait, que nous aimons encor,
A fui cette maison ; dans une solitude
Il habite avec Dieu, sa grande et chère étude.
Au fond d'un cloître saint l'enfant a transplanté
Le beau lis odorant de sa virginité :
Là tous deux s'éteindront sous la cendre et les larmes,
Pour refleurir au ciel avec de nouveaux charmes

MARIE.

Adieu donc, étranger, adieu ! dans notre cœur
Nous trouvons mille vœux, tous pour votre bonheur.

PREMIER CHANTEUR

Quand les chiens dépistés abandonnent la voie,
Maladroit le chasseur s'il lâche aussi sa proie ;
Donc je poursuis la mienne, et, tant qu'il sera jour,
Je courrai mon gibier, mon beau gibier d'amour.
Certes, le jeune ami pour qui je bats la lande
Est digne de goûter à cette chair friande :
Garçon roide et nerveux, nul ne l'a surpassé
A conduire un sillon, à creuser un fossé ;
Mieux qu'un musicien il joùrait de la flûte ;
C'est un cerf à la course, un serpent à la lutte ;
Quand sa charrette verse en un mauvais chemin,
Lui, pour la retenir, n'a qu'à tendre la main ;
Il a tué dix loups, vingt blaireaux, et sa porte
Témoigne à tout passant de ce que je rapporte.
Bref, le fléau du loup l'est aussi du voleur :
Lui-même il a livré leur chef à son seigneur,
Et tous craignent si bien son fusil et sa force,
Qu'ils courent vers le bois dès qu'il brûle une amorce.

SECOND CHANTEUR

Vos mérites sont grands ; celle que vous cherchez
A ses talents aussi, précieux mais cachés.
Oh ! l'habile fileuse, et qu'aisément l'aiguille
Passe et repasse aux doigts de notre jeune fille !
Quand, par un beau matin, aux dames du manoir
Elle porte le lait tiré la veille au soir,
Comme ses pieds sont vifs, et comme sur la route
Elle court, sans verser autour d'elle une goutte !
Quel jeune homme amoureux, quel jeune homme menteur
Dirait qu'il en reçut un seul coup d'œil flatteur ?

3.

Et les jours de Pardon, la ronde commencée,
Voyez-la, toute rouge et la tête baissée,
Entre ses jeunes sœurs cacher son embarras,
Danser, et les tenir chacune par le bras,
Et jamais un garçon dont la bouche trop tendre
Hasarderait des mots qu'il ne faut pas entendre. —
Inutiles regrets! éloges superflus!
Nous vantons notre vierge, et nous ne l'avons plus!

PREMIER CHANTEUR

Que ne m'avez-vous dit, hier, à la même heure :
« Ne venez pas, le deuil est dans notre demeure. »
Non, non, vous me trompez : l'ange, votre trésor,
L'ange que nous aimons chez vous habite encor.
Tout le bourg eût appris sa fuite; à son passage,
Chacun eût retenu la vierge belle et sage.
Aux cimetières noirs les ifs sont destinés,
Les beaux lis odorants pour les jardins sont nés.
Ne blessez pas ce cœur plus tendre qu'une cire :
Conduisez par la main celle que je désire;
Faites dresser la table, et que les fiancés
Près de leurs vieux parents par nous deux soient placés.

SECOND CHANTEUR

Il faut vous obéir, ami; votre prière,
Vos plaintes ont forcé le seuil de ma chaumière.
Je vais vous présenter celles qui sont ici.
Un moment sous cet arbre attendez. — Me voici.
Ouvrez, ouvrez les yeux! est-ce là votre rose?

PREMIER CHANTEUR

A l'air grave et serein qui sur ce front repose,
A sa douce gaîté, je gage que toujours
Cette femme a rempli la tâche de ses jours;

Que ses fils, son mari, sa famille nombreuse
L'aimaient; que sous ses lois sa maison fut heureuse.
Mais l'heure du repos a pour elle sonné;
Ce qu'une autre commence elle l'a terminé.
Cherchez encore, ami, cherchez, ce n'est pas elle.

SECOND CHANTEUR

Étranger difficile, est-ce là votre belle?

PREMIER CHANTEUR

Les anges sont moins frais. Cette fleur de santé
Est d'une vierge, encor bien loin de son été,
Et d'une vierge aussi sa taille droite et fine;
Mais l'ongle de ce doigt, que de près j'examine,
Me dit que bien souvent pour un fils au berceau
Tout autour du bassin il chercha le gruau.
Donc, l'ami, retournez, vous en cachez une autre.

SECOND CHANTEUR

Et ce petit bijou, serait-ce point le vôtre?

PREMIER CHANTEUR

Telle était à dix ans celle qu'on veut de vous.
Cette enfant quelque jour charmera son époux;
Mais il faut que ce fruit, âpre et trop vert encore,
Longtemps sur l'espalier mûrisse et se colore;
L'autre, grappe dorée aux rayons du matin,
Attend le vendangeur pour paraître au festin.

SECOND CHANTEUR

Vraiment vous l'emportez! votre finesse est grande,
Chanteur! Sous cet habit de toile de Hollande,
Voici venir enfin ce que vous désirez :
De trois rangs de velours ses bras sont entourés,

Et sur son béguin blanc tout brodé d'écarlate,
Comme au front d'une sainte un ruban d'or éclate.
Vienne aussi l'amoureux, et que ces fiancés
A table, au bout du banc, par nous deux soient placés,
Près de leur vieux grand-père et de ce digne prêtre
Qui va prier pour eux saint Alan, notre maître.
Allez querir l'époux, allez ; un prompt retour
Mieux que tous vos serments prouvera son amour.

PREMIER CHANTEUR

Vous, barde, mon ami, touchez là ! Face à face
Au fumet des ragoûts, ce soir, nous prendrons place ;
Et le cidre, le vin, le lard, les venaisons
Nous feront souvenir des anciennes chansons. »

III

LA CHAUMIÈRE

LE MARI

As-tu vu notre baronne ?
L'or qui couvrait sa couronne ?
L'or qui couvrait ses appas ?
Les messieurs dans la chapelle
Murmuraient tous : Qu'elle est belle !

LA FEMME

Oui, mais ils ne priaient pas.

LE MARI

Et le soir, à la lumière,
As-tu vu, pauvre fermière,
Quel riche et royal repas ?

Vins de France, vins d'Espagne,
C'était pays de Cocagne !

LA FEMME

Oui, mais ils ne buvaient pas.

LE MARI

Et la scène où maître Gilles
A fait force tours agiles
Sur son chef et sur ses bras ?
As-tu vu comme le drôle
Leur a défilé son rôle ?

LA FEMME

Oui, mais ils ne riaient pas.

LE MARI

Et ce bal où cent bougies,
Autant de lampes rougies
Brillaient d'en haut jusqu'en bas ?
As-tu vu quelles dorures ?
Et ces bijoux, ces parures ?

LA FEMME

Oui, mais ils ne dansaient pas.

LE MARI

Et ce lit garni de franges ?
Le ciel que portaient quatre anges ?
Ce couvre-pied de damas ?

LA FEMME

J'ai tout vu ; mais crois-moi, Pierre,
Comme nous dans ta chaumière
Peut-être ils ne s'aiment pas.

RENCONTRE SUR AR-VODEN

A AUDREN DE KERDREL

Comme je voyageais au fond de nos campagnes,
Seul, à pied, admirant, perdu dans les montagnes,
Ce pays de vallons, de rivières, de bois,
De chapelles sans nombre et de petites croix,
Tableau qui parle au cœur et pour les yeux varie,
Tout à coup, au milieu de cette rêverie,
J'entendis près de moi le pas égal et lourd
D'un grave laboureur qui s'en allait au bourg.
Vêtu comme l'étaient nos aïeux dans les Gaules,
De longs cheveux châtains pendaient sur ses épaules;
Il portait un bâton d'un houx vert et noueux,
Et menait par la corne une paire de bœufs.
En passant, il me dit : « Vous êtes de la ville,
Mais vous semblez aimer cette lande tranquille,
Jeune homme; et vous voilà qui pleurez comme moi,
Quand je revins ici du service du roi.
J'ai vu tous ceux de France, après quelques journées,
Oublier leur maison; moi, durant tant d'années,
Je pensais à mon bourg, à l'Izòl, à ses bords;
Couchés dans leurs linceuls, je pensais à mes morts,
A tout ce qu'un chrétien aime comme lui-même,
Aux saints de mon église, à mes fonts de baptême,
Aux danses quelquefois, aux luttes des Pardons,
Et mon cœur m'emportait toujours dans nos cantons. » —

Ce noble paysan n'est rien dans cette histoire,
Mais ses traits sont restés gravés dans ma mémoire,
Et comme une statue aux traits durs et touchants,
J'ai placé son image au milieu de mes chants.

MARIE

Jamais je n'oublirai cette immense bruyère,
Où, cheminant tous deux, je disais à mon frère :
« Entends-tu ces regrets et combien il est doux
D'avoir aimé, bien jeune, une enfant comme vous ;
Sur les monts, dans les prés, quand tout fleurit, embaume,
Ou dans l'église obscure, en récitant le psaume,
En face sur son banc de se voir chaque jour,
Le cœur plein à la fois de piété, d'amour ;
Les signes, les regards tout chargés de mollesse ;
Mille pensers troublants qu'il faut dire à confesse ;
Les projets d'être sage, et, dès le lendemain,
Un baiser qu'on se prend ou qu'on donne en chemin ?
Le sens-tu bien, mon frère ? et lorsqu'en harmonie
Deux fois par la beauté l'âme au corps est unie,
Et qu'ensemble éveillés notre cœur et nos sens
Dans un divin accord résonnent frémissants,
De ces jeunes amours, dans le cœur le plus grave,
Il reste un souvenir qui pour jamais s'y grave,
Un parfum enivrant qu'on respire toujours,
Et les autres amours ne sont plus des amours. »

Et, cependant, pourquoi ce pénible voyage ?
Aujourd'hui, dans quel but ? Et lorsque son image
M'est demeurée entière et charmante, pourquoi
Ternir ce pur miroir que je porte avec moi ?
Un teint brûlé du hâle, une tempe amaigrie,
Un œil cave, est-ce là mon ancienne Marie ?

C'était jour de dimanche et la fête du bourg :
On chantait dans l'église, et dehors, alentour,

Sous le porche, la croix, les ifs du cimetière,
Mille gens à genoux récitaient leur prière;
Parfois un grand silence, et tout à coup les voix
Éclataient, et couraient se perdre dans le bois;
La messe terminée, à grand bruit cette foule
Sur la place du lieu comme une mer s'écoule;
Alors appels joyeux, rires et gais refrains;
Les voix des bateleurs et des marchands forains,
Le sonneur sur le mur proclamant ses criées;
A ses bons mots sans nombre éclats, folles huées;
Lui, d'un air goguenard pressait les acheteurs,
Et pour un blé si beau gourmandait leurs lenteurs.
Dans l'auberge voisine enfin l'aigre bombarde
Qui sonne, les binioux à la voix nasillarde,
Les danseurs, deux à deux, passant comme l'éclair,
Et jetant en cadence un cri qui perce l'air.

Devant l'un des marchands, bientôt trois jeunes filles
Se tenant par la main, rougissantes, gentilles,
Dans leurs plus beaux habits, s'en vinrent toutes trois
Acheter des rubans, des bagues et des croix.
J'approchai. Faible cœur, ô cœur qui bats si vite,
Que la peine et la joie, et tout ce qui t'excite
Arrive désormais, puisque dans ce moment
Tu ne t'es pas brisé sous quelque battement!
— Marie! — Ah! c'était elle, élégante, parée;
De ses deux sœurs enfants, sœur prudente, entourée:
Belle comme un fruit mûr entre deux jeunes fleurs.
Le passé, le présent, le sourire, les pleurs,
Tout cela devant moi! Qu'elles étaient riantes
Ces deux sœurs de Marie à ses côtés pendantes!
C'était Marie enfant; je voyais à la fois
Mes amours d'aujourd'hui, mes amours d'autrefois;
Mon ancienne Marie encor plus gracieuse;

Encor son joli cou, sa peau brune et soyeuse ;
Légère sur ses pieds ; encor ses yeux si doux
Tandis qu'elle sourit regardant en dessous ;
Et puis devant ses sœurs, à la voix trop légère,
L'air calme d'une épouse et d'une jeune mère.

Comme elle m'observait : « Oh ! lui dis-je en breton,
Vous ne savez donc plus mon visage et mon nom ?
Maï, regardez-moi bien ; car pour moi, jeune belle,
Vos traits et votre nom, Maï, je me les rappelle.
De chez vous bien des fois je faisais le chemin.
— Mon Dieu, c'est lui ! » dit-elle en me prenant la main.
Et nous pleurions. Bientôt j'eus appris son histoire :
Un mari, des enfants, c'était tout. Comment croire
A ce triste roman qu'ensuite je contai ?
Ma mère et mon pays, que j'avais tout quitté ;
Que dans Paris, si loin, rêvant de sa chaumière,
Je pensais à Marie, elle, pauvre fermière,
Que ce jour même au bourg j'étais en son honneur,
Et que de son mari j'enviais le bonheur :
Imaginations, caprices, fou délire
Qui glissait sans l'atteindre ou la faisait sourire !...
Il fallut se quitter. Alors aux deux enfants
J'achetai des velours, des croix, de beaux rubans,
Et pour toutes les trois une bague de cuivre,
Qui, bénite à Kemper, de tout mal vous délivre ;
Et moi-même à leur cou je suspendis les croix,
Et, tremblant, je passai les bagues à leurs doigts.
Les deux petites sœurs riaient ; la jeune femme,
Tranquille et sans rougir, dans la paix de son âme,
Accepta mon présent ; ce modeste trésor,
Aux yeux de son époux elle le porte encor ;
L'époux est sans soupçon, la femme sans mystère.
L'un n'a rien à savoir, l'autre n'a rien à taire.

MARIE.

ÉCRIT EN MER

Notre barque, depuis trois jours,
Croise et lutte devant ces côtes ;
Les vagues roulantes et hautes
Sur les rocs nous poussent toujours.

Dans l'ennui de la traversée,
Alors chacun des voyageurs
Se livre aux souvenirs rongeurs
Que chacun porte en sa pensée.

En secret, je songeais à vous,
Pour moi désormais étrangère,
Pareille à cette passagère,
Vous qui pleurez sur vos genoux.

Pleurez ! attendri sur moi-même,
J'ai pu lire dans vos douleurs :
Pleurez, pauvre femme ! vos pleurs
Sont pleins d'une douceur qu'on aime.

Tout ce qui fait vivre et penser,
Votre âme ardente le féconde :
C'est une faute aux yeux du monde,
Les larmes doivent l'effacer.

Plus calme un jour et non moins tendre,
Vous sourirez à vos chagrins :
Les temps seront alors sereins,
En pleurant il faut les attendre.

Tremblante et cherchant un réduit,
Hier, une hirondelle égarée
Sur le mât du chasse-marée
S'est venue abattre à la nuit.

Ouvrant l'aile à chaque secousse,
Quand la vergue plongeait dans l'eau,
Sur sa corde le jeune oiseau
Criait d'une voix triste et douce.

Ce matin le ciel était clair,
On voyait au loin le rivage,
L'hirondelle reprit courage,
Et chantait en traversant l'air. —

Oh! quand vos jours auront moins d'ombre,
Votre cœur troublé moins d'effroi,
Dans l'avenir songez à moi,
A moi surtout s'il était sombre.

Femme pure, au cœur méconnu,
Contre le sort faible et sans armes,
N'oubliez jamais dans vos larmes
Celui qui s'en est souvenu.

Il reçut une âme discrète,
Une âme prompte à s'attendrir,
Et sa main, sans faire souffrir,
Sonde une blessure secrète.

UN JOUR

Paris.

Qui n'eut parmi ces jours, déjà bien loin peut-être,
Un jour plus beau qu'eux tous, qui ne doit plus renaître,
Mais qui survit dans l'âme et dont le souvenir.
Délices du passé, charme aussi l'avenir :
Jour d'innocente joie et pur de tout nuage,
Dont une amitié douce a marqué le passage;
Où quelque aveu naïf et longtemps suspendu
D'une bouche adorée enfin fut entendu;
Où d'un premier transport qu'il n'eût point fallu croire,
Tout le cœur tressaillit et devina la gloire? —
Ah! quand d'un bras de fer le sort pèse sur nous,
Que de ce jour aimé le souvenir est doux!
Qu'il est doux d'éveiller, au fond de sa pensée,
Son image assoupie et jamais effacée;
Avec un soin jaloux d'en rassembler les traits,
Lentement, à loisir, non sans quelques regrets,
Comme après un sommeil dont l'erreur se prolonge,
On aime à suivre encor les prestiges d'un songe!

MARIE

O maison du Moustoir! combien de fois la nuit,
Ou quand j'erre le jour dans la foule et le bruit,
Tu m'apparais! — Je vois les toits de ton village
Baignés à l'horizon dans des mers de feuillage,
Une grêle fumée au-dessus, dans un champ
Une femme de loin appelant son enfant,

Ou bien un jeune pâtre assis près de sa vache,
Qui, tandis qu'indolente elle paît à l'attache,
Entonne un air breton si plaintif et si doux,
Qu'en le chantant ma voix vous ferait pleurer tous. —
Oh! les bruits, les odeurs, les murs gris des chaumières,
Le petit sentier blanc et bordé de bruyères,
Tout renaît comme au temps où, pieds nus, sur le soir,
J'escaladais la porte et courais au Moustoir;
Et dans ces souvenirs où je me sens revivre,
Mon pauvre cœur troublé se délecte et s'enivre!
Aussi, sans me lasser, tous les jours je revois
Le haut des toits de chaume et le bouquet de bois,
Au vieux puits la servante allant emplir ses cruches,
Et le courtil en fleur où bourdonnent les ruches,
Et l'aire, et le lavoir, et la grange; en un coin,
Les pommes par monceaux et les meules de foin;
Les grands bœufs étendus aux portes de la crèche,
Et devant la maison un lit de paille fraîche.
Et j'entre, et c'est d'abord un silence profond,
Une nuit calme et noire; aux poutres du plafond
Un rayon de soleil, seul, darde sa lumière,
Et tout autour de lui fait danser la poussière.
Chaque objet cependant s'éclaircit; à deux pas,
Je vois le lit de chêne et son coffre, et plus bas
(Vers la porte, en tournant), sur le bahut énorme
Pêle-mêle bassins, vases de toute forme,
Pain de seigle, laitage, écuelles de noyer;
Enfin, plus bas encor, sur le bord du foyer,
Assise à son rouet près du grillon qui crie,
Et dans l'ombre filant, je reconnais Marie;
Et sous sa jupe blanche arrangeant ses genoux,
Avec son doux parler elle me dit: « C'est vous! »

LE DOUTE

Souvent le front baissé, l'œil hagard, sur ma route,
Errant à mes côtés j'ai rencontré le Doute,
Être capricieux, craintif, qui chaque fois
Changeait de vêtements, de visage et de voix.

Un jour, vieillard cynique, au front chauve, à l'œil cave,
Le désespoir empreint sur son teint blême et hâve,
Chancelant et boiteux, d'un regard suppliant,
Il se traînait vers moi tel qu'un vil mendiant
Qui de loin vous poursuit du cri de ses misères,
Et sous ses haillons noirs met à nu ses ulcères.
Ainsi l'affreux vieillard, sans honte, sans remords,
M'étalait chaque plaie et de l'âme et du corps :
Sa naissance sans but, sa fin sans espérance,
Comme il avait grandi pauvre et dans la souffrance,
Sa jeunesse écoulée, et puis, pour quelques fleurs,
Des épines sans nombre et d'amères douleurs ;
Ces éternels combats d'une nature double,
La raison qui commande et l'âme qui se trouble ;
Et le bien et le mal, vieux mots qu'on n'entend pas,
Pareils à deux geôliers attachés à nos pas. —
Et si je reculais devant un tel délire,
Il fuyait en jetant un grand éclat de rire ;
Et moi, tel qu'un aveugle aux murs tendant la main,
A tâtons, dans la nuit, je cherchais mon chemin.

Une autre fois, paré comme pour un dimanche,
C'était un beau vieillard à chevelure blanche,
Ferme encor dans sa marche et vert, et cependant
S'avançant pas à pas d'un pied grave et prudent.

Il disait revenir de quelque long voyage,
De pays où souvent il avait fait naufrage;
Il avait vu les cours, les villes, les déserts,
Les peuples différents sous leurs soleils divers;
Hasards bons et mauvais, éprouvant toute chose,
Il arrivait enfin, non désolé, morose,
Mais mélangeant le bien et le mal par moitié,
Et plein pour nous, mortels, d'une tendre pitié;
Plaignant notre faiblesse, appelant l'indulgence
Sur ces fautes d'un jour, et jamais la vengeance.
Son accent était doux, mais dans ses actions
Perçait le feu d'un cœur riche d'émotions :
Cherchant la vérité, l'aimant, railleur honnête,
A toute foi trop vive il secouait la tête;
Souvent des pleurs brillaient à travers son souris,
Et tout en vous grondant il vous nommait son fils.

L'ÉLÉGIE DE LE BRAZ

Si vous laissez encor les beaux genêts fleuris
Et les champs de blé noir pour aller à Paris,
Quand vous aurez tout vu dans cette grande ville,
Combien elle est superbe et combien elle est vile,
Regrettant le pays, informez-vous alors
Où du pauvre Le Bràz on a jeté le corps :
(Son nom serait Ar-Braz*, mais nous, lâches et traîtres,
Nous avons oublié les noms de nos ancêtres);
Et puis devant ce corps brûlé par le charbon,
Songez comme il mourut, lui simple, honnête et bon.

* Le Grand.

C'est qu'il avait aussi quitté son coin de terre,
Sur le bord du chemin sa maison solitaire,
Le pré de Ker-végan, Ar-Ros, sombres coteaux :
Là, rencontrant la mer, le Scorf brise ses flots;
Dans le fond, le moulin fait mugir son écluse,
Et dès que le meunier enfle sa cornemuse,
Au tomber de la nuit, les Esprits des talus,
Les noirs Corriganed dansent sur le palus.

— Je dirai : Si la mort, dans la ville muette
Et les tristes faubourgs, passe sur sa charrette,
Prenez entre vos mains un des pans du linceul,
Car le malheur de tous est le malheur d'un seul;
Mais, ô bardes pieux! vous qui parmi la mousse
Retrouverez un jour la harpe antique et douce,
Et dont le lai savant répétera dans l'air
Les soupirs de la lande et les cris de la mer,
Quand avec ses faubourgs la ville est ivre et folle,
Criez qu'un malheureux en secret se désole;
Si vos cœurs sont souffrants, vous-mêmes plaignez-vous;
Car le malheur d'un seul est le malheur de tous.
Chantres de mon pays, plaignez celui qui souffre!
Paris roula Le Brâz bien longtemps dans son gouffre;
Un ami le suivait durant ces jours hideux :
Tous deux, pour en finir, s'étouffèrent tous deux. —

Non, ce n'est pas ainsi que l'on meurt en Bretagne!
La vie a tout son cours; ou, si le froid vous gagne,
Comme une jeune plante encor loin de juillet,
Celle qui vous nourrit autrefois de son lait
S'assied à votre lit; pleurant sur son ouvrage,
De la voix cependant elle vous encourage;
Et lorsqu'enfin le corps reste seul sur le lit,
De ses tremblantes mains elle l'ensevelit :

La foule, vers le soir, l'emporte et l'accompagne
Jusques au cimetière ouvert dans la campagne..—
Si Le Brâz eût aimé le pré de Ker-végan,
Les taillis d'alentour, le Scorf et son étang,
Il chanterait encore sur le Ros ; ou sa mère,
Mourant, l'aurait soigné comme depuis son frère.
Son corps reposerait dans le bourg de Kéven,
Près du mur de l'église et sous un tertre fin ;
Ses parents y viendraient prier avant la messe,
Tous les petits enfants y lutteraient sans cesse.
Étendu dans sa fosse, il entendrait leur bruit,
Et les Corriganed y danseraient la nuit.

Oh ! ne quittez jamais le seuil de votre porte !
Mourez dans la maison où votre mère est morte ! —
Voilà ce qu'à Paris avait déjà chanté
Un poëte inconnu qu'on n'a pas écouté.

BONHEUR DOMESTIQUE

Tous les jours m'apportaient une lettre nouvelle.
On m'écrivait : « Ami, viens, la saison est belle ;
« Ma femme a fait pour toi décorer sa maison,
« Et mon petit Arthur sait bégayer ton nom. »
Je partis, et deux jours d'une route poudreuse
M'amenèrent enfin à la maison heureuse,
A la blanche maison de mes heureux amis.
J'entrai, l'heure sonnait ; autour d'un couvert mis,
Dès le seuil j'aperçus, en rond sous la charmille,
Pour le repas du soir la riante famille. —
« C'est lui ! c'est lui ! » — Soudain, et sièges et repas,

On quitte tout, on court, on me presse en ses bras;
Et puis les questions, les pleurs mêlés de rire;
Et ces mots que toujours on se reprend à dire :
« C'est donc lui ! le voilà ! le voilà près de nous ! »
Moi, je serrais les mains à ces tendres époux
Et j'appelais Arthur qui, le doigt dans sa bouche,
De loin me regardait d'un œil noir et farouche.
Enfin on se rassied. Rougissante à demi,
La jeune femme alors : « Vraiment de ton ami
Tant de fois tu parlas que, moi, sans le connaître,
Je le jugeais ainsi, mais moins pâle peut-être.
— Et toi, de mon Emma que dis-tu ? Sans façon ?
Le paresseux pourtant de demeurer garçon !
— Non, non, laissez-moi faire; en ce bourg j'en sais une,
Comme il les sait aimer, douce, élégante et brune,
Presque une autre Marie. — Ah ! poëte, tes vers
Nous ont souvent distraits de l'ennui des hivers :
Oh ! la jolie enfant ! mais les fraîches couronnes
Que tu cueilles pour elle et dont tu l'environnes ! »

Dans le calme, la paix, les bienveillants discours,
Huit jours chez ces amis ont passé, mais si courts,
Si légers, que mon âme alors rassérénée
Comme ailleurs un instant eût vu fuir une année.
Là nul vide rongeur, mais les soins du foyer,
L'ordre, pour chaque jour un travail régulier,
Une table modeste et pourtant bien remplie,
Cette gaîté du cœur qui se livre et s'oublie,
Autour de soi l'aisance, un parfum de santé,
Et toujours et partout la belle propreté;
Le soir, le long des blés cheminer dans la plaine,
Ou dans la carriole une course lointaine;
Enfin, la nuit tombée, un pur et long sommeil,
Et les joyeux bonjours à l'heure du réveil.

Ami, comme un tissu jadis imprégné d'ambre,
Ici, ton souvenir, sous les bois, dans ma chambre,
Partout à moi s'attache, et tes félicités,
Mirage gracieux, flottent à mes côtés;
Et voilà que cédant à cette fantaisie,
J'évoque dans mon cœur la chaste poésie
Qui dans un vers limpide a soudain reflété
Ta jeune et douce Emma, sa candeur, sa gaité,
Entre sa mère et toi ton enfant qui se penche,
Et ta charmille en fleurs près de ta maison blanche.

LA VERVEINE

Des bronzes, des cristaux, et des senteurs d'Asie!...
    Dans une existence choisie
    Se plaît cet esprit délicat;
    Il faut, plus qu'à toute autre femme,
    Des parfums subtils pour son âme
    Et subtils pour son odorat.

Pourtant on a cueilli, loin des eaux de la Seine,
    Cette humble tige de verveine,
    Destinée à ses cheveux bruns;
    Afin qu'on respire autour d'elle,
    Mêlée aux plus riches parfums,
    Cette odeur fraîche et naturelle.

MARIE

Passant avec amour ses doigts dans mes cheveux
Longs alors, et mêlés sans ordre sur mes yeux,
La dame d'un manoir me dit : « Savant poëte,
N'aurai-je point mon tour dans quelque chansonnette,
Dans quelque chanson douce, ainsi que par millier
Votre âme bien aimante en compose, écolier,
Pour louer, au milieu de l'encens et des cierges,
Les beaux anges gardiens et la reine des vierges ;
Ou pour chanter tout bas, sous un mur isolé,
Les fillettes du Scorf et celles de l'Ellé?
Vous rougissez ! — Ah ! oui, rougissez ! chose infâme
De préférer ainsi vilaine à noble dame ;
A nos airs gracieux leurs pas pesants et lourds,
Et les coiffes de chanvre aux toquets de velours.
Rougissez ! — Vos cheveux filés d'or et de soie,
Et si longs qu'en leurs flots ma main blanche se noie,
Certes, n'auraient besoin, avec amour pareil,
D'huile ni de senteurs pour mieux luire au soleil ;
Assez, bel écolier, assez pour telles filles
Qu'à votre chaperon passiez blanches coquilles,
Jaunes fleurs de landier, ou bien quelques bluets
Qui viennent sur le cou tomber en chapelets.
Pourtant, à deux genoux si, confessant vos crimes,
Aux dames de haut lieu vous adressiez vos rimes,
Elles, d'un cœur facile et tendre à la pitié,
Peut-être aussi diraient que tout est oublié ;
Et près d'elles choyé, toujours mieux venu d'elles,
Vous iriez tout couvert de bijoux et dentelles ;
Qui sait? sur leur épargne instruit à Pont-l'Abbé,
Pauvre clerc, vous pourriez en revenir abbé. »

Cette amoureuse ainsi d'astuce non pareille,
Sirène, me coulait sa musique à l'oreille ;
Et je faillis, moi simple, être pris ; mais mon cœur
Tout bas se gourmandant, resta libre et vainqueur ;
Puis, m'emmiellant un peu la bouche et le visage,
Je fis cette réponse hypocrite, mais sage :

— « Madame, les linots et les petits pinsons
N'ont garde de chanter près des hautes maisons,
Car là sont rossignols, oiseaux de Canarie,
Plus savants à jeter une âme en rêverie ;
Ainsi fais-je, Madame ; et, linot que je suis,
Je chante à qui m'entend, et fredonne où je puis,
Au bois, le long des eaux limpides et courantes,
Et pour quelques enfants belles, mais ignorantes ;
Donc, Madame, excusez. Devant votre beauté
Mon silence est respect, non incivilité ;
Toujours il durera, si Dieu ne me délivre
Ce don rare et parfait que j'ai vu dans un livre ;
Le don de cette voix que l'ange Gabriel
Fit entendre à Marie en descendant du ciel,
Lorsque devant ses yeux, debout et face à face,
De sa voix douce il dit : « Salut, pleine de grâce !
Or, tel fut de ces mots l'angélique pouvoir,
Qu'inhabile à le peindre, il le faut concevoir :
Comme si pour former cette langue idéale
Un zéphire eût jeté sa plainte matinale,
Un nuage du soir sa plus riche couleur,
Et la rose, en mourant, le parfum de sa fleur,
Et que ces éléments, fondus par un Génie,
Eussent produit entre eux cette pure harmonie. »

4.

Tout jeune homme aujourd'hui semble un vieillard aride,
Et le plus jeune front déjà porte sa ride :
Dans ce siècle penseur, tant la réflexion
Est plus prompte que l'âge à creuser son sillon !
Avec la foi naïve est morte toute flamme,
Et la candeur du front avec celle de l'âme.
De retour parmi nous, peintre du paradis,
Ne te croirais-tu pas au milieu des maudits ?
Comment faire, voyant ces modèles étranges,
O divin Cimabué ! pour créer tes beaux anges ?

LES BATELIÈRES DE L'ODET

De mon dernier voyage écoutez un récit !
A de frais souvenirs le présent s'adoucit :
Je côtoyais l'Odet, lorsqu'une batelière
Doucement m'appela du bord de la rivière.

LA BATELIÈRE

« Si vous voulez, jeune homme, aller à Loc-Tùdi,
Voici que nous partons toutes quatre à midi :
Entrez, nous ramerons, et vous tiendrez la barre ;
Ou, si vous aimez mieux, avant que l'on démarre,
Vous promener encor sur les ponts de Kemper,
Nous attendrons ici le reflux de la mer,
Et le lever du vent ; puis, avec la marée,
Ce soir dans Benn-Odet nous ferons notre entrée.

LE VOYAGEUR

Jeune fille, à midi tous cinq nous partirons,
Mais vous tiendrez la barre et moi les avirons.

Au bourg de Loc-Túdi je connais un saint prêtre ;
Enfants, nous avons eu longtemps le même maître ;
Aujourd'hui je recours à son sage entretien :
Sans vous dire son nom vous le devinez bien.
A vous de me guider à ce pèlerinage,
Car pour vous, jeune fille, on ferait le voyage.
De grâce, mettez-moi parmi vos matelots :
Je n'aime plus la terre et n'aime que les flots. »

A l'heure de midi nous étions en rivière.
Barba, la plus âgée, assise sur l'arrière,
Tenait le gouvernail ; à ma gauche, Tina,
Celle qui de sa voix si fraîche m'entraîna ;
Deux autres devant nous, dont l'une, blanche et grande,
Me fit d'abord songer aux filles de l'Irlande ;
Car les vierges d'Eir-Inn et les vierges d'Arvor
Sont des fruits détachés du même rameau d'or.

Donc, leur poisson vendu, les quatre batelières
En ramant tour à tour regagnaient leurs chaumières,
Rapportant au logis, du prix de leur poisson,
Fil, résine et pain frais, nouvelle cargaison.
La rivière était dure, et par instants les lames
Malgré nous dans nos mains faisaient tourner les rames.
Nous louvoyons longtemps devant Loc-Maria.
Cependant nous doublons Lann-éron, et déjà
Saint-Cadò, des replis de sa noire vallée,
Épanche devant nous sa rivière salée.
A côté de Tina quel plaisir de ramer
Et de céder près d'elle aux houles de la mer !

La vieille le vit bien : « Cette fois, cria-t-elle,
Tu tiens un amoureux, Corintina, ma belle !
— Oui-da, lui répondis-je, et mieux qu'un amoureux :

Qui serait son mari pourrait se dire heureux. »
L'aimable enfant rougit (car déjà nos deux âmes
Suivaient, comme nos corps, le mouvement des rames).
Et l'Irlandaise aussi, dans le fond du canot,
Nous sourit doucement, mais sans dire un seul mot.
— Çà, repartit la vieille, écoutez ! j'ai cinq filles,
Aussi blondes que vous, toutes les cinq gentilles ;
Venez les voir. — Non, non, je n'en ai plus besoin.
Pour trouver mes amours je n'irai pas si loin. »

Or, sachez-le, Tina, la jeune Cornouaillaise,
Forte comme à vingt ans, est mince comme à treize
Et jamais je n'ai vu, d'Édern à Saint-Urien,
Dans l'habit de Kemper corps pris comme le sien.

« Ainsi, continuai-je, en abordant à terre,
Tina, je vous conduis tout droit chez votre mère,
De là chez le curé. Jeune fille, irons-nous ? »
Et Tina répondit : « Je ferai comme vous. »

Mais Barba : « Pourquoi rire avec cette promesse ?
Si demain à Tûdi vous entendez la messe,
Vous verrez dans le chœur un officier du roi,
Dont la femme a porté des coiffes comme moi.
— Mes lèvres et mon cœur ont le même langage,
Brave femme, et je puis vous nommer un village
Où l'on sait si mon cœur à l'orgueil est enclin,
Et si j'ai du mépris pour les coiffes de lin.
— Eh bien ! venez chez moi, vous verrez mes cinq filles,
Aussi blondes que vous, toutes les cinq gentilles.
— Jésus Dieu ! soupira Tina, tout en ramant,
La méchante qui veut m'enlever mon amant !
— Non, ma bonne, je veux te garder au novice,
Ce pauvre Efflam qui meurt d'amour à ton service. »

D'un ton moitié riant et moitié sérieux
Ainsi nous conversions, et par instants mes yeux,
De peur d'inquiéter l'innocente rameuse,
Suivaient dans ses détours la côte âpre et brumeuse ;
Ou, pensif, j'écoutais les turbulentes voix
De la mer, qui, grondant, s'agitant à la fois,
Semblait loin de l'Odet gémir comme une amante,
Et vers son fleuve aimé s'avançait bouillonnante.

Mais devant Benn-Odet nous étions arrivés :
Là nos heureux projets, en chemin soulevés,
Moururent sur le bord. Dans un creux des montagnes
Nous débarquons. La vieille, emmenant ses compagnes,
Me dit un brusque adieu ; puis, avec son panier,
Je vis Tina se perdre au détour d'un sentier.

Fallait-il m'éloigner ou fallait-il la suivre ?
Comment, ô destinée, interpréter ton livre ?
Quand faut-il écouter ou combattre son cœur ?
A quel point la raison devient-elle une erreur ?
Doutes, demi-regrets, souvenirs d'un beau rêve,
Qui jusqu'à Loc-Tûdi me suivaient sur la grève ;
Surtout, retours à vous, qui, là-bas, au Moustoir,
Portez le nom d'un autre et n'aimez qu'à le voir ;
Et ces divers pensers de tout lieu, de tout âge,
L'un par l'autre attirés, m'escortaient en voyage,
Plus mouvants que le sable où s'enfonçaient mes pas,
Que les flots près de moi brisés avec fracas,
Ou que les goëlands fuyant à mon approche
Et que je retrouvais toujours de roche en roche.

Comme un fruit au printemps et dans sa fleur se noue,
Ainsi notre âme à l'heure où le matin s'y joue ;
Les fruits sont dès avril ce qu'ils seront plus tard,
Tel nous-même : l'enfant renferme le vieillard ;
On connaît les efforts de l'humaine culture,
Et comme elle est savante à changer la nature :
Mais nos cœurs et les fruits, pareils dans leurs destins,
Dépendent bien souvent de leurs premiers matins,
Du froid qui les saisit, jeunes, dans leurs racines,
Ou de l'air doux et tiède à l'abri des collines.

MARIE

Partout des cris de mort et d'alarme ! Paris
S'entoure avec effroi de ses jeunes conscrits,
Et du Nord, du Midi, des champs de la Lorraine,
Des jardins verdoyants de la riche Touraine,
Tous, enfants bien-aimés, déjà près d'être époux,
Accourent à grands pas au commun rendez-vous.
Sur l'habit du pays, qu'ils conservent encore,
Plus d'un porte une fleur, et tous, avant l'aurore,
Par bandes s'avançant aux deux bords du chemin,
Disent des chants de guerre en se tenant la main.
Liberté, seul amour que notre âme flétrie
Sente et poursuive encore avec idolâtrie,
De ce siècle sans foi seule divinité,
Regarde, à ton seul nom, regarde avec fierté
Se lever cette foule ardente, généreuse !
Dans tes prédictions si tu n'es point menteuse,
Quels biens, ô Liberté ! pourras-tu donc offrir
A ces nouveaux croyants qui pour toi vont mourir ?

Il faut partir aussi, Daniel! adieu ta ferme
Qu'un fossé large et creux contre les loups enferme,
Ton hameau recouvert d'un bois de châtaignier,
Et tes beaux champs de seigle ; adieu, jeune fermier !
Lorsqu'au lever du jour, joyeux, plein de courage,
Monté sur tes chevaux tu sortais pour l'ouvrage,
Avec toutes ses voix l'harmonieux matin
S'éveillait en chantant à l'horizon lointain :
Le noir Ellé d'abord, ou le Scorf à ta droite
Roulant ses claires eaux dans sa vallée étroite,
Et tel qu'un doux parfum, le chant de mille oiseaux
S'élevant du vallon avec le bruit des eaux ;
La brise dans les joncs qui siffle et les caresse,
Puis, l'appel matinal de la première messe,
Répété tour à tour, comme un salut chrétien,
Du clocher de Cléguer à celui de Kérien. —
Adieu, Daniel ! adieu le bourg, l'église blanche !
Adieu ton beau pays ! après vêpres, dimanche,
Tes amis te verront pour la dernière fois,
Et tu cacheras mal tes larmes sous tes doigts ;
Car pour nous, rien ne vaut notre vieille patrie,
Et notre ciel brumeux, et la lande fleurie !

Mais avant de partir, si tu le peux, va voir
Celle qui demeurait chez sa mère au Moustoir,
Comme si tu voulais, avant ton grand voyage,
Visiter tes amis de village en village.
Assis dans sa maison, alors regarde bien
Si quelque joie y règne, et s'il n'y manque rien,
Si son époux est bon, sa famille nombreuse,
Et si dans son ménage enfin elle est heureuse.
Regarde chaque objet pour me les dire un jour,
Et que dans ton récit je les voie à mon tour.
Attache bien tes yeux sur cette pauvre femme.

Est-elle belle encor comme au fond de mon âme ?
Et ses petits enfants, prends-les entre tes bras,
Et s'ils ont de ses traits, tu les caresseras.
Tu lui diras enfin (et toujours, je t'en prie,
Garde, en parlant, tes yeux attachés sur Marie),
Que tu pars, devenu soldat de métayer,
Qu tu vas à Paris ; et, feignant de railler,
Tu lui demanderas si d'une ardeur fidèle,
Dans la grand' ville, ici, nul ne languit loin d'elle ;
Puis, revenant encore à ton prochain départ,
Dis-lui : « N'aura-t-il pas un mot de votre part ? »
— Oh ! s'il croit une fleur, une feuille à sa porte,
Daniel, prends-les pour moi ; déjà sèches, qu'importe !

HYMNE

I

Des autels renversés par la fureur civile
Nous bâtirons un temple au milieu de la ville,
 Et, de nos pleurs purifié,
Nous le consacrerons, ce temple, à la Pitié.

II

De toutes les vertus vous êtes la plus douce,
Tendre et chère Pitié, mais chacun vous repousse ;
 Les hommes ferment à la fois
Les yeux à vos beautés, l'oreille à votre voix.

III

Sur la place publique, afin qu'on le contemple,
A la douce Pitié nous bâtirons un temple ;

Et pour dire son divin chant,
Tous entreront, hormis le lâche et le méchant.

Février 1831.

JÉSUS

Il allait faisant le bien.
ÉVANG.

I

« Christ, après deux mille ans tes temples sont déserts,
Et l'on dit que ton nom s'éteint dans l'univers ;
Partout dans nos cités ta croix chancelle et tombe ;
Quelques vieillards craintifs seuls en ornent leur tombe ;
Arbre frappé de mort, le temps pourra venir
Sans ranimer sa séve et sans la rajeunir.
Et pourtant, ô Jésus ! l'impie avec audace
Ne vient plus, comme un Juif, te cracher à la face ;
Mais sa main de ton front tant de fois insulté
Détache les rayons de la divinité ;
A d'autres de guider le monde dans sa course,
De frapper le rocher d'où jaillira la source ;
A d'autres le flambeau que le génie humain
Pour éclairer sa nuit passe de main en main !
Dans l'oubli de la foi le peuple se repose ;
Il use de ses jours sans en chercher la cause,
Et s'il voit prospérer son fruit jeune et vermeil,
Il bénit son travail ou l'ardeur du soleil.

Ainsi, quand, relisant ta merveilleuse histoire,
Et domptant notre orgueil, nous essayons de croire,
Plus forte la Raison nous dit : Détrompez-vous,
Jésus fut mon ami, mon ami le plus doux.

Mais sous la nuit des temps l'image s'est voilée.
Autrefois je l'ai vu venir de Galilée,
Ses cheveux sur son front tombant avec candeur,
Dans la force de l'âge et toute sa splendeur.
Calme et majestueux, sa longue robe blanche,
Négligemment liée à son cou qui se penche,
Tombait jusqu'à ses pieds, et les plis gracieux
Dans le goût d'Orient revenaient sur ses yeux.
Or, telle de ses yeux était la douce flamme,
Qu'à les voir seulement on devinait son âme,
Et si douce sa voix, qu'un aveugle eût cru voir
Son regard angélique et pur comme un miroir.
Tel qu'un Sage d'Asie, amoureux des symboles,
De sa bouche abondaient de longues paraboles,
Des mots mystérieux, sous lesquels il couvrait
Sa doctrine puisée au lac de Nazareth :
Tous préceptes de paix, de douceur, d'indulgence,
La tendre humilité, l'horreur de la vengeance,
Et le mépris du monde, et l'espoir vers le ciel,
Qui prend soin du ciron et de la mouche à miel,
Et revêt tous les ans les lis de la vallée
D'une robe de neige, et qu'ils n'ont pas filée,
Plus belle, en vérité, que dans tout son pouvoir
Le grand roi Salomon n'en put jamais avoir.
Ainsi, compatissant, il allait sur la terre,
Faisant fléchir la loi pour la femme adultère ;
Aux hommes ne parlant que de fraternité,
Et sans faste orgueilleux prêchant la pauvreté :
Car chez le Pharisien, assis dans une fête,
Une femme versa des parfums sur sa tête,
Et, pleine de respect, de tendresse, d'effroi,
La foule le suivait, voulant le faire roi ;
Et ses moindres discours étaient autant d'oracles,
Et tout Jérusalem répétait ses miracles,

Démons chassés, amis rappelés du trépas :
Les Sages écoutaient, mais ils ne croyaient pas.
Nous, qu'écouter et croire ? »

II

— O Raisonneurs! qu'importe?
Nul n'apporta jamais nourriture plus forte ;
Si la sagesse est Dieu, nul n'aura reflété
Une plus grande part de la divinité ;
Nul n'aura fait jaillir fontaine plus féconde,
Où, depuis deux mille ans, sans la tarir, le monde
S'abreuve et puise encore, ignorant aujourd'hui
Qu'il boit à cette source et qu'elle coule en lui.
Laisse tomber tes croix, ô Jésus! à l'insulte,
S'il le faut, abandonne et ton nom et ton culte !
Comme un chef de famille, à l'heure de sa mort,
Voyant ses fils pourvus, avec calme s'endort,
Dans ton éternité tu peux t'asseoir tranquille,
Car pour l'éternité ta parole est fertile :
O toi qui de l'amour fis ta première loi,
O Jésus! l'univers est à jamais à toi.

A MA MÈRE

Si je ne t'aimais pas, qui donc pourrais-je aimer ?
Quand ton cœur au mien seul semble se ranimer,
Lorsque dans tout le jour peut-être il n'est point d'heure
Que ta pensée aimante autour de ma demeure
Ne vienne, redoutant mille lointains périls
Et des chagrins sans nombre et dont souffre ton fils!

Et quel est ton bonheur, sinon avec ta mère.
Mon autre mère aussi (car le destin sévère,
Sous lequel je me traîne et m'agite aujourd'hui,
Du moins me réservait en vous un double appui!)
Toutes deux en secret quel bonheur est le vôtre,
Sinon de me pleurer, et toujours l'une à l'autre
De parler de celui que vous ne pouvez voir,
D'une lettre en retard qu'on eût dû recevoir,
Qui vous arrive enfin, mais rouvre vos alarmes,
Et que vous arrosez, comme moi, de vos larmes?
Et vous vous consultez; et tu m'écris alors
Pour forcer ma paresse à de nouveaux efforts :
C'est mon sort, c'est le tien; au besoin, tu m'en pries;
Et qu'il faut triompher de ces sauvageries,
De ces fières humeurs, de ces hauteurs de ton
Que me transmit mon père avec le sang breton;
Puis viennent de ces riens, de ces mots, de ces choses,
Que toute femme trouve, en écrivant, écloses,
Qu'on baise avec transport, et qu'on relit tout bas :
Oh! qui pourrais-je aimer, si je ne t'aimais pas?
Et malgré tes avis, mes soins de toute sorte,
Si ma mauvaise étoile, enfin, est la plus forte;
Si je sens par degré mon âme se flétrir
Et se miner mon corps, vers qui donc recourir?
Vers toi qui toujours douce, et bienveillante, et bonne,
D'un reproche tardif n'affligerais personne,
Dont l'esprit indulgent n'a pas encor vieilli,
Dont le front, jeune encore, est demeuré sans pli!
Lorsque seule, en hiver, assidue à l'ouvrage,
Le soir tu sentiras défaillir ton courage,
Songeant que sans profit pour mon bien à venir
J'ai quitté la maison pour n'y plus revenir;
Quand ton cœur abîmé dans cette idée amère
Sera près de se rompre, alors prends, ô ma mère!

Prends ce livre qu'ici j'écrivis plein de toi,
Et tu croiras me voir et causer avec moi !
Tes conseils, mes regrets, nos communes pensées,
Y sont avec amour et jour par jour tracées;
Ce livre est plein de toi; dans la longueur des nuits,
Qu'il vienne, comme un baume, assoupir tes ennuis;
Si ton doigt y souligne un mot frais, un mot tendre,
De ta bouche riante, enfant, j'ai dû l'entendre;
Son miel avec ton lait dans mon âme a coulé;
Ta bouche, à mon berceau, me l'avait révélé.

LE PAYSAGISTE

A EUGÈNE GUIEYSSE

D'étranges bruits couraient dans toute la commune.
Voici : depuis deux jours un homme en veste brune,
Un monsieur inconnu, son cahier à la main,
S'en allait griffonnant de chemin en chemin;
Au bourg on l'avait vu, d'un coin du cimetière,
Dessiner le clocher et les deux croix de pierre,
Si bien que le clocher, quoique rapetissé,
Sur son papier maudit semblait avoir passé :
Aussi, garçon prudent, Mélèn, à son approche,
Se cacha tout entier sous une grande roche,
Puis, comme un écureuil sautillant dans les bois,
Il monta sur un chêne en criant : « Je vous vois! »
Çà! que voulait cet homme avec tous ses mystères?
Ce savant venait-il pour mesurer les terres?
Ou ne voulait-il pas emporter, ce sorcier,
Les champs et les maisons couchés sur son papier?

Mon ami, c'était vous ! Tendre et pieux artiste,
Vous dessiniez ces lieux où par l'âme j'existe.
Ils vivaient là deux fois par votre art créateur,
Et le peintre achevait l'ouvrage du chanteur.
Eh quoi ! vous avez pu pour moi quitter les vôtres,
Vous, père, vous, époux, tel qu'il n'en est point d'autres ?
Dans mes chers souvenirs vous mettant de moitié,
Seul vous avez deux jours vécu pour l'amitié ?
Ainsi vos yeux ont vu la terre de Marie,
Vos pas du double fleuve ont foulé la prairie,
Et leur taillis bordé de buis vert et de houx,
Berceau de poésie, a murmuré sur vous !

Cher Eugène, merci ! votre pèlerinage
De tout ce que j'aimais m'a rapporté l'image :
La maison du curé, l'église, le manoir,
Ce que voyait mon cœur, mes yeux le peuvent voir,
Et d'ici je rends grâce à vos crayons noirâtres,
La terreur, dites-vous, des enfants et des pâtres.
Pour vous, dans leurs vallons rentrez sans nulle peur :
Mes lettres ouvriront la route au voyageur,
Et vous n'entendrez plus, en longeant son village,
Sur un chêne crier Mélèn, l'enfant sauvage.

ÉCRIT EN VOYAGE

A toi, riant Létâ, mes amours sont restés,
Mais je vais voir le monde en ses variétés.
La Sagesse m'a dit, cette muse que j'aime :
« Barde, n'excluez rien du monde et de vous-même !
Il est sage, celui qui, dans de saints transports,
Fait vibrer chaque idée avec tous ses accords;

Ainsi qu'aux anciens jours la lyre à triple corde
Vibre comme un seul chant sous la main qui l'accorde,
Ainsi les chants du barde, ensemble harmonieux,
Comme une seule voix vont de la terre aux cieux. »

MARIE

Paris m'avait glacé par deux grands mois de pluie :
Alors, comme au soleil un jeune oiseau s'essuie,
Je m'enfuis vers Marseille, opulente cité,
Et dans tout son bonheur j'y retrouvai l'été.
Le golfe étincelait, et son odeur saline
M'arrivait mollement jusques à la colline,
Où, fatigué du bruit des chantiers et du port,
Parmi des arbrisseaux je pensais à mon sort.
« Que cette terre est chaude et que ce soleil brille!
Disais-je; mais où sont mes amis, ma famille?
Et voilà que mon cœur retourne vers Paris,
Et puis m'emporte au loin sous le ciel morne et gris
De mon pays natal : la bruyère est déserte,
Sur les rocs du Poull-dù la vague roule verte;
Chaque porte est fermée, et l'on entend mugir
L'horrible vent de l'ouest aux angles du men-hîr.

Oui, Dieu veille sur nous! Tandis que dans mes rêves
Je retrouvais ainsi ma province et ses grèves,
Et que, de lieux en lieux, errant sans le savoir,
Ma pensée arrivait d'elle-même au Moustoir,
Au tournant d'une allée, à travers quelques branches,
Je vis sur le ciel clair flotter des coiffes blanches,
Et monter haletante, et le front tout en eau,
Une fille portant les modes d'Arzannò;

Derrière elle un marin venait tenant un cierge,
Et du Fort-de-la-Garde ils allaient voir la Vierge.
Ah! lequel dut sentir un bonheur plus subit,
Moi, quand elle passa sous son étrange habit,
Elle, quand, sur la route écartant les broussailles
Je lui criai bonjour en langue de Cornouailles?
Le marin s'arrêta : « Suzic, entendez-vous?
Un homme du pays a parlé près de nous ! »
Je descendis vers eux : il était de ma ville ;
Son brick au premier vent repartait chargé d'huile ;
Sa femme le suivait sur mer, dans ses longs cours,
Avec son corset bleu tout bordé de velours,
Ses coiffes qu'il aimait ; telle qu'un jeune mousse,
La nuit, elle chantait à bord d'une voix douce,
Et, l'écoutant chanter, lui se croyait encor
A l'ancre, dans les eaux profondes de l'Armor.
— « Ces gens-ci, me dit-il, admirent son costume,
Mais c'est ainsi chez nous : tel bourg, telle coutume;
Nos filles de la côte ont des vêtements noirs,
Sur les coiffes, ailleurs, on place des miroirs. »
Durant ces mots, voyant ce front mâle et sévère,
Ces gestes de marin, je songeais à mon père ;
Il reprit : « Nous avons des crêpes, du lait doux :
« Venez nous voir à bord et causer avec nous. »

O Marseille! voilà comme en ton port antique
Je vis, bien triste un jour, venir mon Armorique;
Et lorsque cette femme apparut devant moi,
Comme mon cœur s'emplit d'une si grande foi,
Et se laissa si bien prendre à sa rêverie,
Que rendant grâce à Dieu, je me dis : « C'est Marie! »
O Marseille! chez toi, pour ce bon souvenir,
Et pour d'autres encor, je voudrais revenir!
Ta campagne est brûlée, et sur tes monts de craie

Il n'est point d'herbe humide ou de châtaigneraie ;
Mais la mer d'Orient te baigne de ses flots,
Tes deux quais sont couverts de joyeux matelots ;
J'aime tes vieux bergers et les troupeaux de chèvres
Aux bassins de Meilhan, le soir, trempant leurs lèvres ;
Enfin, dans tes murs grecs si j'invoquais Platon,
Des amis m'écoutaient volontiers, moi Breton ;
Ma race aux longs cheveux est fille de l'Asie,
Et la lande a gardé la fleur de poésie.

———

Lorsque sur ma fenêtre, à l'heure du réveil,
Légèrement se pose un rayon de soleil,
Un rayon d'espérance entre aussi dans mon gîte :
C'est comme un ami cher qui, vous faisant visite,
Par de joyeux propos éclaire votre ennui,
Et ce jour-là vous rend égayé comme lui.
Donc, souriant des yeux au rayon d'or qui brille,
Léger d'âme et de corps, sans retard je m'habille,
Puis, je m'en vais heureux de tout ce que je voi :
Le rayon matinal dore tout devant moi.

———

LA CHAÎNE D'OR

C'est un usage encor dans nos pieux rochers :
Aux approches du soir, quand les jeunes vachers
Ramènent en sifflant leurs troupeaux à l'étable,
Ces enfants croiraient faire une action coupable,
S'ils éteignaient alors la braise du tison
Qui fuma tout le jour dans le creux d'un buisson.
Durant la nuit, qui sait si l'âme d'un vieux pâtre
Ne viendra point s'asseoir sur la pierre de l'âtre,

Et, frileuse, y souffler, de même qu'autrefois
Ce vieux pâtre en gardant ses vaches dans les bois?
Si le chef d'une ferme, ou la mère, ou la fille,
Si quelque membre enfin décède en la famille,
Les ruches qui chantaient aux deux côtés du seuil
Sont couvertes de noir, en signe d'un grand deuil :
Aux pleurs de la maison, à toutes ses prières
On veut associer ce peuple d'ouvrières.
Au contraire, à la ferme, un matin fortuné,
Qu'après neuf mois d'attente arrive un nouveau-né,
Qu'un bonheur imprévu dans la famille éclate,
Chaque ruche reçoit un voile d'écarlate ;
Tous ont l'habit de fête, et dans les deux maisons
On entend résonner la joie et les chansons.

Non, non, la poésie, amour d'une âme forte,
L'antique poésie au monde n'est pas morte ;
Mais cette chaîne d'or, ce fil mystérieux
Qui liait autrefois la terre avec les cieux,
Notre orgueil l'a rompu ; devant tant de merveilles
Nous sommes aujourd'hui sans yeux et sans oreilles.
Quelques pâtres grossiers, des poëtes enfants,
Plus forts que la science et ses bras étouffants,
Doux et simples d'esprit, seuls devinent encore
L'ensemble harmonieux du monde qui s'ignore,
De la terre et du ciel la secrète union,
Et les liens cachés de la Création.
Le monde est une chaîne électrique, mouvante :
Dieu tient par l'un des bouts cette chaîne vivante,
Dans chaque anneau descend un invisible feu,
Qui, les parcourant tous, remonte jusqu'à Dieu.
Gloire, dans leurs hameaux, quand la nature entière
N'est plus pour le savant qu'une aride matière,
Un sujet de calculs orgueilleux et menteurs,

Gloire, dans leurs hameaux, à ces humbles pasteurs!
Le monde est pour eux seuls une douce harmonie,
Et leur âme innocente à la sienne est unie.
Tout s'enchaîne à leurs yeux; et le bruit de la mer,
La voix des animaux, les sifflements de l'air,
Tout leur parle et leur dit la vie universelle;
Elle respire en eux, ils respirent en elle;
L'abeille rit et chante autour de leur berceau,
Et l'humide matin pleure sur leur tombeau.

Quand Louise mourut à sa quinzième année,
Fleur des bois par le vent et la pluie moissonnée,
Un cortége nombreux ne suivit pas son deuil;
Un seul prêtre en priant conduisit le cercueil;
Puis venait un enfant qui, d'espace en espace,
Aux saintes oraisons répondait à voix basse;
Car Louise était pauvre, et jusqu'en son trépas
Le riche a des honneurs que le pauvre n'a pas.
La simple croix de buis, un vieux drap mortuaire,
Furent les seuls apprêts de son lit funéraire;
Et quand le fossoyeur, soulevant son beau corps,
Du village natal l'emporta chez les morts,
A peine si la cloche avertit la contrée
Que sa plus douce vierge en était retirée.
Elle mourut ainsi. — Par les taillis couverts,
Les vallons embaumés, les genêts, les blés verts,
Le convoi descendit au lever de l'aurore:
Avec toute sa pompe avril venait d'éclore,
Et couvrait en passant d'une neige de fleurs
Ce cercueil virginal et le baignait de pleurs;
L'aubépine avait pris sa robe rose et blanche,
Un bourgeon étoilé tremblait à chaque branche;
Ce n'étaient que parfums et concerts infinis,
Tous les oiseaux chantaient sur le bord de leurs nids.

LE RETOUR

Souvenirs du pays, avec quelle douceur,
Hélas! vous murmurez dans le fond de mon cœur!
Couché dans les genêts, comme une jeune abeille
Vous bourdonne, en passant, ses plaintes à l'oreille,
Ou comme un grand nuage, en traversant les cieux,
De fantômes sans nombre égaie au loin vos yeux,
Souvenirs du pays, au dedans de moi-même
Ainsi vous murmurez; et les landes que j'aime,
Mes îles, mes vallons, mes étangs et mes bois,
S'éveillent et toujours et partout je les vois!

Bourgs d'Ellé, je reviens! accueillez votre barde!
Vieux Matelinn, l'aveugle, allons, prends ta bombarde!
Place-toi sur ta porte et pour moi joue un air,
Quand je traverserai le pont du Gorré-Ker!

L'art est trop orgueilleux de ses beautés apprises,
Dont le cœur est lassé dès qu'il les a comprises.
L'art se pare et s'admire, et marche avec fierté;
Des pans de sa tunique il couvre la cité;
Son front est parfumé, son port plein de noblesse;
Mais il n'a point reçu la vie et la souplesse,
Les vents n'ont point bruni ses tempes, ni les mers
Reflété dans ses yeux leurs flots sombres et verts.
Marie! ô brune enfant dont je suivais la trace,
Quand vers l'étang du Rorh tu courais avec grâce,
Tout en faisant les blés, toi qu'au temps des moissons
Les jeunes laboureurs nommaient dans leurs chansons,
Entends aussi ma voix qui te chante, ô Marie!
O tendre fleur cachée au fond de ma patrie!

Montre-toi belle et simple, et douce avec gaîté,
Pareille au souvenir qui de toi m'est resté!
Quand ta voix se mêlait, retentissante et claire,
Au bruit des lourds fléaux qui bondissaient dans l'aire,
Ou lorsque sous la meule, au milieu des épis,
Tu venais éveiller les batteurs assoupis.
Ne crains pas si tu n'as ni parure ni voile!
Viens sous ta coiffe blanche et ta robe de toile,
Jeune fille du Scorf! même dans nos cantons,
Les yeux n'en verront pas de plus belle aux Pardons.
Mais de ces souvenirs dont l'ombre m'environne,
C'est assez, feuille à feuille, éclaircir la couronne;
Les fruits de mes amours qu'il me reste à cueillir,
Dans mon cœur, pour moi seul, je les laisse vieillir.

Bourgs d'Ellé, je reviens! accueillez votre barde!
Vieux Matelinn, l'aveugle, allons, prends ta bombarde!
Place-toi sur ta porte et pour moi joue un air,
Quand je traverserai le pont du Gorré-Ker!

O puissante nature! en tous lieux, sur ta route,
Tu répands la beauté qui charme et qu'on écoute:
De l'homme heureux et fort tu distrais les regards,
Et, quand notre destin gronde de toutes parts,
En ces jours de discords et de haine jalouse,
Comme on baise en pleurant les lèvres d'une épouse,
A ton souffle amoureux on vient se ranimer,
Et dans ton sein fécond pleurer et s'enfermer!
Ah! quel père, aujourd'hui, la joie au fond de l'âme,
En prenant son enfant des genoux de sa femme,
Et sous sa large main tenant ce jeune front,
Heureux de s'y revoir, frais, souriant et blond,
A ces rares instants où la vie est complète,
Où l'âme se nourrit d'une douceur muette,

Quel père tout à coup n'a frémi malgré lui,
Songeant dans quel chaos le monde erre aujourd'hui,
Et quel nuage épais, quelle sombre tempête,
Semblent s'amonceler au loin sur chaque tête!
Bienheureux mon pays, pauvre et content de peu,
S'il reste d'un pied sûr dans le sentier de Dieu,
Fidèle au souvenir de ses nobles coutumes,
Fier de son vieux langage et fier de ses costumes :
Ensemble harmonieux de force et de beauté,
Et qu'avec tant d'amour le premier j'ai chanté!

Bourgs d'Ellé, je reviens! accueillez votre barde!
Vieux Matelinn, l'aveugle, allons, prends ta bombarde!
Place-toi sur ta porte et pour moi joue un air,
Quand je traverserai le pont du Gorré-Ker!

MARIE

« Ouvre, c'est moi, Joseph!—Quoi! si tard en voyage!
N'as-tu pas rencontré les chiens près du village?
Bon Dieu! seul et si tard dans le creux des chemins!
A ce feu de Noël viens réchauffer tes mains.
Noël, t'en souvient-il? quand, pour bâtir la crèche,
Les prêtres nous menaient cueillir la mousse fraîche?
— Ne ris pas! c'est Noël qui chez toi me conduit :
Je viens entendre encor la Messe de Minuit.
— Nous irons avec toi toute la maisonnée.
Ma jeune femme aussi. Car, depuis une année,
J'ai pris femme, au moment d'être soldat du roi.
A ton tour, mon ami, près du feu conte-moi

Les pays d'où tu viens... C'est du vieux cidre...approche!...
Mélèn, appelez-nous au premier son de cloche. »

Soyez béni, mon Dieu! Dans les biens d'ici-bas,
Ceux qu'on poursuit le plus, je ne les aurai pas;
Il en est quelques-uns, hélas! que je regrette,
Mais il en est aussi que la foule rejette,
Et votre juste main me les donna, mon Dieu!
Des biens que je n'ai pas ceux-ci me tiennent lieu.
Dans cette humble maison, près de ce chêne en flamme,
Ce soir, je vous bénis, et du fond de mon âme!

Par un gai carillon enfin fut annoncé
L'office de Minuit. « Le chemin est glacé,
Disait Joseph Daniel en traversant la lande;
Chaque pas retentit. Comme la lune est grande!
Entends-tu, dans le pré, des voix derrière nous?
— Oui, j'entends des chrétiens, des pasteurs comme vous!
Ils ont vu cette nuit la légion des anges
Passer et du Très-Haut entonner les louanges :
Gloire à Dieu! gloire à Dieu dans son immensité!
Paix sur la terre aux cœurs de bonne volonté!
Et tous vont adorer Jésus, l'enfant aimable,
Le roi des pauvres gens, le Dieu né dans l'étable. »

O vivants souvenirs! la nuit, par ce beau ciel,
Tandis que nous marchions en célébrant Noël,
Les arbres, les buissons, les murs du presbytère,
Dans la brune vapeur passaient avec mystère.

Toute l'église est pleine, et, courbant leurs fronts nus,
Les pieux assistants chantent l'enfant Jésus;
Chaque femme en sa main porte un morceau de cierge;
On a placé la crèche à l'autel de la Vierge;

Je reconnais les Saints, la lampe, les deux croix;
Enfin tout dans l'église était comme autrefois.
Moi seul je n'étais plus debout, près du pupitre,
Chantant à l'Évangile et chantant à l'Épître;
Mais, oublié des gens qui m'avaient bien connu,
Et s'informaient entre eux de ce nouveau venu,
Je restais, comme une Ombre, immobile à ma place,
Muet, ou pour pleurer les deux mains sur ma face.

A la Communion, quand le prêtre arriva
Offrant le corps du Christ, mon front se releva.
Les hommes, les enfants et les femmes ensuite
Marchèrent lentement vers la table bénite;
Et, comme en un festin où beaucoup sont priés,
Les mets sont tour à tour servis aux conviés,
Dès qu'un communiant avait reçu l'hostie,
Du ciboire sortait la blanche Eucharistie.
Seul encor je n'eus point ma part de ce repas.
Mais quand, les yeux baissés, et murmurant tout bas,
Les femmes s'avançaient vers la douce victime,
J'essayai de revoir (Seigneur, était-ce un crime?)
Celle qui près de moi, dans notre âge innocent,
A votre saint banquet s'assit en rougissant.
Je ne la nomme plus! Mes yeux avec tristesse
La cherchèrent en vain cette nuit à la messe;
Dans la paroisse en vain je la cherchai depuis.
Elle a quitté sa ferme et quitté le pays;
Mais son sort, quel qu'il soit, m'entraînera moi-même:
Je vais, les bras ouverts, suivant celle que j'aime.

Terminons, il le faut, ce récit du passé,
Que je reprends toujours après l'avoir laissé...
Enfin la messe dite, et, vers la troisième heure,
Lorsque les assistants regagnaient leur demeure,

Mon hôte m'appela : « Quelque chose au retour
Nous attend, disait-il, sur la pierre du four. —
Hâtons-nous! hâtons-nous! disait la jeune femme. »
Or, tant d'émotions fermentaient dans mon âme,
Qu'au détour d'un sentier, soudain quittant Daniel,
Par la lande j'allai tout droit vers Ker-rohel ;
Et de ces hauts rochers où brillait la gelée,
A mes pieds regardant le Scorf et sa vallée,
Je laissai de mon cœur sortir un chant d'amour
Que rien n'interrompit jusqu'au lever du jour :
Il semblait à longs flots rouler vers la rivière,
Ou suivre le vent triste et froid de la bruyère.
Et c'était un appel à la Divinité,
Pour toute nation un vœu de liberté ;
C'étaient, ô mon pays! des noms de bourgs, de villes,
D'épouvantables mers et de sauvages îles,
Noms plaintifs et pareils aux cris d'un homme fort
Luttant contre la main qui le traîne à la mort!...
Oui, nous sommes encor les hommes d'Armorique!
La race courageuse et pourtant pacifique!
Comme aux jours primitifs la race aux longs cheveux,
Que rien ne peut dompter quand elle a dit : Je veux!
Nous avons un cœur franc pour détester les traîtres!
Nous adorons Jésus, le Dieu de nos ancêtres!
Les chansons d'autrefois toujours nous les chantons :
Oh! nous ne sommes pas les derniers des Bretons!
Le vieux sang de tes fils coule encor dans nos veines,
O terre de granit recouverte de chênes!

LES BRETONS

A mon pays j'offre aujourd'hui, plus rassuré*, ce fidèle tableau de ses mœurs : sous cette histoire particulière, peut-être aussi l'on découvrira comme un ensemble de la vie humaine, ce fond éternel de toute poésie.

Ainsi, bien que consacré à un seul peuple, ce livre pourrait ailleurs éveiller quelque sympathie.

Faut-il dire que si j'ai exposé les origines de la Bretagne, et sa fin honorable après de longues résistances, puis évoqué ses prêtres, ses bardes et ses rois, de nos jours je devais montrer avant tout ce qui permet aux Bretons de porter encore le nom de leurs pères : les mœurs poétiques qui les font aimer ?

Telles sont d'ailleurs les tendances générales, qu'un poëme entièrement historique serait en tous lieux impossible; non plus que les hauts faits de notre roi Conan, les exploits du roi Clovis ne seront désormais chantés.

Dans ces nouvelles conditions faites à l'art, heureux donc le chantre de mon pays ! Ici, à vrai dire, point d'aventures étranges ni de passions outrées, mais toujours

---

* 2e édit.

la naïveté et la profondeur du sentiment. Le roman n'est nulle part dans la vie simple et franche du Breton ; mais la poésie, elle y est partout.

Quatre cantons principaux (ceux de Vannes, Tréguier, Léon et Cornouaille) ayant chacun, et avec une infinie variété, leur dialecte, leurs costumes et leurs usages, sont les lieux où se déploie cette vie à la fois stoïque, enthousiaste et religieuse.

Petit enfant, longtemps en robe, chanter seul dans la lande en gardant les bestiaux ; vers douze ans, accourir par les chemins creux d'une lieue et plus au catéchisme ; bientôt fleurir en de fraîches amours au milieu des Pardons, des luttes et des veillées, — amours qui, après la grande épreuve du tirage au sort, se termineront à l'église ; — et, dès lors, tout au travail sérieux, élever dans les mêmes mœurs la jeune famille, puis ensevelir les grands parents : voilà les phases invariables et les mêmes pour tous de cette existence sévèrement réglée. Un pèlerinage lointain à Sainte-Anne-d'Auray ou à Saint-Jean-du-Doigt, quelque foire célèbre comme celle de Kemper ou de la Martyre, seront les événements notables ; mais le chant, les croyances, les traditions merveilleuses sauront bien animer de leurs couleurs riantes ou sombres cette apparente monotonie.

Tel est l'harmonieux ensemble qu'il fallait reproduire dans sa simplicité variée, afin que lisant ce récit on pût dire : « Les choses se passent ainsi en Bretagne ; cette histoire doit être vraie. »

Et même à ceux-là qui s'enorgueillissent mais souffrent au milieu d'une civilisation plus avancée, le calme de ces mœurs primitives, à mon sens, devait sourire; j'y croyais voir un intérêt sincère et durable. Aussi ma crainte était grande de ne pouvoir mener à terme cette douce mais laborieuse entreprise, tant j'avais à cœur d'offrir à ces esprits tourmentés un poëme heureux, si l'on peut dire, d'opposer aux pensées troublantes une œuvre qui rassérène.

Ma tâche finie, c'est avec regret que je m'en sépare. La vie de mon peuple, celle de mes personnages était devenue la mienne. Si Daùlaz, le jeune clerc, son livre sous le bras, allait au pays de Vannes (mélancolique voyage!) se distraire des scrupules religieux de la blonde fille d'Hoël, j'aimais à le suivre au milieu des pierres druidiques de Carnac, dans les îles saintes du Mor-Bihan, et, au retour, à trouver Anna et sa sœur Hélène plongeant un enfant malade dans l'eau bienfaisante de la fontaine. Guidé par le pâle vicaire, j'aimais à suivre le conscrit Lilèz et sa pieuse cousine sur les mers sauvages de Cornouaille, à prier avec eux dans les chapelles de Léon, et, avant de clore ce long pèlerinage, à descendre dans ces abîmes, où pour soulager les mineurs, soupirent le cor d'Arthur et la voix de la duchesse Anne. Puis, après les gens de la côte, ceux de la montagne et des terres; les joyeuses fileries ou des luttes telles que l'antiquité n'en eut pas de plus vigoureuses; l'agonie du fermier Hoël et le désespoir forcené de sa veuve; enfin, le tumulte des foires, les combats des réfractaires, et, avec l'intervention des saints (car le merveilleux, ce rêve des poëtes, s'offrait ici de lui-même), les fiançailles et les noces du clerc accomplies au chant des cornemuses et des bardes... Oui, tous les événements de cette épopée familière semblaient être autant d'événements qui m'étaient propres; j'étais entré dans cette vie synthétique, et, mêlant à ces jouissances réelles les jouissances de l'artiste, j'essayais sur les grèves, par les landes, sous les bois, dans les montagnes, de mouler sur tant de sites et de scènes diverses la forme ondoyante de mon poëme, et de faire jaillir un vers sain, loyal, né du sol.

Ce poëme, d'un genre franchement rustique, ne semble pas avoir d'antécédent parmi nous : ce serait là un titre, si ce qu'on voudra bien approuver dans cet ouvrage ne revenait au pays qui l'a fait naître. Jamais poëte n'eut sous la main plus abondante moisson de poésie.

Cependant, cette moisson, commencée dans le volume de *Marie*, il fallait la recueillir, avant qu'elle fût étouffée sous l'impitoyable niveau des idées modernes. A ceci j'ai mis tout mon zèle : dans l'avenir terne et glacé qui les menace, peut-être les miens sauront-ils s'en souvenir.

Déjà même, hors de Bretagne, si ce livre se recommande par un fond général et humain, qui est de tous les temps et de tous les lieux, il pourra, je l'espère, exciter aussi quelque intérêt par cette vie de croyance, de sentiment et d'imagination ailleurs éteinte et disparue.

C'est que, ramené à son principe, ce poëme des Bretons pourrait s'appeler Harmonie.

Décembre, 1846.

PERSONNAGES

CORNOUAILLE, ou PAYS DE KEMPER

Le vieux MOAL, curé.
Le VICAIRE, né en Léon.
Le clerc Loïc DAULAZ.
ARBEL, sa mère.
HOEL, fermier au hameau de Coat-Lorh.
GUENN-DU, sa femme.
ANNA, } leurs filles.
HÉLÉNA, }
Le petit NANNIC, leur fils.
LILEZ, leur neveu, conscrit.
TAL-HOUARN, fermier de KER-BARZ, parrain de Lilèz.
RONAN, laboureur, détenteur des biens de Lilèz.
Le meunier BAN-GOR, joueur de bombarde (hautbois). } Entremetteurs
Le TAILLEUR, joueur de biniou (cornemuse). } de mariages.
ALAN, garçon de ferme.
GILETTA, pauvresse.

PAYS DE VANNES

MOR-VRAN, marin de Carnac.
NONA, sa fille.
Un vieillard.
Pêcheurs de l'île d'Hédic.

PAYS DE LÉON

Le Vicaire.
Un patron de chasse-marée.
Habitants de Loc-Maria.

PAYS DE TRÉGUIER

Hervé, tisserand au bourg de Lan-Leff.
Jeanne, sa femme.
La petite Mana, leur fille.
Le grand-père.
L'aveugle Jean-le-Guenn, chanteur ambulant.
Une vendeuse de prières.
Doussal, saunier du pays de Nantes.
Un Gallois.

Pâtres, lutteurs, sonneurs de cloches, pilleurs de côtes, mineurs, mendiants, gendarmes, etc.

Druides, chefs de clans, bardes, saints de Bretagne, l'Ankou ou la Mort, la Fille-Jaune, lutins, etc.

LES BRETONS

CHANT PREMIER

LE PARDON

Entrée en Bretagne. — Prière. — Pardon et grand'messe en Cornouaille. — Loïc et Anna. — Anne Hoël est chargée de filer la Quenouille-de-Dieu. — Suite du Pardon. — Batterie entre un Cornouaillais et un marin du pays de Vannes. — Le clerc Loïc et son ami Lilèz interviennent. — Histoire des Pierres croisées, où l'on retrouve Anna et sa sœur Hélène. — Fin du Pardon. — Le vieux Hoël et les lutins. — Évocation.

« J'entends au loin, j'entends les landes s'éveiller!
« Au murmure des flots lasses de sommeiller,
« Les paroisses d'Arvor veulent que je les nomme;
« Merlin dans son tombeau triomphe d'un long somme :
« Dormez encor, Merlin! O Bretagne, pourquoi,
« Quand le monde inquiet partout marche sans loi,
« Pêcheurs, sur vos îlots, pâtres, sous vos ramures,
« Solitaires manoirs, pourquoi tous ces murmures?
« Où les prendre ces chants que vous me demandez?
« Silence, ô mers de l'ouest! l'esprit souffre, attendez! »

Au sortir de Paris, brasier qui toujours fume,
De mon cœur s'échappait ce cri plein d'amertume ;
La Loire cependant m'entraînait sur ses eaux,
Et Nantes, la superbe, avec tous ses vaisseaux
M'apparaissait ; bientôt vint cette lande immense
Où comme en un désert la Bretagne commence ;
La rivière profonde, un men-hir isolé
Et l'idiome pur depuis l'Inde parlé :
La mer enfin, la mer ! les chênes au vert sombre,
Près des champs de blé noir les hameaux couverts d'ombre ;
Des pèlerins passaient, leurs longs cheveux épars,
Et tout charmait mon âme, enivrait mes regards...
Le premier entre tous, ô vivante harmonie !
Si ma voix t'a chantée et si tu l'as bénie,
A ton appel nouveau j'accours ; je redirai,
Avant qu'il meure aussi, cet ensemble sacré :
Ta couronne est tombée, antique souveraine !
Mais ta grâce rustique est si douce et sereine,
Que ces vers consacrés à tes humbles beautés,.
Chers aux Bretons, ces vers seront partout chantés.

Dans la paix de mon cœur et dans son innocence
(Car les simples de cœur ont aussi leur puissance),
Malade ou désolé, quoi que fasse le sort,
J'achèverai mon œuvre et serai le plus fort :
Mais bien souvent, Seigneur, quand la noire tempête
Élèvera ses flots au-dessus de ma tête,
Ainsi que le pêcheur près de sombrer, hélas !
Vers vous en gémissant je tendrai les deux bras ;
Mon Dieu, que votre oreille alors s'ouvre et m'entende :
Ma barque est si petite et la mer est si grande !

Commençons. Sur la mer ou dans les prés en fleurs,
Tous entendront ma voix, nul ne verra mes pleurs.

On célébrait la messe en l'honneur de la Vierge,
Dans un hameau de Scaer ; sur chaque autel un cierge
Placé devant les saints lentement s'allumait,
Et l'on sentait l'odeur de l'encens qui fumait ;
Lorsque l'enfant de chœur se taisait au pupitre,
Suspendue en dehors au châssis d'une vitre
Chantait une mésange, et sa joyeuse voix
Au-dessus de l'autel semblait l'hymne des bois.
On ouvrit le portail, et l'assemblée entière
Fit en procession le tour du cimetière.
Les croix marchaient devant ; sur un riche brancard,
Couverte d'un manteau de soie et de brocart,
La Vierge de Coad-Ri suivait, blanche et sereine,
Le front couronné d'or comme une jeune reine ;
Tous les yeux, tous les cœurs étaient remplis d'amour,
L'été du haut du ciel dardait son plus beau jour ;
Les landes embaumaient et les châtaigniers sombres,
Penchés le long des murs, versaient leurs fraîches ombres
Sur ces heureux croyants qui chantaient : « *O pia!*
« *Ave, maris Stella, Dei Mater alma!* »

De retour dans l'église, à genoux sur la pierre,
Riche ou pauvre, chacun se remit en prière :
Car, en face de Dieu, ces gens-là, comme nous,
N'ont pas besoin de siége où poser leurs genoux ;
Comme nous, orgueilleux, lorsqu'une pompe vaine,
Ou quelque ennui secret au temple nous ramène,
Au saint maître du lieu, surpris de les revoir,
Ils ne demandent pas de les bien recevoir,
Souhaitant qu'à l'autel le prêtre abrége l'heure,
Et tout bas regrettant l'aise de leur demeure.
Dieu vit dans leur église : en symboles pieux
Il s'explique à leur âme, il se montre à leurs yeux ;
Du fond de leurs hameaux partis en long cortége,

6.

L'été, sous le soleil, en hiver, sous la neige,
Ils viennent l'adorer, et, tous agenouillés,
Ils sèchent devant lui leurs vêtements mouillés. —

Le jour de ce Pardon, la grand'messe était belle.
Les voix montaient en chœur. Du bas de la chapelle
Les femmes doucement envoyaient pour répons
A l'éléison grec les cantiques bretons.
Les enfants, appuyés sur la rampe massive,
Admiraient tour à tour, dans leur âme naïve,
Le calice d'argent et les hauts chandeliers,
Et les portraits des saints adossés aux piliers.

A la Préface, avant le divin sacrifice,
Un jeune paysan qui chantait à l'Office,
S'approcha de l'autel où, comme un blond faisceau,
Pendait une quenouille avec chanvre et fuseau.
La prit et, rougissant, les yeux brillant de flammes,
Descendit dans la nef vers le côté des femmes.

On l'avait vu déjà, soucieux par instant,
Vers ce même côté se tourner en chantant ;
Puis, les yeux ramenés lentement sur le livre,
Au milieu du verset oublier de poursuivre,
Et bien des assistants, témoins de tout ceci,
Vers le lieu qu'il cherchait se détournaient aussi,
Curieux de trouver cette cause imprévue
Qui toujours attirait et son âme et sa vue.

Loïc était le nom de ce modeste clerc :
Il portait un costume à la mode de Scaer,
L'habit court et brodé, la braie aux plis antiques,
Et tombant sur le dos les grands cheveux celtiques.

Il se fit sur ses pas un murmure joyeux.

Une fille en priant seule baissa les yeux :
« Anna, dit-il, voici ce que pour Jésus même
« Vous filerez chez vous avec un soin extrême ;
« Jeune fille, prenez la Quenouille-de-Dieu,
« Travaillez : Dieu paira cette œuvre en autre lieu.
« Puis, dimanche prochain, votre tâche filée,
« Vous aurez soin d'offrir une autre quenouillée,
« Pour que l'autel toujours ait du chanvre et du lin,
« Et qu'une autre après vous file pour l'orphelin. »

De ces deux jeunes gens ainsi s'ouvre l'histoire,
Et des amours passés évoquant la mémoire,
J'ai souri, car mon cœur, qui se souvient de tous,
N'a pu trouver ailleurs un souvenir plus doux...
Mais déroulons aux yeux cette journée entière
Et donnons franchement l'ombre avec la lumière. —

La grand'messe finie et l'angelus sonné,
Aussitôt tout ce peuple humblement prosterné,
Rajustant ses cheveux ou sa coiffure blanche,
Avide de grand air, sur la place s'épanche.

Ce Pardon, sans mentir, est le roi des Pardons,
Et la Cornouaille envoie ici tous ses cantons :
De pauvres, de chanteurs chaque sentier fourmille,
Vous entendez les sous sonner dans leur coquille :
Avec leurs grands fourneaux vingt tentes sont debout,
Et dans ses beaux habits la jeunesse partout :
Car, dès que se répand l'annonce d'une fête,
Cette heureuse jeunesse à s'y rendre s'apprête,
Mais ce n'est guère, hélas ! pour honorer les saints
Qu'arrivent si fervents ses rapides-essaims.

Oh ! la foule charmante autour de la chapelle,
Et les tendres regards ! — « C'est vous, la jeune belle ?

« Si vous voulez des noix, ouvrez bien votre main.
« — Mes amis, venez voir au détour du chemin
« Une fille pleurant comme une Madeleine
« Et qui vend ses cheveux pour des rubans de laine.
« — A gauche, par ici! suivez-moi, venez tous!
« C'est une batterie entre des hommes soûls. »

Ah! comme ce torrent gronde, roule et tournoie!
Les femmes, les enfants sont bondissants de joie.

« — Lilèz, séparons-les. Verrons-nous sans bouger
« Comme des animaux ces hommes s'égorger?
« — Non, non, laissez finir entre eux cette bataille.
« Ils sont de même force, ils sont de même taille.
« — Place! — Recommencez. — Bruk, serre-lui le cou.
« — Monsieur, vous recevrez bientôt un mauvais coup :
« Ne connaissez-vous pas ce peuple et ses usages?
« — Hommes pleins de boisson, tuez-vous donc, sauvages! »

Pourtant deux jeunes gens, pareils à ces nageurs
Qui veulent pour autrui périr, hardis plongeurs,
Dans ces flots furieux entrèrent avec joie
Et sortirent vainqueurs, tenant chacun leur proie.

L'un de ces combattants était un étranger,
D'où cette rixe ardente et prompte à s'engager.
Ses habits rattachés, il dit au clerc : « Jeune homme,
« Je suis un franc marin, c'est Mor-Vran qu'on me nomme;
« Si jamais à Carnac vous veniez voir la mer,
« De s'ouvrir devant vous mon logis serait fier,
« Vous, qui m'avez sauvé de ces buveurs de cidre
« Pour qui tout habitant de Vanne est comme une hydre. »
Et, serrant les deux mains de ce brave, il partit.

Mais Loïc avait là sa mère qui lui dit :

« N'avez-vous pas de honte? un clerc et presque un prêtre
« Avec des batailleurs en plein jour se commettre!
« A votre ami Lilèz laissez un tel combat;
« A lui c'est son métier, puisqu'il s'en va soldat. »

Elle parlait ainsi, cette mère prudente,
Mais fière en elle-même et de son fils contente.
Les héros du Pardon quels furent-ils alors,
Sinon ceux qu'on a vus si vaillants et si forts?...

Trois femmes à genoux dans une lande verte,
Le reste de l'année oubliée et déserte,
Sur le bord d'un ruisseau trois femmes à genoux
S'occupent en priant à chercher des cailloux;
Sur le courant béni bien d'autres à la file
Se penchent, remuant les graviers et l'argile,
Dans l'espoir d'y trouver un caillou vénéré
Où l'on voit en relief la croix de saint André.

Jadis un chef païen cria dans son délire :
« J'ai les croix en horreur et je veux les détruire! »
Mais à peine la croix du bourg avait péri,
Que Dieu mettait son signe aux pierres de Coad-Ri.
Quelles douleurs du corps contre elles ne se brisent?
Pourtant la foi faiblit, les incrédules disent :
« Tombez du haut d'un arbre et cassez-vous le bras,
« Les pierres de Coad-Ri ne le sentiront pas. »

C'était pour en parer le blond Nannic, leur frère,
Qu'Anne et sa sœur Hélène, à côté de leur mère,
Cherchaient dans le torrent un talisman croisé;
Mais son lit ce jour-là paraissait épuisé.
Anne se désolait, aussi sa sœur Hélène,
Quand deux jeunes amis, la main ouverte et pleine,

Vinrent en souriant vers les charmantes sœurs,
Et leurs yeux semblaient dire : « Allons, prenez nos cœurs! »
Aucune n'était sourde à ce muet langage,
Et ces pierres pourtant (feinte et pudeur de l'âge),
Aucune n'en voulait ; mais à peine l'enfant
Dans ses petites mains les saisit triomphant,
Que, réclamant leur part de son trésor, chacune
Disait avec douceur : « Nannic, donnez-m'en une ! »

Les vêpres, cependant, en l'absence du clerc,
S'étaient dites ; le ciel déjà brillait moins clair ;
On partait ; quand le son aigu d'une bombarde
(C'était vous, ô Ban-Gor! bon meunier, joyeux barde!)
Retentit, et l'on vit courir à travers champs,
Courir à son appel filles et jeunes gens :
Car tous ces pieds légers préfèrent, sans reproches,
Le sonneur de bombarde au noir sonneur de cloches.
On eût fait bien des tours de bal, si le curé,
Son vicaire avec lui, n'eût traversé le pré ;
Mais chacun, à l'aspect de ces fronts vénérables,
S'enfuit : les buveurs seuls n'en étaient plus capables.
Dieu! quels flots de boisson leur gosier entonna!
Que de chansons! quel bruit ! — Pour le père d'Anna,
Bien qu'il se crût l'œil sûr, le corps droit, le pied ferme,
Au grand jour seulement il revint à la ferme.
Eh! comment, chers lecteurs, retrouver son chemin,
Lorsqu'un petit nain noir, l'ayant pris par la main,
Méchamment le traîna durant la nuit entière
De taillis en taillis, de bruyère en bruyère ?
A peine il se sentait sur ses pieds redressé,
Que le nain le faisait rouler dans un fossé.

Lutins malicieux, ô follets de Bretagne,
Qui depuis des mille ans jouez sur la montagne,

Assez rire la nuit des buveurs attardés,
Songez à vos périls, nains, et vous défendez!
Défendez, chevaliers, vos antiques murailles!
L'esprit nouveau s'abat et court dans la Cornouailles;
Nos Pardons vénérés un jour seront déserts,
Et vous, bardes, l'oubli s'étendra sur vos vers.
Aux fils des anciens Franks la Bretagne est rouverte.
Bardes et chevaliers, saints des vieux temps, alerte!
Arches des ponts, croulez! Poussez, bois défenseurs,
Et fermez tout chemin à ces envahisseurs!

CHANT DEUXIÈME

LES QUÊTEURS

La quête du vicaire. — Le clerc Loïc Daûlaz et deux Notables l'accompagnent. — Belle matinée de juin. — Arrivée et bonne réception chez Hoël. — Sa femme Guenn-Du et ses filles. — Travaux rustiques. — Viennent d'autres quêteurs. — Le taureau de Ker-Barz. — Ce que disaient à part deux jeunes gens. — Départ du village. — Confession de Loïc. — Retour au presbytère.

Un jour de la semaine après une humble fête,
Le vicaire partit pour faire au loin sa quête.

Deux notables de Scaer, leur bâton à la main,
Décemment habillés, l'escortaient en chemin,
Et derrière eux Loïc conduisait par la bride
Le cheval qui suivait d'un pied boiteux son guide,
Comme s'il prévoyait qu'en retournant au bourg
Son double bât d'osier, le soir, serait plus lourd.
L'aube pointait, la terre était humide et blanche,
La sève, en fermentant, sortait de chaque branche,
L'araignée étendait ses fils dans les sentiers,
Et ses toiles d'argent au-dessus des landiers :
Première heure du jour, lorsque, sur ta colline,
La fleur lève vers toi sa tige verte et fine,
Que mille bruits confus se répandent dans l'air,
Et que vers l'orient le ciel devient plus clair,

Heure mélodieuse, odorante et vermeille,
Première heure du jour, tu n'as point ta pareille !

Ainsi tout s'animait : hommes, femmes, enfants,
Sortaient de leur village et s'en allaient aux champs.
En passant, chacun d'eux saluait le vicaire.
Quelques-uns l'arrêtaient pour causer d'une affaire,
De leurs foins déjà mûrs, de la belle saison ;
Ils lui disaient aussi d'entrer dans leur maison,
Qu'il serait bien reçu ; puis, à chaque notable,
Qu'un verre de bon cidre était prêt sur la table.
Bientôt le soleil d'or parut. Son globe en feu
Embrasa devant lui l'espace vide et bleu ;
Sur la terre à longs traits il pompa la rosée,
Et quand toute sa soif enfin fut apaisée,
Des bords de l'horizon l'astre silencieux
Avec tranquillité s'éleva dans les cieux.
Alors tout fut chaleur ; les herbes et les plantes
Inclinèrent encor leurs têtes nonchalantes,
Et les quêteurs, marchant au milieu des épis,
Penchaient comme eux leurs fronts par le hâle assoupis.

Sous les chemins boisés, fatigués de leur course,
Parfois ils s'arrêtaient, ou bien près d'une source
Qui coulait fraîchement sur un lit de cailloux ;
Car sans cesse on ne voit et l'on n'entend chez nous
Qu'eaux vives et ruisseaux, et bruyantes rivières ;
Des fontaines partout dorment sous les bruyères :
C'est le Scorf tout barré de moulins, de filets,
C'est le Blavet tout noir au milieu des forêts ;
L'Ellé plein de saumons, ou son frère l'Izôle
De Scaer à Kemperlé coulant de saule en saule,
Et de là, pour aller ensemble à Lo'-Théa,
Formant de leurs beaux noms le doux nom de Létâ ;

7

C'est l'El-Orn que la mer sale de son écume,
Et le triste Aber-Vrarh enveloppé de brume.
Dans le creux d'un chemin les deux vieillards assis
Sur les jours d'autrefois faisaient de longs récits,
Jours de troubles civils, de tourmente, de guerre,
Et que n'avait pu voir Loïc ni le vicaire.
Ceux-ci restaient pensifs; le plus jeune pourtant
Semblait d'un autre soin distrait en écoutant;
Et le jour du Pardon (peut-être on se rappelle),
Comme ses yeux cherchaient le bas de la chapelle,
Durant ces entretiens ses yeux à l'horizon
Vers la forêt du Lorh cherchaient une maison.
Puis, tous s'étant levés, de demeure en demeure
Ils s'en allaient encore à la quête du beurre :
Bien peu leur refusaient; et souvent sur leurs pas
Eux-mêmes ils donnaient à ceux qui n'avaient pas.
Ils virent tour à tour Ker-Gòz et ses prairies,
Puis Ros-Zòz, le moulin aux collines fleuries,
Les terres du Moustoir et de Saint-Guennolé,
Et le hameau d'Hoël de ses arbres voilé. —

Les voici dans l'enclos, au milieu du village.
Là, sous un châtaignier ouvrant son beau feuillage,
Ils entendent le bruit des haches, des marteaux,
Et les coups des faneurs qui redressent leurs faulx.
Tous sont à l'œuvre. On scie, on façonne des claies,
Des fourches, ou des pieux pour soutenir les haies;
Anna file son chanvre, et, rieuse avec tous,
Léna berce Nannic qui dort sur ses genoux :
« — Vraiment, vous aimez bien, Hélène, votre frère,
« Dit en entrant le prêtre; on vous dirait sa mère.
« — Ah ! c'est notre bonheur, notre dernier enfant ;
« Nous serons vieux ici le jour qu'il sera grand.
« Nous devons bien l'aimer. » La mère véritable

Tout aussitôt reprit d'une voix lamentable :
« Aimez-le aussi pour moi, pour notre père Hoël;
« Avant qu'il ait grandi nous serons dans le ciel. »
Et la mère se tut. La pieuse assemblée
Entendit ce propos et n'en fut pas troublée,
Ainsi que des chrétiens qui savent d'un cœur fort
Accueillir à son heure et la vie et la mort.

Hoël n'oublia point les antiques usages :
« Le ciel est tout en feu, dit-il, et les gens sages
« Viendront prendre avec moi le frais dans mon manoir.
« — Hoël! ferme ou château, plus d'un voudrait l'avoir :
« Une bonne maison, bâtie en pierre grise,
« Avec ses deux hangars au soleil bien assise,
« Et, comme dit son nom, bâtie au coin du bois.
« — C'est vrai, de père en fils ici nous sommes rois.
« Pourtant les sangliers y font la guerre aux hommes,
« Et la nuit les chevreuils viennent manger mes pommes.
« — Jésus Dieu! dit le clerc en entrant, le beau lit!
« Ma mère avait raison, chez Guenn-Du tout reluit.
« On pourrait se mirer dans vos bassins de cuivre.
« Ici tout sent la cire. Hé! n'est-ce pas un livre?
« Oui, jeune homme, un gros livre, Anna le lit souvent.
« Dam! nos sœurs de Kemper l'ont eue à leur couvent. »

Anne sur le bahut apporta du laitage,
Des crêpes de blé noir s'élevant par étage;
Hélène aussi servit un grand morceau de lard,
Et tous les serviteurs au régal prirent part :
L'âme du jeune clerc était pleine d'ivresse :
S'il ne lui parlait pas, il voyait sa maitresse.

On finissait, quand Bleiz aboya tout à coup,
Comme il faisait toujours à l'approche du loup.

Lilèz courut au chien, et, retenant sa chaîne :
« Les Tal-Houarn, nos parents, sont ici près du chêne,
« Ils ont pris le vieux loup! — C'est bien, neveu Lilèz!
« S'ils veulent faire aussi leur quête, amène-les. »

L'été, lorsque du ciel tombe enfin la nuit fraîche,
Les bestiaux tout le jour retenus dans la crèche
Vont errer librement : au pied des verts coteaux,
Ils suivent pas à pas les longs détours des eaux,
S'étendent sur les prés, ou, dans la vapeur brune,
Hennissent bruyamment aux rayons de la lune.
Alors, de sa tanière attiré par leurs voix,
Les yeux en feu, le loup, comme un trait, sort du bois,
Tue un jeune poulain, étrangle une génisse;
Mais avant que sur eux l'animal ne bondisse,
Souvent tout le troupeau se rassemble, et les bœufs,
Les cornes en avant, se placent devant eux;
Le loup rôde à l'entour, ouvrant sa gueule ardente,
Et, hurlant, il se jette à leur gorge pendante;
Mais il voit de partout les fronts noirs se baisser
Et des cornes toujours prêtes à le percer.
Enfin, lâchant sa proie, il fuit, lorsqu'une balle
L'atteint, et les bergers, en marche triomphale,
De hameaux en hameaux promènent son corps mort :
Tel le loup qu'on voyait ce jour-là dans Coat-Lorh.

O landes! ô forêts! pierres sombres et hautes,
Bois qui couvrez nos champs, mers qui battez nos côtes,
Villages où les morts errent avec les vents,
Bretagne, d'où te vient l'amour de tes enfants?
Des villes d'Italie où j'osai, jeune et svelte,
Parmi ces hommes bruns montrer l'œil bleu d'un Celte,
J'arrivais, plein des feux de leur volcan sacré,
Mûri par leur soleil, de leurs arts enivré;

Mais dès que je sentis, ô ma terre natale !
L'odeur qui des genêts et des landes s'exhale,
Lorsque je vis le flux, le reflux de la mer,
Et les tristes sapins se balancer dans l'air,
Adieu les orangers, les marbres de Carrare,
Mon instinct l'emporta, je redevins barbare,
Et j'oubliai les noms des antiques héros,
Pour chanter les combats des loups et des taureaux !

Au-dessous de Ker-Barz, dans la prairie immense,
Qui, courant vers l'Izôle, au grand chemin commence,
Le loup entra la nuit, et, son coup achevé,
Partit, repu de chair et de sang abreuvé :
Un taureau (pour le frère et l'ami qu'il regrette,
Quel homme ferait mieux que n'a fait cette bête ?)
A l'instant où le monstre à travers les palus
S'échappait et d'un bond franchissait le talus,
Le taureau survenant à la fatale borne
Dans le ventre du loup plongea sa double corne,
Et là, durant deux jours, au-dessus du fossé,
Comme au bout d'une fourche il le retint fixé !
Et les chevaux, les bœufs, les vaches, les cavales,
S'attroupaient pêle-mêle, et tous par intervalles,
Du côté des maisons, galopaient pesamment,
Et poussaient à la fois un long mugissement;
Le village accourut : sur sa noble conquête
L'immobile taureau tenait encor sa tête,
Mais il s'était usé par un si rude effort,
Il releva son front et puis il tomba mort.

A ce récit, des cris de joie et de colère
En l'honneur du taureau retentirent dans l'aire;
Quelques-uns de plaisir secouaient leurs cheveux,
Ou comme pour lutter tendaient leurs bras nerveux.

Le vieux Hoël lui-même en riant dit au prêtre :
« Voici des braves gens, pour eux soyons bon maître.
« Ils sont en vérité des pasteurs comme vous :
« Vous nous sauvez du diable, ils nous sauvent des loups. »

— Mais tels étaient aussi les propos moins farouches
Que laissaient à l'écart tomber deux jeunes bouches :
« Je ne suis qu'une fille encor de dix-sept ans,
« J'ai bien peu de science et crois ce que j'entends.
« Prenez garde, pourtant, jeune homme ! est-ce aux écoles
« Que vous avez appris ces menteuses paroles ?
« — Oh ! ne m'appelez plus écolier ni menteur,
« Mais donnez-moi le nom de votre serviteur !
« — Depuis trois ans passés, jour et nuit, sans relâche,
« Vous n'avez point quitté les livres, votre tâche :
« On espérait, un jour, vous voir prêtre en ce lieu,
« Ami, je ne veux pas voler une âme à Dieu. »

A ces mots durs, Loïc, comme un homme qui doute,
Demeura sans parler ; mais on criait : en route !
Ceux de Ker-Barz, chargés du féroce animal,
Partaient, et le vicaire amenait son cheval ;
Le clerc reprit en main la bride, et les deux bandes
Sortirent de la ferme emportant les offrandes. —

Ce fut à mi-chemin du bourg que les vieillards,
Montrant à l'horizon un amas de brouillards,
Dirent qu'ils s'en allaient tous deux par la traverse,
Car du côté de l'est s'amassait une averse ;
Les nuages déjà couraient confusément,
Et chaque feuille d'arbre était en mouvement,
Comme si, pour troubler la fin de la journée,
Le diable et tous les siens s'étaient mis en tournée.
« — Ah ! s'écria le prêtre, aussitôt leur départ,

« Que s'est-il, chez Hoël, passé près du hangar?
« Toi, si gai ce matin, tu t'en vas tout morose!
« Loïc, Loïc, ton cœur cache une triste chose! »
Le jeune paysan reprit avec douceur :
« Vous ne le saurez pas, bien que mon confesseur.
« Rien n'y peut désormais. Pourtant le ciel maudisse
« Le jour où le curé me prit à son service!...
« — Quoi! méchant, tu maudis la main qui t'éleva!
« — S'il faut parler, voici ce qu'il en arriva. »
Et comme un pénitent qui tout bas s'examine,
En marchant il croisait les bras sur sa poitrine :

« J'étais un jeune enfant heureux d'âme et de corps,
« Plein de calme au dedans, tout de joie au dehors,
« Lorsque le vieux curé, par une chaleur grande,
« Me trouva qui chantais sur le bord de la lande :
« Je gardais mes bestiaux et j'appelais Anna
« Qui conduisait aussi ses chèvres près de là.
« Nous venions chaque jour seuls sur cette bruyère,
« Et nous nous appelions la matinée entière.
« Le curé, me voyant chanter de si bon cœur,
« Désira de m'avoir pour son enfant de chœur :
« Il me dit de laisser ma vache et de le suivre,
« Qu'il me nourrirait bien, me donnerait un livre,
« Et que si j'aimais Dieu, dans la paroisse un jour
« Comme lui je dirais la grand'messe à mon tour.
« Ma mère pleura d'aise. — « Enfin, Dieu, je l'espère,
« Vient de trouver pour toi, dit-elle, un autre père!
« Que l'âme du premier veille sur celui-ci!
« Prends courage, garçon, laisse-moi seule ici.
« Quand tu seras curé je tiendrai ton ménage.
« Mon enfant, te voici l'appui de mon veuvage!... »

« J'ai fait ce qu'on m'a dit. Écolier studieux,

« Je n'ai point ménagé ma mémoire et mes yeux ;
« Dans notre classe sombre, à la fenêtre ouverte,
« Je regardais au loin briller la forêt verte,
« Et mon cœur se gonflait en écoutant l'appel
« De mes amis du bourg, Jéromic et Berthel :
« Pourtant je reprenais ma tâche opiniâtre,
« Le savant écolier faisait taire le pâtre.
« Voilà pour le passé. Quant à mon avenir,
« C'est d'Anna de Coat-Lorh que je veux le tenir.
« Malheur, malheur sur moi dans ce monde et dans l'autre,
« Si je quitte jamais mon habit pour le vôtre !
« Sur elle aussi malheur ! Je le dis sans détour :
« Dans le fond de son âme il est un grand amour. »
« — Ah ! Loïc ! te voilà comme en ton premier âge !
« Toujours, je te connus ainsi, doux, mais sauvage.
« Va, tu seras toujours le jeune mendiant
« Qui courait dans la lande et chantait en jouant !
« Retourne à tes bestiaux ! Plus sombre que ta vache,
« Partout ce front rétif briserait son attache.
« Renonce à mon habit, ne le profane pas.
« Mais malheur à celui qui règle mal ses pas.
« Il tombe un jour trempé d'une sueur amère.
« Et dans l'isolement il cherche en vain sa mère ! »

Le clerc pleurait beaucoup, lorsqu'ils virent soudain
La cour du presbytère et les murs du jardin.
Le curé sur sa porte attendait leur venue.
La lune en se levant avait percé la nue,
Et son disque, à travers les feuilles du hallier,
Pendait au bord du ciel comme un grand bouclier.

CHANT TROISIÈME

LES NOCES DE NONA

Aux Bretons sur leur origine. — Une noce au bourg de Carnac (pays de Vannes). — L'Oiseau prisonnier. — Arrivée d'un invité de Cornouaille. — Acclamation de son hôte Mor-Vran, père de la mariée. — Étonnement de Loïc devant les pierres de Carnac. — Légende des Soldats de saint Cornéli. — Nona délivre l'oiseau prisonnier. — Comment Anna Hoël reçut une lettre de son clerc. — Ce que celui-ci devenait.

Bretons, pour qui j'écris les amères angoisses
De deux amants de Scaer, cette fleur des paroisses,
Et qui dans ces récits simples et familiers
Retrouvez les tableaux de vos propres foyers,
O peuples de Léon, de Tréguier, de Cornouaille,
Avec tant de ferveur, vous, pour qui je travaille,
Gens de Vanne, écoutez comme des fils pieux,
Car je veux aujourd'hui parler de vos aïeux!
Hélas! leurs noms sont morts! sur le bord de la grève
Le dol-men tristement dans les sables s'élève.
Aucun barde à l'entour n'entonne de chansons.
La harpe suspendue aux portes des maisons,
Qui charmait de sa voix douce et mélancolique
Les voyageurs errant dans les bois d'Armorique,
La harpe a disparu. Notre terre est sans voix.
Nous ne savons plus rien des hommes d'autrefois.

O marins, laboureurs, ouvriers des peuplades,
Écoutez ces échos des divines Triades,
Que durant son exil aux pierres de Rhuis,
Chantait devant la mer Tal-iésin, fils d'Onis.
Dans les livres nourri, moi, je dois vous instruire ;
Au nom de vos aïeux c'est à vous de me lire :
Ainsi, parlons des morts ; puis, aux fêtes de Scaer,
Avec vous j'irai voir les luttes en plein air.

Titans, Celtes, Bretons, de ruine en ruine
Comment donc remonter jusqu'à votre origine,
Race des premiers jours? Sous vos noms différents,
Comment suivre vos pas, hommes toujours errants?

La voix des temps passés ne dit point dans quel âge
L'ancien peuple de Haff quitta son doux rivage,
Ni par quel grand malheur ce peuple rejeté
Loin de la Corne-d'Or, le Pays-de-l'Été,
Où Byzance florit plus tard riche et fameuse,
Se sauva vers le nord et sur la Mer-Brumeuse.
Une branche de gui brillait à leur drapeau.
Dans leurs barques d'osier recouvertes de peau
Ils voguaient, engourdis par les vagues glacées,
Et les côtes partout de neiges hérissées.
Hu-Cadarn les guidait durant ce triste cours.
Enfin, battus des vents, assaillis par les ours,
Au Pays-de-la-Mer que la langue celtique
Comme en ces jours lointains nomme encor l'Armorique,
Ils plièrent leur voile, et, Bretons et Kemris,
De ces hommes de l'Est nous sommes tous les fils.

César, char de terreur, c'est toi qui sur la terre
Le premier fis rouler les machines de guerre,
Et le sol labouré depuis ces deux mille ans

N'a pas encor perdu les lignes de tes camps !
La race chevelue humilia sa tête
Devant toi, dur vainqueur de la cité Vénète ;
Mais l'effort fut pénible, et tu mis tes deux bras
Pour plier sous le joug ces enfants d'Hu-Ar-Braz :
Fils de Vénus, en vain tu criais vers ta mère !
Pour briser tes vaisseaux vers cette plage amère
Ils invoquaient aussi l'esprit de Dianâ
Et les enchantements de Sein et de Monâ ;
Chaque soir, fermentaient sur la pierre cubique
Les herbages mêlés dans le vase mystique,
Et les vierges de Kéd dans les flots, chaque soir,
Renversaient en hurlant le Vase-du-Savoir :
La mer houlait, le vent coupait, hachait tes voiles,
Comme d'une araignée il emporte les toiles :
Maléfices puissants, rites mystérieux,
Ignorés de la plume, inconnus de tes yeux !

Mais, à son tour, voilà que, semant l'épouvante,
Conant-Mériadec accourt de Trinovante,
Revêt la blanche hermine, et, premier de nos rois,
Plante dans Occismor l'arbre saint de la croix.
L'Armorique s'assemble et le Chef-Roi préside.
L'évêque Modéran, El-Hir-Bad le druide,
Défendirent leur dieu ; mais le Très-Inconnu
Fut vaincu par l'Esprit nouvellement venu.
La hache fit tomber ses vieux bosquets de chênes,
Son brasier s'éteignit ; les blanches Gallicènes,
Pour la dernière fois montant sur le Gador,
Se coupèrent la gorge avec la serpe d'or.

Alors, pour recueillir le divin héritage,
Partout formant un cloître, ouvrant un ermitage,
On vous vit dans nos bois accourir par essaims.

Fils de l'Ile-de-Miel, fils de l'Ile-des-Saints,
Pôl, Malô, Corentin, vous, dont nos basiliques
Avec les noms sacrés vénèrent les reliques !
Tout fut soumis au Christ, et, signe triomphant,
La croix sanctifia la pierre du Peùlvan.

Mais de ces anciens jours, jours de grande mémoire,
Sans effort revenons à notre simple histoire,
Car le sol a gardé ses antiques débris,
Et l'âme des aïeux anime encor les fils. —

Dans le bourg de Carnac, du portail de l'église
Dont les men-hir brisés ont bâti chaque assise,
Une noce aujourd'hui sort d'un air grave et doux.
Les hommes, les premiers, accompagnent l'époux.
Ce sont des laboureurs, des pêcheurs de la côte,
Et des marins aux traits hâlés, à la voix haute.
Comme sur leur navire ils marchent en roulant.
Puis, dans le goût de Vanne habillés de drap blanc,
Viennent les invités d'Er-Déven, ceux des îles,
Les gens d'Enn-Tell; et tous se placent sur deux files,
Afin de voir passer entre ce double rang
La gentille Nona, la fille de Mor-Vran.
Mais Nona dans l'église, à genoux sur la pierre,
S'oubliait et disait prière sur prière.

Eux cependant, le front au soleil découvert,
Ils regardaient au loin briller l'Océan vert,
Et du côté de l'Est, sur leurs landes stériles,
Les immenses men-hir, ces géants immobiles.

Silence ! la voici ! Lentement, lentement,
La voici qui s'en vient vers l'époux son amant;
Et derrière elle aussi cent vierges d'Armorique,

Avec les yeux baissés et d'un air si pudique,
Qu'à les voir s'avancer sous leurs coiffes de lin,
Du linon le plus blanc et du fil le plus fin,
Vous diriez, à les voir si calmes, des novices
Sortant de leur chapelle à la fin des offices ;
Ou plutôt, dans Carnac (tant sur nos bourgs chrétiens
Semble planer encor l'ombre des dieux païens),
De la blanche Corric on dirait des prêtresses,
Alors qu'au mois d'Éven, durant les sécheresses,
Pour contraindre la pluie à descendre du ciel,
Elles allaient, le soir, cueillir la fleur de Bel,
Et parmi les rochers, les ronces, les décombres,
En regardant la terre erraient comme des Ombres.

De gais enfants du bourg, tenant un arbrisseau,
Sont devant le portail ; sur l'arbre est un oiseau ;
Il faut que Nona prenne et lance dans l'espace
Ce prisonnier du ciel qu'un ruban rouge enlace :
Symbole délicat dont le sens est caché
Et que l'esprit flétrit sitôt qu'il l'a touché.
Avec ses ciseaux fins déjà la jeune belle
S'approche, et le bouvreuil sautille et bat de l'aile ;
Quand Mor-Vran pousse un cri de joie, et vers la mer
Un étranger s'avance en habit de Kemper,
Ses cheveux dénoués, et ses immenses braies
D'une ceinture en cuir sortant à mille raies.

« — Loïc, c'est vous, enfin ! Depuis trois jours, Daûlaz,
« Je regardais la route et vous n'arriviez pas.
« Je disais : Le saunier aura perdu ma lettre
« Ou le vieux matelot est oublié, peut-être.
« Enfin, Dieu soit loué !... Vous, sachez, mes amis,
« Qu'un jour, passant à Scaer, des buveurs du pays
« S'étaient rués sur moi, quand ce brave jeune homme

« Me sauva sous les pieds de ces bêtes de somme.
« Place à lui ! je lui dois une place d'honneur. »

« — Votre lettre, ô Mor-Vran, m'a rempli de bonheur.
« J'étais triste; le prêtre à qui s'ouvre mon âme
« Déjà n'espérait plus d'en rallumer la flamme;
« Mais, sur votre billet, il m'a dit de partir.
« Cheminant jour et nuit, depuis lors, sans mentir,
« J'ai bien vu des forêts, des landes, des villages ;
« Ce matin, me voici près des vagues sauvages ;
« Excusez si mes yeux sont dans l'étonnement,
« Et si, venant de loin, je parle étrangement.
« Mais, vous-mêmes, pourquoi ces immenses bruyères?
« Et pourquoi vivez-vous dans ces forêts de pierres? »

Le nouveau marié répondit : « Écolier,
« Votre accent, il est vrai, nous est peu familier;
« Mais, comme vos habits, si vos discours sont autres,
« Les penchants de nos cœurs, je le crois, sont les vôtres.
« Soyez le bienvenu ! Quant à tous ces rochers,
« Ils font l'étonnement de bien des étrangers.
« Un savant nous a dit qu'aux temps païens, des prêtres
« Couchaient sous ces granits les guerriers nos ancêtres.
« Sous chaque pierre un corps repose enseveli,
« Pourtant nous les nommons Soldats-de-Cornéli.
« Écoutez : les soldats de deux rois idolâtres
« Poursuivaient notre saint déjà l'ami des pâtres,
« Et sur un chariot traîné par de grands bœufs
« Le bon vieux Cornéli se sauvait devant eux ;
« Or, voici que la mer, terrible aussi, l'arrête;
« Alors, le saint prélat, du haut de sa charrette
« Tend la main : les soldats, tels qu'ils étaient rangés,
« En autant de men-hir, voyez! furent changés.
« Telle est notre croyance, et personne n'ignore

« Que le patron des bœufs c'est ici qu'on l'honore :
« Aux lieux où la charrette et le saint ont passé,
« Le froment pousse encor plus vert et plus pressé.

« — Bien ! repartit le clerc, Dieu vit dans cette histoire,
« Et tous les cœurs bretons sans peine y doivent croire.
« Mes hôtes, à présent, dirigez mes deux yeux
« Vers celle-là qui fait votre orgueil, jeune et vieux.
« Je cherche autour de nous quelle est la plus gentille :
« Montrez-moi votre femme, amis, et votre fille. »

Les traits du vieux marin brillèrent, et l'époux,
S'il eût été moins fier, certe, eût été jaloux.

Des filles, des enfants, tous les gens de la fête
Environnaient Nona ; l'un d'eux, à pleine tête,
Criait : « Nona ! sauvez, sauvez le prisonnier ! »
Le bouvreuil tout tremblant sautait sur l'épinier.
Du bout de ses ciseaux enfin la jeune belle
Coupe le lacet rouge, et l'oiseau, d'un coup d'aile,
L'oiseau, comme l'éclair, remonte vers les cieux ;
Et les petits enfants, avec des cris joyeux,
Appelaient, appelaient le bel oiseau volage
Qui déjà, roi des airs, chantait dans un nuage.

Ces choses-là, Daûlaz les vit en arrivant,
Et bien d'autres encor qu'on observe en rêvant
A l'âge où l'âme est tendre, et quand l'œil étincelle.
L'inquiet voyageur les écrivit à celle
Qui remplissait son cœur de troubles et d'ennuis,
Hélas ! et le forçait de quitter le pays. —

Or, sous ce tertre, assise à l'ombre des broussailles,
Que lit la jeune Anna, la vierge de Cornouailles ?

Pour son frère malade, auprès de son hameau,
Elle avait ramassé quelques fleurs de sureau,
Et rentrait au logis, quand l'homme de la poste,
Une lettre à la main, dans un sentier l'accoste.
Alors, la jeune Anna, sans trop de vanité,
Dut sourire en voyant ce papier cacheté ;
Puis, assise à l'écart, sur la pelouse verte,
Quand elle eut cette lettre en ses deux mains ouverte,
Certe, elle dut bénir Kemper et son couvent
Où l'esprit s'illumine et devient si savant
Que les mots les plus fins elle les pouvait lire :
« Qui songe à moi, dit-elle, et qui peut donc m'écrire ? »
La rougeur sur le front elle l'apprit bientôt,
Et sa main referma la lettre au premier mot.

Mais, plus tard, ce billet d'amour et de tristesse,
Comme Anna le lisait, le relisait sans cesse !
Attendant toujours l'heure où, seule à la maison,
Libre, elle pût écrire à ce clerc sans raison.

Lui, cependant, l'œil morne et baissé vers la terre,
Parmi les saints rochers il errait solitaire,
Il calculait leur poids, mesurait leur longueur,
Occupant son esprit pour distraire son cœur ;
Déjà sur son passage on causait à voix basse,
Et plus d'un n'eût osé le regarder en face,
Quand sur un grand dol-men tristement appuyé,
Pensif, il s'arrêtait comme pétrifié.

CHANT QUATRIÈME

LES ILES

Tristesses du clerc Daûlas; — Mor-Vran l'emmène sur mer. — Hospitalité à l'île d'Hœdic. — La Messe des deux îles, ou le Pavillon-de-Dieu. — Autorité de l'Ancien. — Courses dans le golfe du Mor-Bihan. — Ils reviennent à Carnac. — Lettre d'Anna et joie du jeune clerc.

Non, celui que l'amour a rempli de sa flamme,
En changeant de pays ne change point son âme !
Plus il marche, et souvent plus il aigrit son mal,
Celui-là dont le sang roule un germe fatal,
Le mal intérieur paraît sur son visage
Et partout d'un œil triste on le suit au passage :
De même un amoureux : partout et sans repos
Il emporte la flamme attachée à ses os ;
Et ceux qui de son mal ont tant souffert eux-même,
En le voyant passer, disent : « Ce jeune homme aime ! »

Le sombre Cornouaillais ! toujours seul, un matin,
Il regardait la mer houler dans le lointain,
Jusqu'à ses pieds bondir, et ses folles pensées
Se mêlaient à ces jeux des vagues insensées.
Or, son hôte Mor-Vran, qui l'aimait comme un fils,
Vit ses pas sur la grève et les avait suivis :
« Çà, dit le vieux marin, qu'est-ce donc ? à votre âge,

« Tous mes jours se levaient, se couchaient sans nuage.
« Ma fille s'inquiète. Elle m'a dit hier :
« Cet étranger s'ennuie, emmenez-le sur mer !·
« Que vous semble, Daûlaz ? vous voyez cette zone,
« L'isthme de Kiberon couvert de sable jaune :
« Nous raserons ses bords ; vous verrez en passant
« Se dresser des rochers jadis rouges de sang ;
« Puis, louvoyant au loin, si la mer est facile,
« Chez mes anciens amis, nous irons d'île en île.
« C'est tout un monde à voir, car, dans le Mor-Bihan,
« On compte autant d'îlots qu'il est de jours dans l'an.
« —Eh bien, partons, Mor-Vran, dit le clerc de Cornouaille,
« Et que mon âme en deuil sur la vague tressaille !
« Où vous irez j'irai, sans demander pourquoi.
« Si je vous ai sauvé, vous-même sauvez-moi. »
Il disait, et déjà voyant tout proche un groupe
De pêcheurs, le marin hélait une chaloupe. —

Une chaîne d'îlots ou de roches à pic
De Saint-Malo s'étend jusqu'à l'île d'Hœdic :
Iles durant six mois s'enveloppant de brume,
De tourbillons de sable et de flocons d'écume.
Des chênes autrefois les couvrirent, dit-on,
Chaque foyer n'a plus qu'un feu de goëmon.
Parfois, derrière un mur où vivait un ermite
Dont le vent a détruit la cellule bénite,
Derrière un mur s'élève un figuier pâle et vieux,
Arbre cher aux enfants, seul plaisir de leurs yeux.
La tristesse est partout sur ces îles sauvages,
Mais la paix, la candeur, la foi des premiers âges ;
Les champs n'ont point de borne et les seuils point de clé,
Les femmes d'un bras fort y récoltent le blé ;
De là sortent aussi sur les vaisseaux de guerre,
Les marins de Bretagne, effroi de l'Angleterre.

Lorsqu'à l'île d'Hœdic aborda sans malheurs
Avec ses étrangers la barque de pêcheurs,
Le premier qui les vit accourut sur la côte,
Disant avec douceur : « Prenez-moi pour votre hôte ! »
Un autre, survenant, ajouta : « Demain soir,
« A mon feu de varech vous viendrez vous asseoir.
« Dans cet îlot pierreux qu'à grand'peine on défriche,
« Pour vous garder longtemps aucun n'est assez riche ;
« Mais chez chacun de nous venez loger un jour,
« Et nos trente maisons s'ouvriront tour à tour :
« Ainsi, connu de tous en quittant ces rivages,
« Vous aurez des amis dans nos trente ménages. »

Puis, pour mieux honorer leur venue en ces lieux,
L'Ancien, le chef du bourg, voulut boire avec eux ;
Il les mena lui-même à la cave commune ;
On servit à chacun sa mesure, rien qu'une :
Ainsi le commandait la règle, et ce qu'on prit
Au mur de la maison par le Chef fut inscrit.

Car telle était cette île avec ses mœurs austères
Mais douces, et Loïc, cet habitant des terres,
Admirant ces cœurs purs, ces fronts calmes et sains,
En lui-même disait : « Suis-je au pays des Saints ? »
Pour Mor-Vran, le marin, il était à la fête :
Il parlait de longs cours, de pêche, de tempête.

C'était un samedi. Le lendemain, voilà,
Dès qu'au soleil levant la mer se dévoila,
Que tous les gens d'Hœdic, enfants, hommes et femmes,
Se tenaient sur la grève à regarder les lames :
« — Ah ! disaient-ils, la mer est rude, le vent fort,
« Et le prêtre chez nous ne viendra pas encor ! »
Ensuite ils reprenaient d'un air plein de tristesse :

« —Ceux de Houad sont heureux, ils ont toujours la messe! »
Et, sans plus espérer, graves, silencieux,
Sur leur île jumelle ils attachaient les yeux.
« — A genoux! dit soudain le Chef, voici qu'on hisse
« Le pavillon de Dieu, c'est l'heure de l'office. »
Alors vous auriez vu tous ces bruns matelots,
Ces femmes, ces enfants, priant le long des flots;
Mais comme les pasteurs qui regardaient l'étoile,
Les yeux toujours fixés sur la lointaine voile,
Tout ce que sur l'autel le prêtre accomplissait,
Le saint drapeau d'une île à l'autre l'annonçait.
Ingénieux appel! par les yeux entendue,
La parole de Dieu traversait l'étendue;
Les îles se parlaient, et, comme sur les eaux,
Tous ces pieux marins consultaient leurs signaux!

« — Hélas! disait le soir, au seuil d'une chaumière,
« Le jeune homme étranger, votre île hospitalière,
« Votre sainte maison, demain nous la quittons!
« Regrettez-nous un peu, nous qui vous regrettons.
« Ou bien, pour quelques jours quitter ces lieux saumâtres,
« Et venez avec moi voir le pays des pâtres,
« Dans les herbes des prés courir les gais ruisseaux,
« Et les chênes verdir, et chanter les oiseaux. »
Le pêcheur répondit : « Chacun a son asile,
« Le pâtre a ses vallons et le pêcheur son île;
« Ce terrain sablonneux où tout semble languir,
« La faim, la seule faim nous en ferait sortir;
« Sur les vaisseaux du roi, mornes, l'âme abattue,
« Ce n'est pas le canon seulement qui nous tue. »

Or, comme en leur bateau montaient les voyageurs,
D'autres rentraient au port, et, parmi ces pêcheurs,
On eût dit une rixe à leurs cris, leurs reproches,

Tandis qu'ils déchargeaient leurs filets sur les roches.
L'Ancien fut appelé : « Je prétends, dit l'un d'eux,
« Que ce lot me revient, jugez entre nous deux. »
Alors, le bon vieillard, sans que nul l'en empêche,
Avec autorité fait les parts de la pêche :
Dans ses décisions il ne fut rien changé
Et tout ce qu'il jugea fut trouvé bien jugé.
Il est maître et seigneur par le droit de son âge,
Comme le plus ancien on le croit le plus sage...

Ils n'ont point tous péri les fruits de l'âge d'or,
Et le barde inspiré sait les trouver encor !
O candeur, équité, fleurs mortes dans les villes,
De vos fraîches senteurs vous embaumez nos îles :
Perles blanches du cœur, comme celles des mers,
Vous aimez à briller près des gouffres amers !

Que l'âme de Loïc, âme toujours en peine,
De ce séjour de paix sorte au moins plus sereine,
Partout, chemin faisant, allégeant son ennui
Et plus calme demain qu'elle n'est aujourd'hui ! —

Mais quand ces deux amis, dans l'ardeur des voyages,
Vont sur le Mor-Bihan sonder toutes les plages,
Faudra-t-il, avec eux errant de flot en flot,
Suivre le jeune clerc et le vieux matelot ?
O sombre Gàvr-Iniz, voici que dans ton antre
Le couple voyageur, armé de flambeaux, entre ;
Et sur tes murs sculptés, runes mystérieux,
Ils promènent longtemps et les mains et les yeux.
Vous, antique Belle-Ile, Enn-Arh dépouillé d'ombre,
Ilur plongé dans l'eau, rescifs, îlots sans nombre,
Vous les voyez baisser leur voile ; et toi, Rhuis,
Sur les six corps de saints dormant sous tes parvis

S'agenouiller ! Rhuis, terre trois fois sacrée
Qu'enivrait Tal-iésin de sa harpe inspirée,
Où pleurait Abeilard, où la terreur des rois,
Gildas, faisait gronder les foudres de sa voix !...
Enfin, quittant la mer, ils vont en caravane
Dans la ville des ducs, l'antique et noble Vanne.

Là s'arrêtait leur course, et le fruit de l'oubli,
Le clerc en voyageant ne l'avait point cueilli. —

De retour à Carnac sur ses anciennes grèves,
Au murmure des flots il reprenait ses rêves,
Lorsqu'un soir, en rentrant, il voit dans son logis
Une lettre briller sur le buffet de buis,
Une lettre à son nom ! Ah ! comme vers la porte,
Pour la lire à l'écart brusquement il l'emporte,
Tout brûlant de savoir si par quelque regret
A sa plainte touchante enfin on répondrait !

Mais, faiblesse du cœur, terreurs qu'un rien redouble :
Sur ce papier ouvert déjà son œil se trouble :
Il semble redouter ce qu'il désirait tant,
Et ce qu'il redoutait il le lisait pourtant.

« — Votre lettre est bien sombre, ô jeune homme ! bien sombre !
« Aux lieux où vous passez on vous prend pour une Ombre.
« Loïc, c'est que l'amour, s'il ne va point vers Dieu,
« Laisse ceux qu'il atteint tout noircis de son feu ;
« Et la science aussi nous leurre sur sa trace,
« Pareille à l'herbe d'or qui brille, puis s'efface.
« Pourquoi donc, pauvre clerc, errer loin de chez nous ?
« Pour calmer votre cœur, Daülaz, que cherchez-vous ?
« Revenez ! N'ouvrez pas vos yeux à tant de choses.
« La paix ne peut rester qu'en des âmes bien closes.

« Où triste vous passiez vous reviendrez content.
« Jour et nuit, votre mère en priant vous attend,
« Car plus elle vieillit et plus elle vous aime :
« Jeune homme ! revenez ! Je vous le dis moi-même. »

Lorsque l'ami d'Anna rentra dans la maison,
Les yeux et tous les traits de l'amoureux garçon
Brillaient, et ses cheveux autour de son visage
Frissonnaient comme autour d'un bouleau son feuillage.
Le voyant si joyeux, le vieux marin sourit.
Et Nona qui lisait au fond de son esprit :
« Daülaz, vous avez donc quelque bonne nouvelle?
« Lui dit-elle en filant. — Oui-da ! l'on me rappelle.
« Pardonnez, reprit-il en leur tendant la main,
« Je suis heureux, pourtant je vous quitte demain. »

CHANT CINQUIÈME

CARNAC

Le marin Mor-Vran s'oppose au départ du clerc. — Fête à Carnac. — Saint Cornéli, patron des bœufs. — Plaintes d'un vieillard sur le déclin des anciennes mœurs. — Ce que Daûlaz répondit. — Paroles d'un étranger. — Le dieu Hu-Cadarn et ses bœufs honorés avant Cornéli. — Déluge causé par le Castor-Noir. — Commémoration druidique de la victoire des bœufs de Hu-Cadarn. — Étonnement des assistants. — Le clerc fait sa prière de départ. — Il retrouve le vieillard. — Procession nocturne et secrète de Carnac.

Tous les men-hir luisaient sous le soleil levant,
La bruyère jetait ses doux parfums au vent,
Et, le long des bateaux amarrés au rivage,
La baie avec amour roulait son flot sauvage.

Par ce beau jour, pressé de rentrer au canton,
Le jeune Cornouaillais s'arma de son bâton :
« — Adieu, digne Mor-Vran, et, vous sa chère fille,
« Nona, ma sœur, adieu ! le jour se lève et brille,
« Je veux à son coucher dormir loin de chez vous :
« Mais que d'amis je laisse en pleurant ! Adieu tous ! »
Mor-Vran dit : « Un Breton n'a point double promesse.
« Vous deviez à Carnac entendre la grand'messe,
« Donnez-nous de bon cœur ce jour, c'est le dernier :
« Sinon, mon brave ami, je vous tiens prisonnier. »

Refuser un tel hôte était lui faire outrage.
Le clerc déposa donc le bâton de voyage.
Il n'en eut point regret, non certe! à chaque pas,
Que de choses il vit qu'ailleurs on ne voit pas! —

Aujourd'hui, Cornéli, c'est votre jour de fête !
Votre crosse à la main et votre mitre en tête,
Des hommes de Carnac vous écoutez les vœux,
Majestueusement debout entre deux bœufs,
Bon patron des bestiaux ! et votre image sainte
Sur le seuil de l'église est nouvellement peinte ;
Mais les bœufs, les taureaux, les vaches au poil roux,
Hélas ! ne viennent plus défiler devant vous !
« — Oui, disait un vieillard au milieu de la place,
« Notre pays s'en va ! tout décline, tout passe !
« Grand Dieu ! pour renverser nos usages bénis,
« Avec les cœurs sans foi les prêtres sont unis !
« Au temps du vieux curé, j'en ai bonne mémoire,
« Le pardon de Carnac semblait un jour de foire.
« Alors, parés de fleurs, de feuillage, d'épis,
« Les bœufs au large cou, les vaches aux longs pis
« Arrivaient par milliers, et, toute une semaine,
« Leur cortége tournait autour de la fontaine.
« Comme saint Cornéli, cet ami des bestiaux,
« Éloi, dans ce temps-là, protégeait les chevaux ;
« Saint Hervé les sauvait des loups ; et, sur leurs couches,
« L'été, grâce à saint Marc, ils défiaient les mouches.
« Alors l'homme souffrant avait un aide, alors
« Les animaux étaient plus heureux et plus forts ;
« Car tous avaient leurs saints, leurs protecteurs, leurs fêtes ;
« Tous vivaient confiants, les hommes et les bêtes ;
« Et les jours de Pardons, m'assurait mon aïeul,
« Lorsqu'on n'y menait pas son bœuf, il venait seul. »
Aux plaintes du vieillard, à son étrange histoire,

Un sourire muet courut dans l'auditoire;
Pourtant le sage clerc du pays de Kerné
Reprit : « Tout va de même aux lieux où je suis né,
« Tout s'efface, et l'ennui se glisse au cœur des hommes :
« Mes amis, croyez-moi, restons ce que nous sommes. »
Puis, embrassant son hôte, auquel il dit adieu,
Dans l'église il entra pour demander à Dieu
La grâce d'achever dignement son voyage :
Il sentait son corps faible, et faible son courage.

Le vieillard poursuivit : « Hélas ! j'ai donc raison,
« Et c'est d'un Cornouaillais que vous vient la leçon !
« Oui, nous oublions tout, jusqu'au saint de nos pères
« Qui faisait leur bétail et leurs maisons prospères !
« Nous sommes des ingrats; or, lui ne l'était pas.
« Quand des soldats païens poursuivaient son trépas,
« Il sut bien, grâce aux bœufs qui traînaient sa charrette,
« Au bord de cette mer trouver une retraite,
« Car ces rangs de men-hir sont les soldats maudits;
« Mais ses bœufs il les fit entrer en Paradis. »

Alors un étranger : « Vos pères et leurs prêtres
« Eux-mêmes n'ont-ils pas oublié leurs ancêtres ?
« Dans le champ où ses bœufs ont tracé leur sentier,
« Le char de Cornéli passa-t-il le premier ?
« Hu-Cadarn est-il donc mort dans votre mémoire ?
« Et de ses bœufs sacrés ignorez-vous l'histoire ?
« Bel, Ior, Dianâ, quel que fût son grand nom,
« Régnait jadis au ciel, dieu formidable et bon,
« Et son fils Hu-Cadarn, image de son père,
« Avec Kéd, son épouse, habitait sur la terre.
« A la Pointe-du-Lac ils demeuraient tous deux,
« Aimés comme des rois, puissants comme des dieux.
« Or, il advint sur terre une grande détresse :

« Le Castor-Noir mina le Lac-de-la-Prêtresse ;
« La terre s'abîma sous la fureur des eaux,
« Les hommes avec elle et tous les animaux.
« Hors deux navigateurs, et les deux bœufs superbes
« Nourris par Hu-Cadarn de ses magiques herbes ;
« Au globe qui sombrait sa main les attacha,
« Et, tiré par les bœufs, le monde surnagea. »

Ici, le voyageur semblait faire une pose ;
Aussitôt le vieillard : « La merveilleuse chose !
« Quel livre vous a dit ce que nous écoutons ?
« Homme instruit ! oh ! parlez encor des vieux Bretons ! »

« — La trace de la peur est saignante et profonde !
« Ils n'oublièrent pas, les deux sauvés de l'onde,
« Ni leurs fils (après eux gardiens de leur savoir),
« Le grand combat des bœufs contre le Castor-Noir.
« Un prêtre, en souvenir du combat redoutable,
« Choisissait au printemps deux bœufs, rois de l'étable ;
« Et lavés par sa main, ôtés du joug fumant,
« Dans les prés les plus gras ils paissaient librement.
« Mais lorsque revenait l'équinoxe d'automne,
« Un joug neuf, plus brillant que l'or d'une couronne,
« Courbait leur front rétif, et, tous deux muselés,
« Au char sacerdotal ils étaient attelés :
« Le char de Hu-Cadarn, ce symbole du monde,
« Qu'ils avaient retiré des abîmes de l'onde. »

Derechef l'étranger se taisait. — Eh ! pourquoi
Ne vous dirais-je pas, Bretons, que c'était moi ?
Puisque tous, me prenant les mains comme des frères,
Vous disiez : « Oh ! restez, et causons de nos pères ! »

« — O temple de l'Arvor, mystérieux Carnac,
« De ton golfe sacré, comme autrefois du lac,

« Quand le char surgissait, ô morne sanctuaire,
« Quelle acclamation dans ton vaste ossuaire!
« Tout à l'entour des Chefs les clans semblaient rugir,
« Et les morts éveillés agitaient leur men-hîr.
« Cependant les deux bœufs, aussi blancs que la neige,
« Lentement s'avançaient, puis, l'immense cortége :
« Les Druides remplis de l'esprit sibyllin,
« Tous couronnés de chêne et revêtus de lin,
« Les Disciples muets, les Ovates sans nombre,
« Et les filles de Kéd, au front pâle, à l'œil sombre :
« Le sélage, le gui, l'utile samolus,
« Dont le rune inspiré dit les triples vertus,
« Composaient leur couronne, et toutes, hors d'haleine,
« Courant autour du char, effeuillaient la verveine;
« Puis, c'étaient les Guerriers avec leur collier d'or,
« La braie et les cheveux tels qu'on les porte encor.
« Ah! bienheureux le champ où les divines roues
« Passaient, tuant l'ivraie et fécondant les boues,
« L'infirme qu'avait vu l'œil des bœufs écumants,
« Le troupeau qu'appelaient au loin leurs beuglements!
« Ainsi le long des flots, à travers les bruyères,
« Le cortége arrivait au Meinec, Lieu-des-Pierres;
« Et d'huile et de senteurs inondant leurs parois,
« Entre les onze rangs il passait onze fois.
« Et les Bardes alors, la milice des Bardes,
« De la harpe guerrière armés comme des gardes,
« Accompagnaient le char au bruit d'un triple accord
« Du Village-du-Chêne à celui de la Mort.
« Debout sur le dol-men, enfin l'Archi-Druide
« Faisait briller sa hache, et le Castor perfide,
« Le Castor-Noir du lac sur l'autel égorgé,
« Couvrait de sang le sol qu'il avait submergé...

« Voilà, gens de Carnac, ce qu'adoraient vos pères :

« Le soleil a chassé ces lueurs mensongères ;
« Mais, ô temps destructeur ! voilà que Cornéli
« Lui-même dans Carnac voit son culte en oubli. »

Du passé nous faisions ainsi les funérailles,
Et nos regrets sortaient amers de nos entrailles.

Dans l'église pourtant, à l'ombre d'un pilier,
Le jeune Cornouaillais ne cessait de prier :
« Hélas ! depuis vingt jours j'ai quitté mon village.
« Au retour, donnez-moi, Seigneur, force et courage !
« Vous, saints de ma paroisse, accompagnez mes pas,
« Les saints de ce pays ne me connaissent pas ! »

Sur ce, le clerc trempa ses doigts dans l'eau bénite.
En lui-même il disait : « La nuit vient, sortons vite !
« Ce soir, il faut coucher dans la ville d'Auray,
« Demain, au point du jour, leste je partirai. »

Or, au milieu du bourg errant comme un aveugle,
Il cherchait son chemin, lorsqu'une voix qui beugle
Lui fait tourner la tête, et, dans l'ombre, il croit voir
Un troupeau qui passait le long du porche noir.
D'autres mugissements venaient de la fontaine.
Le jeune homme accourut. Là, près d'une centaine
D'immenses bœufs cornus, de vaches, de taureaux,
Conduits par les bouviers, faisaient le tour des eaux.
Un vieillard, pour le clerc facile à reconnaître,
Lui dit secrètement : « N'en contez rien au prêtre !
« Mon jeune bouvillon, ici je l'ai conduit :
« Les prêtres ont le jour, mais nous avons la nuit. »
Et le vieil et digne homme, avec l'eau sans pareille,
Abreuvait l'animal ; puis, au creux de l'oreille
Lui versait quelque goutte en murmurant des mots

Dont le pouvoir secret guérit de tous les maux.
A d'autres on lavait le front et les deux cornes :
Les taureaux effrayés secouaient leurs fronts mornes;
Mais le charme opérait, et toute la vigueur
Des bœufs de Cornéli leur passait dans le cœur.

Et le jeune Daùlaz, marcheur des plus ingambes,
Sur la route d'Auray courait à toutes jambes,
Qu'avec le bruit des flots il entendait venir
La grande voix des bœufs errant dans les men-hir.
Alors se retournant vers la plaine azurée,
Il cria : « Salut, mer ! salut, terre sacrée ! »

CHANT SIXIÈME

RETOUR EN CORNOUAILLE

Sur cette histoire. — L'Enfant à la fontaine : — Gwenn-Du et ses filles y plongent le petit Nannic. — Comment le clerc se trouvait là et comment il revint en Cornouaille. — Annonce dans la ville du Faouët des grandes luttes de Scaer. — Défi jeté en passant par Daûlas. — Accueil qui lui est fait dans son bourg. — De quelle manière le clerc rencontre Anna. — Récit de son voyage à Carnac. — Le rocher des Pas-de-la-Vierge. — Rendez-vous après la lutte.

Je veux le dire encor : cette histoire, je l'aime !
Si mon pays mourant revit dans mon poëme,
Toute la vie humaine y trouve aussi sa part,
Du berceau de l'enfant au tombeau du vieillard.
Après les purs amours cachés sous les feuillées,
Les glas de mort viendront et les noires veillées,
Les veuves dont les pleurs inondent un cercueil,
Et les barques sombrant la nuit sur un écueil ;
Puis le pauvre mineur cherchant son pain sous terre,
Ou sans pain, sans abri, le hardi réfractaire ;
Les durs travaux des champs, les joutes des lutteurs,
Et les noces aussi, leurs danses, leurs chanteurs ;
Et landes, bois, vallons où la douleur s'émousse ;
Enfin tout ce qui fait la vie amère et douce !

Or, trois femmes de Scaer, le matin du Pardon,
D'une meule de cire à la sainte ont fait don,
Et puis, dans sa fontaine elles plongent ensemble
Un enfant de quatre ans qui s'agite et qui tremble :
Ces trois femmes sont Guenn et ses filles, l'enfant
Qui tremble entre leurs mains et si fort se défend,
Est le petit Nannic. — Depuis quelques semaines,
Comme s'il n'avait plus que de l'eau dans les veines,
L'enfant dépérissait : maigre et le corps enflé.
Lui, plus rouge autrefois qu'un pavot dans le blé,
Il restait accroupi dans un des coins de l'âtre
Où la fièvre minait son petit corps bleuâtre,
Refusant de manger, et pleurant quand ses sœurs
Lui venaient, près du feu, dire quelques douceurs.
Guenn-Du, voyant sécher ce fruit de sa vieillesse,
Disait : « Je l'aimai trop, Dieu punit ma faiblesse. »
Et lui, de jour en jour, s'affaiblissait, hélas !
Lorsque vint à passer la mère de Daûlaz.
Laissant au coin du bois sa charge de feuillage,
Volontiers, vers le soir, elle entrait au village ;
Les deux sœurs la fêtaient, et son fils, au retour,
L'interrogeait longtemps sur Anna, son amour :
« Dieu ! quel vent a flétri cette jeune bouture,
« Dit-elle, et de quel mal meurt votre créature ?
« — Ah ! reprit Guenn, l'enfant a mangé des fruits verts,
« Et, j'en ai peur, son corps est tout rempli de vers. »
« A voir les médecins son père Hoël s'apprête,
« Mais la ville est bien loin et le prix nous arrête.
« — Les médecins, Guenn-Du, le riche en a besoin !
« Mais des remèdes sûrs, sans les chercher si loin,
« Le pauvre en a partout ! Le pauvre a ses ressources !
« Pour lui, Dieu n'a-t-il point amassé l'eau des sources ?
« Scaer a la sienne aussi. De sa crosse d'argent,
« Votre sainte patronne, appui de l'indigent,

« La fit jaillir de terre, et cette bonne abbesse
« Par soixante canaux l'emplit dès qu'elle baisse.
« C'est presque une rivière, et fraîche, et sans couleur,
« Et qui vaut pour le goût le cidre le meilleur.
« Dans vos maux, croyez-moi, n'espérez en personne,
« Mais demandez au ciel, et prenez ce qu'il donne...
« Vers trois ans, mon Loïc, si robuste aujourd'hui,
« Languissait tristement d'un sort jeté sur lui ;
« Comme votre Nannic, il était maigre et blême :
« Alors, par le conseil d'une femme qui m'aime,
« Je partis pour le bourg, mon fils entre les bras
« (Car le pauvre chétif n'aurait pu faire un pas),
« Là, je trempai son corps tout nu dans la fontaine,
« (C'était au mois de mai, le jour naissait à peine) ;
« Je regardais ses pieds pour juger de son sort.
« S'il les eût retirés, c'était un enfant mort :
« Mais il les allongea de façon si gentille,
« Qu'on eût dit dans la source une petite anguille. »

C'est ainsi que Guenn-Du, le matin du Pardon,
D'une meule de cire à la sainte a fait don,
Et puis mené son fils à la source bénite
Où le mal disparut (disons-le tout de suite) :
Sur l'herbe, les deux sœurs ont ouvert un drap blanc,
Afin de recevoir son jeune corps tremblant.
Beaucoup de gens dévots sont encore là qui prient,
Et regardent pleurer le pauvre enfant et rient.
Daulâz était du nombre ; à genoux près d'Anna,
Certe elle put le voir lorsqu'elle s'inclina :
Or, nul, si la vertu de la source est certaine,
Nul ne fut mieux trempé dans la sainte fontaine,
De longs cheveux, un teint doré comme le miel,
Avec de grands yeux clairs qui reflétaient le ciel. —

Ce jeune voyageur! après un mois d'absence,
Il avait donc revu le lieu de sa naissance!
Au retour de Carnac il fit un long trajet,
Suivant les bords du Scorf et les bords du Blavet,
Et partout, pour distraire un peu son cœur morose,
Laissant errer ses yeux sur toute belle chose.
Ainsi durant huit jours il avait voyagé,
Chez les curés des bourgs chaque soir hébergé.
Eh! qui donc avec lui n'eût agi de la sorte,
Rien qu'à voir sa figure et sa manière accorte?
Cet usage se dit, chez nous, vicarier :
Il est cher à tout prêtre, à tout clerc régulier;
Et croyez que le soir, en vidant plus d'un verre,
On fait plus d'un bon conte au feu du presbytère.
Pourtant, le grand Pardon de Scaer étant venu,
Le clerc hâte ses pas, sûr qu'il est attendu
Pour lutter à la lutte et chanter à l'Office :
Tout bon soldat doit être exact à son service.

La veille du dimanche, il marche jour et nuit.
Passant donc au Faouët, au premier jour qui luit,
Il voit déjà finir une messe, et la porte
Ouvrant ses deux battants pour que la foule sorte;
Et le joyeux sonneur, debout sur le talus,
Appelle autour de lui ses amis chevelus :
« — Holà! mes bons amis qui sortez de la messe,
« Jeunes gens, approchez! arrière la vieillesse!
« Arrière ce qui porte et jupe et tablier!
« Des hardis jeunes gens je suis le conseiller.
« Approchez, mes amis, venez! pour vos oreilles
« Je réserve un concert de choses sans pareilles ;
« Mais je le dis tout net aux filles, aux vieillards :
« Arrière les jupons et tous les béquillards! »

Pourtant, jeunes et vieux, sortis du cimetière,
Par delà les talus couvrent la place entière.
Le sonneur crie en vain. Dans tout ce brouhaha,
Avant qu'il ait parlé la foule rit déjà.
C'était un vrai plaisant.

      — « Voyez ces filles d'Ève,
« Pour savoir mon secret, comme leur front se lève !
« Les grands-pères aussi, qui se tiennent plus droits !
« Eh bien ! faites silence au pied de cette croix,
« Je parlerai pour tous : — Or çà, mes belles filles,
« Bons hommes qui traînez, en toussant, vos béquilles,
« Disposez-vous ! Demain, les habitants de Scaer,
« (Adroits jouteurs, aux bras de saule, au corps de fer),
« Dans un immense pré, nommé Pré-de-la-Source,
« Donneront une lutte au bourg, après la course ;
« Scaer y doit envoyer ses hommes les plus forts,
« Prêts avec tout venant à lutter corps à corps.
« Çà donc, qui veut partir ? »

        Un rire de surprise
A ces mots fit trembler les vitres de l'église.
Quand ce sonneur parlait sur le pied de la croix,
Il aurait égayé des prêtres et des rois ;
Certaines gens blâmaient pourtant ses fantaisies :
Scrupules chez les uns ; chez d'autres, jalousies.

Il reprit : — « Je le vois, les jupons bleus et verts,
« Et ceux qu'on baptisa voici soixante hivers,
« Renoncent à la lutte : or, dans les deux Bretagnes
« On nommera couards les gens de nos montagnes,
« Si vous, rudes garçons au cœur chaud et zélé,
« Dont les os sont plus durs que les rocs de l'Ellé,
« Vous n'allez provoquer ces pâtres de l'Izôle,

« Adroits jouteurs, au corps de fer, aux bras de saule. »

« Qu'ils viennent! dit quelqu'un (c'était le clerc Daûlaz)
« Tout est de fer chez nous, et le corps et les bras ! »

Oui, c'était notre clerc, qui des îles de Vanne
Arrivait, tout pressé de revoir sa chère Anne,
Et qui, sentant de loin l'odeur de ses taillis,
Courait comme un chevreuil à travers le pays.
A la croix du Faouët, entendant cette annonce,
Sans ralentir sa course il fit cette réponse. —

Son bourg, il le trouva plein de monde, et chacun
Dans ses plus beaux habits (surtout bleu, rouge, brun :
Vingt couleurs). Le vicaire, en le voyant paraître,
Lui dit : « Revenez-vous plus calme et votre maître ? »
Sa mère l'attendait aussi chez le curé :
Dès qu'ils l'ont reconnu ses vieux yeux ont pleuré.
Quant à ses compagnons, et Lilèz à leur tête,
C'était, la cruche en main, à qui lui ferait fête.

A présent, savant clerc, dites par quel secret,
Vous, allant à la source, Anne s'y rencontrait;
Et comment, après vèpre, où votre voix sonore
Emplissait trop son cœur, vous la trouviez encore?...
Ah! ces rapports secrets, tous ces liens charmants,
Ceux-là les savent bien qui pour âge ont vingt ans ! —

Sur le seuil d'une grange, à l'écart de la foule,
Anne tient sa ceinture et sur son doigt la roule,
Et le jeune Loïc, sans craindre de témoin,
Lui présente un anneau rapporté de bien loin;
Mais son doigt se referme, et, fille honnête et sage,
Elle dit : « Contez-moi d'abord votre voyage. »

Et lui : « Si dans ma lettre on n'a point vu mon cœur,
« Pourquoi parler, surtout lorsqu'en parlant j'ai peur ?
« Que vous redire, Anna ? la route et ses merveilles,
« Un amant ne voit rien : les choses sans pareilles
« Du port de Lorient, la barre du Poull-Du,
« Hélas ! je n'ai rien vu, je n'ai rien entendu ;
« Mais partout je cherchais, ô la folie étrange !
« Celle que j'importune encor sous cette grange.

« Triste et seul, jeune fille, ainsi longtemps j'erra..
« Cependant, arrivé dans Sainte-Anne d'Auray,
« Anne, j'ai voulu voir votre digne patronne
« Que d'un respect si grand la Bretagne environne :
« C'est notre mère à tous ; mort ou vivant, dit-on,
« A Sainte-Anne une fois doit aller tout Breton.
« Beaucoup de gens priaient ; or, mon âme affligée
« A prier avec eux se sentant soulagée,
« J'ai repris mon chemin ; et le nouvel espoir
« Qui me rendait léger, chacun' l'aurait pu voir,
« Car ils sont faits ainsi ceux que leur cœur entraîne ;
« Ils montrent leur plaisir comme ils montrent leur peine.
« Bientôt m'apparaissait Carnac et son clocher,
« Quand je vis, au détour d'un immense rocher,
« Un enfant qu'on faisait marcher sur cette pierre :
« Son père le tenait par les bras, et la mère
« Prenant les petits pieds de l'enfant, son amour,
« Dans les creux du rocher les posait tour à tour ;
« Tout près, dévotement brûlait un bout de cierge,
« Car ces creux vénérés sont les Pas-de-la-Vierge ;
« Ils sont, depuis mille ans, empreints sur ce rocher,
« Et par eux les enfants apprennent à marcher.
« Leurs mouvements joyeux, leurs colères sans cause,
« Le bonheur des parents, Naïc, la douce chose !
« Tout ce qui me manquait, alors je l'ai senti.

« Et, pensif, j'arrivai comme j'étais parti. »

Si tendre était sa voix et son regard si tendre,
Qu'Anna, les yeux baissés, s'oubliait à l'entendre;
Il comprit, l'heureux clerc! et lui prenant la main,
Il y passa la bague en ajoutant : « Demain,
« Demain, après la lutte, on dansera; les fêtes
« Seront pleines de joie, Anna, si vous en êtes. »

Ah! jeune homme inquiet, ah! rassure-toi bien!
Malgré ce froid silence et ce sage maintien,
Au milieu des danseurs, joyeuse et hors d'haleine,
Tu la retrouveras près de sa sœur Hélène!
Il est dans tous les cœurs l'ardent besoin d'aimer :
Cette fleur, Dieu lui-même en nous la fait germer,
Dès la première enfance avec nous elle pousse,
Et le plus fort s'enivre à son odeur si douce.

CHANT SEPTIÈME

LES LUTTEURS

On se rend à la fête : Joyeuses bravades de Lilèz et de sa bande. — Le plaisir après la moisson. — Luttes de Scaer. — Affluence et rivalités des paroisses. — Le fermier Hoël ouvre la lice. — Lutte des enfants. — Lutte générale. — Grand prix du bélier. — Tal-Houarn et Lan-Cador. — Chant des lutteurs. — La danse s'ouvre. — Loïc et Anna, Hélène et Lilèz. — Le meunier Ban-Gor et le petit tailleur. — Tout le bourg danse. — Ce qui se disait sous la feuillée.

« — Sitôt que mon cheval s'élance pour la course,
« Le prix, disait Ronan, déjà sonne en ma bourse.
« — Voyez mes souliers neufs, reprit Léna, voyez !
« Danseuse a-t-elle mis jamais plus fins souliers ?
« — Et ce tissu de chánvre ! ajoutait un troisième :
« Là-dessous un lutteur vaincrait le diable même.
« — Eh bien, cria Lilèz, pour renchérir sur tous,
« Coureurs, danseurs, lutteurs, seul j'irai contre vous. »

Oh ! qu'ils s'en vont joyeux à cette triple fête !
Après les foins rentrés, après la moisson faite ;
Lorsque, trois mois durant, et suant jusqu'aux os,
On a fauché, coupé, battu sans nul repos,
Une heure de plaisir sied bien au cœur des hommes :
Au chant de la bombarde, au jus doré des pommes,

Se ranime l'esprit, se redresse le corps ;
Pour les prochains travaux tous se sentent plus forts.
Pourtant, que les chevaux courent bride abattue,
Que Ronan soit vainqueur ou qu'un autre se tue,
Les luttes et la danse auront seules ma voix :
Où vous allez, Lilèz, une dernière fois,
Songeant, pauvre conscrit, pour quel dur exercice
Le roi, l'hiver prochain, vous appelle au service ! —

A Scaer, le lendemain de la fête du bourg,
Au bruit de la bombarde, au rappel du tambour,
On vit, comme la mer quand elle monte et houle,
Dans un immense pré courir toute une foule ;
Et là, jeunes et vieux, hommes et femmes, tous
En cercle sur le pré rangés à deux genoux,
D'autres pendus au tronc des ormes et des frênes,
Attendre les lutteurs sur ces vertes arènes.
Les plus forts de Corré, du Faouët, de Kérien,
Et ceux de Banalec, et ceux de Saint-Urien,
Devaient se signaler à ces fameuses joutes.
Les paroisses luttaient et se défiaient toutes.
Le vieux Moris Conan, malgré ses cheveux gris,
Reparut fièrement pour disputer les prix,
A savoir : deux chapeaux avec leurs lacets jaunes,
Une ceinture en laine et longue de quatre aunes,
Des bagues, des couteaux, enfin un bélier noir
Que tous les concurrents venaient peser et voir.

Bientôt, faisant siffler sa gaule blanche et lisse,
Un Ancien écarta la foule, et cria : « Lice ! » —
Hoël, le métayer, eut ce poste d'honneur,
Qu'eût jadis, comme un droit, réclamé tout seigneur :
Mais où sont les manoirs, et dans quelle autre ferme
Trouver un roi des jeux plus expert et plus ferme ?

« Çà, dit-il, je connais des fils de Belzébuth
« Qui, pour moins d'un bélier, donneraient leur salut :
« Des meuniers, des tailleurs, fournissent à ces traîtres
« Des charmes de l'enfer qu'ils cousent dans leurs guêtres ;
« Pour gagner à coup sûr, d'autres, nouveaux Judas,
« En vous serrant la main vous démontent le bras :
« Nous chasserons d'ici ces hommes de malice.
« Gens de cœur, à présent venez tous. — Lice! Lice! »

Entrèrent les lutteurs. D'abord un jeune enfant,
Ses cheveux longs et noirs ramenés en avant ;
Puis un second enfant, blond et de même taille,
Qui lia ses cheveux avec un brin de paille.
La fête commençait : durant quelques moments
On admira leurs bonds, leurs vifs enlacements.
Le plus jeune bientôt, le blond plia : sur l'herbe
Son rival l'étendit ; et, tout rouge et superbe,
Il regarda la foule, agitant le mouchoir
Que lui, Noël Furic, venait de recevoir.

Soudain, de tous les rangs, des hommes de tout âge
S'avancent l'un sur l'autre ; et de nouveau s'engage
Une lice où, parmi les cris de mille voix,
Vingt couples de lutteurs combattaient à la fois.
On entendait : « Courage, Even! Lilèz, courage!
« Garçons de Banalec et de Scaer, à l'ouvrage! »
On entendait aussi bien des rires moqueurs.
Les amis dans leurs bras soulevaient les vainqueurs.
Scaer l'emportait partout! Scaer, le pays des luttes
Et des joyeux chanteurs aux savantes disputes ;
Scaer, où les anciens jeux sont toujours honorés,
Et qui, chaque dimanche, au milieu de ses prés,
Dans les beaux soirs d'été voit sa mâle jeunesse
Exercer sous le ciel sa force et son adresse :

Tous, nobles laboureurs brunis dans les travaux,
Pâtres au cou nerveux, plus durs que leurs taureaux,
Bûcherons que la mort au coin des bois éprouve,
Et qui dans leurs deux bras étreindraient une louve !

Cette lutte dura trois heures. Sur son banc
Nul n'osa défier le vieux Moris Conan :
Redoutable vieillard, à sa place immobile
Et les deux bras croisés, il attendit tranquille.

Le soleil déclinait; au pied d'un peuplier,
Dans la lice broutait toujours le noir bélier :
« Cette part au plus fort est encor destinée,
« Cria le juge; à lui l'honneur de la journée ! »
Tal-Houarn et Lan-Cador étaient là dans les rangs.
Des luttes jusqu'alors témoins indifférents,
On les vit d'un air grave entrer dans la prairie :
C'étaient des hommes francs tels qu'en fait leur patrie :
Ils se prirent la main en ennemis courtois,
Et firent tous les deux un grand signe de croix.

Debout, pied contre pied et tête contre tête,
Comme s'ils attendaient que leur âme fût prête,
Ils restèrent ainsi tellement engagés,
Qu'en deux blocs de granit on les eût dit changés.
Leur front tendu suait et montrait chaque veine;
Leur poitrine avec bruit rejetait leur haleine;
Tout leur corps travaillait, pareil à ces ressorts
Qui semblent pour s'user faire de longs efforts;
Puis, afin d'en finir, sur la terre qui tremble,
L'un par l'autre emportés, ils bondissaient ensemble;
Mais par un nœud de fer l'un à l'autre liés,
Toujours ils retombaient ensemble sur leurs pieds.
Le peuple hors de lui criait; un large espace

S'ouvrait et tour à tour se fermait sur leur trace.
Et moi, poëte errant, conduit à ces grands jeux,
Un frisson de plaisir courut dans mes cheveux !
Dans nos vergers bretons, sous nos chênes antiques,
C'était un souvenir des coutumes celtiques :
Déjà si j'aimais bien mon pays, dès ce jour
Je sentis dans mon cœur croître encor cet amour !

Cependant par degrés la nuit venait plus sombre,
Et l'on disait : « Assez ! » Alors, perdus dans l'ombre,
Épuisés, haletants, ne pouvant se dompter,
Les deux nobles lutteurs se mirent à chanter.

CADOR.

« Quel homme êtes-vous donc? sur son roc solitaire
Un chêne plus que vous ne tient pas à la terre :
Il plie au vent qui passe ou tombe avec fracas,
Vous ne pliez jamais et vous ne tombez pas.
Comme il étouffe un arbre entre ses dures branches,
Vos bras à m'étouffer ainsi pressaient mes hanches.
J'ai pâli. Vos cheveux immenses et confus
Tout entier m'ont couvert de leurs rameaux touffus.
Répondez, de quel nom faut-il que je vous nomme?
Et quel homme êtes-vous, si vous êtes un homme?

TAL-HOUARN.

Vous êtes un serpent ! j'en ai vu bien des fois
Autour de mon bâton se rouler dans les bois ;
Mais si je secouais le bâton, la vipère
Sous la ronce, en sifflant, regagnait son repaire.
Vous, malgré mes efforts, à mes jambes serré,
De vos nombreux anneaux vous m'avez entouré.
A vous seul sur le pré vous en valez un couple.
Samson n'est qu'un enfant. Votre corps vert et souple

Lui-même le voici, le clerc du presbytère !
Près de sa bien-aimée il passe avec mystère.
Hélène et vous, Lilèz, en riant vous passez ;
Car vous aimez sans peur et sans peur vous dansez.

Très-glorieux saint Luc ! Ce sonneur, comme il gonfle
Sa joue, et sous son bras comme le biniou ronfle !
Un jour musicien, le lendemain tailleur,
Qui peindrait son cou tors, son petit œil railleur ?
Et Ban-Gor, le meunier, ce roi de la bombarde,
Debout sur son baril, n'a-t-il point l'air d'un barde ?
Aujourd'hui tout se mêle et s'accorde à sa voix,
Vêtements campagnards et vêtements bourgeois ;
Le maire est dans les rangs ; voici venir derrière
Monsieur le percepteur, madame la mercière ;
Tous les métiers du bourg, tisserand, tonnelier,
Le maréchal ferrant avec son tablier ;
Riche et vieux, jeune et pauvre. O Dieu ! la bonne joie !
De poussière entouré, comme cela tournoie !
Que de fronts en sueur ! Arrêtez ! Les plus forts,
Tant leurs jarrets sont las, ne vont plus que du corps.
Assez, braves sonneurs ! Encore une cadence,
Et vous étendez mort le meneur de la danse.
Vous, du cidre, aubergiste, et versez largement !
Chacun de ces gosiers est un brasier fumant.

Enfin tous sont à boire, et boivent à plein verre,
Vrais Bretons, hors ceux-là qu'une autre soif altère,
Couples qui vont chercher, en devisant entre eux,
Au tomber de la nuit, l'ombre des chemins creux.

LILÈZ.

« Que dit de moi la fille aussi souple qu'un saule,
Et que j'appellerais la perle de l'Izòle ?

HÉLÈNE.

Votre nom ne ment pas, ô Lilèz! il me plaît;
Car votre âme innocente a la blancheur du lait.

DAULAZ.

Moi, c'est avec raison que Daûlaz on me nomme :
Ame et corps, tout se meurt en moi, pauvre jeune homme !

ANNA.

Daûlaz, avec vos pleurs, oh! ne me tentez pas,
Ou je vais racheter vos jours par mon trépas. »

L'ombre les a couverts : telle que la rosée,
Leur voix tombe sans bruit par la route boisée;
Mais au loin vibre encor le son clair du biniou :
« Iou! criaient des danseurs; d'autres répondaient : Iou! »
O danses! cris de joie! ivresses du bel âge!
La joie est dans le bourg, elle est sous le feuillage.

CHANT HUITIÈME

LE CHASSE-MARÉE

Le port de Concarneau (Conque des Promontoires). — Appareillage d'un chasse-marée. — Un prêtre de Scaer et deux jeunes gens, Lilèz et Anna, demandent passage. — Départ. — Les îles Glénan et les roches de Penn-Marh. — Calme dans la baie d'Od-Diern. — Lilèz rouvre les yeux. — Les âmes de Grallon et d'Ahèz. — Vent d'ouest. — Confession d'Anna. — Côtes horribles de Cornouaille. — Les âmes de Grallon et d'Ahèz reparaissent. — Effroi du patron et du vicaire. — Prière à saint Beûzec.

Comme une conque immense ouverte au bord des eaux,
En Cornouaille est un port : il y vient cent bateaux.
Un sable jaune et fin couvre ses côtes plates,
Mais un infect amas de rogues, de morgates,
D'ossements de poissons sur le rivage épars,
La saumure qui filtre entre les deux remparts,
Soulèvent tous les sens quand cette odeur saline
Arrive au voyageur qui tourne la colline,
Laissant derrière lui les taillis de Melven,
La belle lande d'or qui parfume l'Aven,
Et ces mouvants aspects de plaines, de montagnes
Que déroulent sans fin nos sauvages campagnes.
Plus de batteurs de seigle ici, plus de faucheurs,
Mais des canots chargés de mousses, de pêcheurs,

Partant et revenant avec chaque marée,
Et sur les quais du port versant à leur rentrée
Des sardines en tas, des congres, des merlus,
Des homards cuirassés, de gros crabes velus ;
Et, du fond des paniers, mille genres énormes,
De toutes les couleurs et de toutes les formes,
Avec leur œil vitreux et leur museau béant,
Tous enfants monstrueux du grand monstre Océan.
Aussitôt le pressier les sèche, les empile ;
Et quand leur grasse chair a dégorgé son huile,
De Nantes à Morlaix cherchant des acheteurs,
On voit bondir sur mer les hardis caboteurs.

Un côtier de Léon, avec toute sa charge,
Par un matin d'automne allait prendre le large,
La voile frémissait et l'ancre était à bord,
Lorsqu'un homme en soutane arriva sur le port :
— « Capitaine, salut ! Mes amis de voyage
« Vers vous m'ont envoyé vous demander passage ;
« Nous allons en Léon et nous venons de Scaer,
« Et moi j'ai préféré le chemin de la mer ;
« Car de l'île d'Eussà je suis fils, et peut-être
« Dans mon île en passant pourrez-vous me remettre.
« Soyez le bienvenu, répondit le patron,
« Mais hâtez vos amis ; vous aurez le vent bon.
« — Ils sont là sur le quai : c'est une jeune fille
« Qui va loin de Kerné prier pour sa famille ;
« Son cousin l'accompagne, et tous deux je les suis,
« Afin d'entendre encor la langue du pays ;
« Nous autres Léonards, quoique de même souche,
« La langue de Cornouaille est dure à notre bouche. »

On s'embarqua, chacun fit sa prière à Dieu,
La voile frémissait, la mer était en feu,

Et la barque, bientôt toute blanche d'écume,
Aux cris des goëlands se perdit dans la brume. —

Vers le lever du jour, devant les matelots
Les neuf îles Glénan montèrent sur les flots,
La première Penn-Fred et le Lorh la dernière;
Benn-Oded, au couchant, déchargeait sa rivière;
Ensuite le clocher aigu de Loc-Tûdi :
Enfin, quand le soleil vint à marquer midi,
(Car le vent, qui changeait sans cesse de demeure,
Obligeait de changer la voile d'heure en heure),
Comme un bruit de chevaux cachés dans le brouillard,
On entendit gronder les rochers de Penn-Marh.

Ils étaient là, debout, pêle-mêle et sans nombre,
Devant eux sur la mer projetant leur grande ombre;
Les flots couraient sur eux avec leurs mille bras,
Cabrés contre les flots, ils ne reculaient pas;
Hérissés, mugissants, inondés de poussière,
Ensemble ils secouaient leur humide crinière.
De leur masse difforme ils effrayaient les yeux;
L'oreille s'emplissait de leurs cris furieux;
Et l'homme tout entier, en face de ces roches
Dont les oiseaux de mer seuls bravaient les approches,
Sur son mince vaisseau, pâle et dans la stupeur,
Se voyant si chétif, sentait qu'il avait peur.

La barque heureusement doubla les noires Pointes,
Mais chaque passager tenait les deux mains jointes,
Et notre jeune fille, assise sur le pont,
Sous sa coiffe de laine Anna cachait son front.

Et jusqu'à Plô-Néour, lorsque de la mer haute
Le vaisseau descendit et regagna la côte,

Bien loin de Men-Ménez et de l'Ile Nona,
L'affreux cri des chevaux les suivit jusque-là.
O monstres de Penn-Marh, dans son vieil idiome,
Durs rochers, c'est ainsi que le Breton vous nomme !
O chevaux de la mer toujours prêts à hennir !
Géant de Tal-Ifern ! noir et grand Carrec-Hir !

Mais du côté d'Od-Diern, au milieu de la baie,
La vague était moins rude : ouvrant sa large raie
Le côtier poursuivit sa route en sûreté ;
Le mousse et les marins reprirent leur gaîté ;
On alluma le poêle, et l'odeur de la soupe
Emplit le bâtiment de l'avant à la poupe.
C'est alors que Lilèz, qui, penché sur la mer,
Depuis longtemps mêlait sa bile au gouffre amer,
Le bon Lilèz ouvrit les yeux ; sa chevelure
Pendait comme un filet autour de sa figure ;
Il tordit ses cheveux par les lames mouillés,
Et, son bâton aidant, se dressa sur ses pieds ;
Mais sur ce sol nouveau les jambes lui manquèrent ;
Du jeune laboureur les marins se moquèrent :
« Damnés ! s'écria-t-il en tombant, dans nos prés
« Venez, venez lutter un jour, et vous verrez ! »
Puis la houle revint, et le coup de tangage
Le roula dans sa bile aux pieds de l'équipage.

Sa cousine disait dans le même moment :
« Heureux qui sans péché vint sur ce bâtiment ! »
Le prêtre la comprit : « Madeleine est absoute ;
« Confessez-vous comme elle, Anna, je vous écoute.
« — Ah ! ma mère me fit avec un cœur chrétien,
« Mais depuis j'en ai fait un vrai cœur de païen.
« Oui, je vous porterai malheur dans ce passage !
« Et cependant ma faute est celle de mon âge.

« — Calmez-vous, » repartit le prêtre; et sur ses yeux
Il plaça ses deux mains afin d'écouter mieux.

« — C'est une longue histoire, et, pour être suivie,
« Elle doit commencer où commença ma vie.
« Nous nous aimions déjà quand nous étions enfants;
« Nous nous aimions encor lorsque nous fûmes grands.
« Dans cette même lande où je gardais ma chèvre
« Il menait ses bestiaux; et, plus léger qu'un lièvre,
« Sitôt qu'il me voyait, cet amoureux garçon
« Accourait, en sautant de buisson en buisson;
« Tous les jours il était le premier à m'attendre;
« Et jusqu'au bois du Lorh on aurait pu l'entendre,
« Quand ma mère au logis m'obligeait de rester :
« Lui, du matin au soir, ne cessant de chanter.
« Hélas! je n'ai point dit quel était ce jeune homme !
« — Ma fille, poursuivez : je sais comme il se nomme.
« — Eh bien ! grâce pour moi ! vous savez mon péché.
« De s'aimer saintement Dieu n'a point empêché;
« Mais il avait choisi Loïc pour son Église :
« Et moi, chrétienne froide et vierge peu soumise,
« J'ai pleuré; je n'ai point reconduit à son lieu
« Celui qui s'éloignait de la maison de Dieu;
« Aux noces, aux marchés, au bourg, dans chaque fête,
« J'ai permis les ardeurs de cette jeune tête,
« Et ma main dans sa main, pauvre couple insensé !
« Tout le soir du Pardon avec lui j'ai dansé. »

A ces mots, il survint une forte rafale;
Le patron, qui dormait tranquille dans la cale,
Accourut : « Nous avons ici quelque damné,
« Cria-t-il; au couchant voilà le vent tourné !
« Et je vois deux corbeaux, là-bas, sur le rivage,
« Qu'un marin n'aime pas à trouver en voyage :

« Les âmes de Grallon et de sa fille Ahèz,
« Ils suivent le vent d'Ouest et la mort vient après.

« — Vous l'entendez! reprit l'enfant à demi morte,
« Mon malheur me poursuit, aux autres je l'apporte :
« Si ma mère déjà languit dans sa maison,
« Elle me doit sa mort! ô fille sans raison!...
« La vengeance a suivi de près cette soirée,
« Où mon âme au démon, mon âme s'est livrée.
« J'étais avec ma sœur, les femmes du Cleunn-Braz,
« Et la petite Illi, parente de Daûlaz.
« Nous venions du lavoir, nous racontant chacune
« Les choses qui couraient alors dans la commune ;
« Catellic, arrivée au buisson des trois houx,
« Me dit en s'en allant : Les gens vont bien chez vous ?
« — Oui-da, jeunes et vieux! — Puis, avec notre linge,
« Nous prîmes vers Coat-Lorh ; mais, Seigneur, que devins-je,
« Quand passant à travers notre petit courtil,
« J'aperçus là ma mère à genoux dans le mil,
« Jaune comme la paille, et ses deux pauvres lèvres
« Plus blanches que mon linge et qui tremblaient les fièvres!
« Hélas! ma fille Hélène, hélas! ma fille Anna,
« Me reconnaissez-vous telle que me voilà ?
« D'où vient que Dieu me frappe avec tant de colère ?
« Dit-elle ; j'ai prié tout ce jour pour lui plaire,
« Et quand j'avais fini de prier, je filais,
« Tandis que votre père et le neveu Lilèz
« Travaillaient dans le champ, et que vous, sans relâche,
« Mes filles, vous faisiez au lavoir votre tâche.
« Le soir, me sentant froid, dans le mil, au soleil,
« Je suis venue ici prendre un peu de sommeil.
« Je m'étais donc couchée à ce soleil d'automne.
« Mais en me réveillant, Jésus! la Fille-Jaune
« Était là, face à face, avec ses yeux ardents ;

« Comme un pauvre en hiver, elle claquait des dents ;
« Des trous de ses habits sortait une odeur aigre,
« Et j'aurais pu compter ses os, tant elle est maigre.
« Elle est restée une heure assise dans le blé,
« Ses dents claquaient si fort qu'à mon tour j'ai tremblé ! »
« Ma digne mère ainsi parla ; mon âme vaine
«,Comprit comment une autre avait porté sa peine :
« A présent vous savez mes péchés, et pourquoi
« Je vais prier si loin et pour elle et pour moi. » —

La barque cependant courait, et chaque houle,
Comme un grand linceul blanc qu'on roule et qu'on déroule,
S'ouvrait sous le navire, et puis, se refermant,
Sur les grèves au loin s'étendait lentement.
Les marins regardaient tout brûlés par le hâle.
Le prêtre devant eux leva sa face pâle,
Et de cette voix creuse, avec ce froid regard,
Auxquels on reconnaît chez nous un Léonard :
« — La triste mer, dit-il, la mer sombre et terrible !
« Quand elle n'est point triste, hélas ! qu'elle est horrible !
« Bonnes gens, vous avez visité plus d'un port.
« Mais dans les eaux du Sud, du Levant et du Nord,
« Partout où l'Océan se brise sur ses bornes,
« Dites s'il est des mers plus noires et plus mornes ;
« Des sables désolés et nus comme ce banc
« Qui s'étend devant nous au pied de Lan-Baban ?
« Moi, prêtre, je n'ai point visité d'autres plages :
« De Saint-Pôl à Kemper voilà tous mes voyages ;
« Mais un jour, appelé chez un vieux desservant,
« Mon ancien maître, alors dans le bourg de Plô-Van,
« Je vis que notre sol, qui nous rend si moroses,
« Ne m'avait pas encor montré de telles choses.
« Seul, j'allai de Penn-Marh à la Pointe-du-Raz,
« Et toujours devant moi c'était un pays ras,

« Aussi plat que la mer ; sans arbres, sans eau douce.
« Le vent, comme du feu, brûle tout ce qui pousse.
« Dans les sillons salés le blé seul peut venir.
« Parfois je découvrais au loin quelque men-hir
« Dans un champ de bruyère ; ou, sans toit ni fenêtre,
« Une église enfouie et près de disparaître.
« La désolation, des ruines partout !
« Çà et là des pignons, des murs restaient debout,
« De la vieille Penn-Marh qui vivait de naufrages,
« Et qu'ont détruite aussi la guerre et les orages. »
« — Monsieur ! reprit soudain Lilèz, que dites-vous ?
« Parlez donc en breton, et parlez pour nous tous.
« A ces hommes de mer vous contez des merveilles :
« Laissez votre français, j'ouvrirai mes oreilles. »

Aucun ne répondit, car les sombres oiseaux
Volaient, volaient toujours sur la crête des eaux :
La mer enflait d'horreur ses verdâtres mamelles,
Le vent d'Ouest arrivait et la mort sur ses ailes.

Hélas ! et le patron ! quel effroi dans son œil
Tandis qu'il consultait les bruits de chaque écueil !
Il semblait déjà voir au milieu des tempêtes
La mer se soulever toute grosse de têtes ;
Son geste était bizarre et brusque ; il parlait clair
Comme pour surmonter les sifflements de l'air ;
Et sa parole forte, et rude, et saccadée
Sillonnait sa figure avant l'âge ridée.

Le premier, il cria : « L'homme ici ne peut rien ;
« Ainsi prions la Vierge et notre ange gardien. »
Lilèz pleurait : le mousse, en appelant sa mère,
S'accrochait à la barre. — « Enfants, vite en prière !
« Dit le prêtre à son tour. Par ce chemin salé,

« Autrefois saint Beûzec en Cornouaille est allé;
« Paisible, il naviguait dans son auge de pierre.
« Aux saints de l'Océan faisons notre prière.
« — Oui, répondit Anna, priez tous! mais d'abord,
« Jetez-moi dans la mer, moi qui suis votre mort! »

Mer féroce, rescifs géants, horrible gouffre,
Vagues qui bondissez d'amour quand l'homme souffre,
Dois-je, mer implacable, ajouter en tremblant
A tant de noirs récits quelque récit sanglant?
Et cependant, naguère, errant sur ces rivages,
J'allais comme enivré de leurs beautés sauvages!
Malgré moi je prenais plaisir à tant d'horreurs!
L'homme aime l'amertume et jouit des terreurs.

CHANT NEUVIÈME

LES PILLEURS DE CÔTES

L'Ile-de-Sein : — Tempête. — Le Recteur et les gens de l'île accourent sur la grève. — Souvenirs druidiques. — On prie pour ceux qui sont en mer. — Coureurs de bris du Cap : — Vœu à saint Beûzec pour obtenir des naufrages. Un navire dans la Passe. — Vaches et torches errantes des pilleurs de côtes. — Baie-des-Trépassés. — Combat de nuit.

Les phares de Plô-Goff et de l'Ile-de-Sein,
Sur le détroit que nul ne peut franchir en vain,
Ont allumé leurs feux tournants, et, dans l'espace,
Ces géants de la nuit se regardent en face.
Entre eux rugit la mer. Habitants et douaniers,
Tous les hommes de l'île ont quitté leurs foyers ;
Ils portent des harpons, des torches, des cordages,
Et, s'appelant l'un l'autre, errent le long des plages :
Car l'Esprit de douceur souffle ici sur les eaux,
Des loups de l'Océan il a fait des agneaux.
Heureux de ranimer aux flammes de leur âtre
Celui qu'ils ont tiré mourant du flot saumâtre.

Avec eux le recteur. Vénérable vieillard ;
Sa tête chauve et blanche est livrée au brouillard ;
Il rassure les cœurs et dissipe les rêves
Qui des âges païens s'étendent sur ces grèves,

Lorsque les pâles morts dans leurs pâles linceuils
Venaient du monde entier pleurer sur ces écueils.

« — Entendez-vous leurs cris ? l'ouragan les apporte,
« Murmuraient les pêcheurs, ah ! fermez votre porte !
« Voici les Trépassés qui roulent sans repos,
« Car la mer s'est remise à ballotter leurs os :
« Fermez bien vos maisons, puis allumons des flammes,
« Là-bas un bâtiment lutte contre les lames. »

Le prêtre répondait : « O chrétiens ! mes enfants,
« Ces cris sont les sanglots de la lame et des vents.
« Les pauvres voyageurs, quelle dure agonie !
« Pour eux tenons-nous prêts à donner notre vie.
« Prions pour eux. Jadis, sur ces mêmes îlots,
« Des prêtresses calmaient ou soulevaient les flots :
« Or, ce qu'elles ont fait, ces vierges druidiques,
« Par leurs enchantements et leurs runes magiques,
« Nous, demandons-le à celle en qui tout est clarté,
« L'Étoile de la mer, l'Astre de pureté. »

Et ces fils dévoués d'impitoyables pères,
Dont les sanglants rochers n'étaient que des repaires,
Attendaient en priant que l'orage eût cessé :
Belle île hospitalière où les saints ont passé ! —

Hélas ! la barbarie est cette aride mousse
Que toujours on arrache et qui toujours repousse !
En vain, pays d'Arvor, sur ton ingrat terrain,
De pieux ouvriers vont semant le bon grain ;
Les ronces, les ajoncs, le chardon parasite
Renaissent par endroits, et leur œuvre est détruite.

Oh ! oui, malheur encor, malheur au bâtiment

Devant cette île sainte échoué par le vent!
Malheur! cette nuit même, en face de ces côtes,
Dans leurs huttes de grès veillaient des Kernéotes :
Aux premiers sifflements du vent d'ouest sur leurs bords,
Semblables à des loups qui vont manger les morts,
Hommes, femmes, poussant des hurlements de joie,
Sont accourus, tous prêts à fondre sur leur proie,
Et, comme souteneurs de leurs affreux desseins;
O profanation! ils invoquent les saints!

Barbares chevelus, hideuses Valkyries,
Aux fureurs de la vague unissant leurs furies;
Plus les immenses voix de la mer grandissaient,
Plus montait leur prière effroyable; ils disaient :

« Vous êtes, ô Beûzec, le patron de ces côtes,
« C'est vous, qui, chaque hiver, nous envoyez des hôtes,
« Et les larges vaisseaux ouverts sur ces brisants,
« A vos fils dévoués, bon saint, sont vos présents.
« Ah! comme cette nuit, votre digne servante,
« Au cœur des étrangers doit jeter l'épouvante!
« Comme elle tend vers vous ses bras, prêts à saisir
« Tout ce qui, condamné du ciel, n'a qu'à périr!
« Vous aurez votre part, Beûzec, et la plus riche :
« Deux chandeliers de cuivre aux coins de votre niche.
« Laissez donc le courroux de la mer éclater!
« Avec Dieu, cette nuit, venez nous visiter! »

Ainsi, dans ces rochers, cette race cruelle
Que la mer a rendue aussi féroce qu'elle,
Vers le ciel élevait son exécrable vœu;
Et, croyant l'honorer, leurs voix blasphémaient Dieu.

Un de ces forcenés reprit : « Paix! donc, Jean-Pierre!

« Ne sifflez pas ainsi quand on est en prière :
« Laissez là vos filets avec leurs hameçons !
« Êtes-vous donc venu pour prendre des poissons ?
« Oh ! nous avons à faire une meilleure pêche,
« Si quelque démon vert ou gris ne nous empêche :
« Car depuis que les saints sont par nous reniés,
« Sur la côte on ne voit que soldats et douaniers.
« Autrefois, les chrétiens pouvaient vivre en Bretagne.
« Alors, contre tout l'or et les joyaux d'Espagne,
« Lui-même, notre duc n'aurait pas échangé
« Les écueils noirs et nus qui bordaient son duché.
« Les bris viennent de Dieu. Mille morts sur sa tête
« A qui nous ravirait ces fruits de la tempête !
« C'est notre seigle, à nous ! c'est le blé destiné
« Par les saints de la mer aux enfants de Kerné ! »

Comme le cormoran perché sur le rivage
Attend l'heure où sa proie apparaît, le sauvage
Longtemps l'œil sur les flots resta silencieux,
Puis ce fut comme un cri d'animal furieux.

« Une voile ! une voile ! Jann, amenez la vache !
« Vous, Pennec, amenez les bœufs, et qu'on attache
« Les fanaux à leur corne, et tenez haut les feux ;
« Puis lâchons sur la dune et la vache et les bœufs.
« Vous verrez, quand les feux brilleront sur les lames,
« Si les moucherons seuls viennent se prendre aux flammes ;
« C'est une vieille ruse en notre vieux pays :
« Nos pères en vivaient, qu'elle profite aux fils.
« Sur le vaisseau maudit encor quelques rafales,
« Demain tout est à nous, les tonneaux et les balles.
« Du drap pour nous vêtir, du vin plein nos maisons.
« O justice du ciel, si c'étaient des Saxons ! »

Ils se turent alors, s'apprêtant au pillage :
Mais si je dis un jour le nom de leur village,
Contre eux le bourg entier, le pays viendra tout,
Il ne restera pas une pierre debout !...
Leurs regards avaient vu clair dans le sombre espace.
Voici qu'un bâtiment là-bas cherche la Passe
Et ne peut la trouver ; et ces derniers signaux,
Connus des gens de mer, ont traversé les eaux.
Lutte affreuse ! Le ciel est plus noir que de l'encre ;
Tous les vents déchaînés sifflent ; autour de l'ancre,
Autour du mât, partout, marins et passagers
S'agitent sur le pont, tous ont mêmes dangers.
Un prêtre, un paysan se mêlent aux manœuvres.
Ah ! quels bruits ! on dirait des milliers de couleuvres.
Et tous les grands rescifs mugissant, bondissant,
Comme des insensés vers le ciel s'élançant !

Un vent si furieux sur l'angle d'une roche
Poussa le bâtiment, que sa perte était proche.
Tous, se couvrant la face, invoquèrent leur saint.

Des feux brillaient toujours sur la côte de Seln.

Comme après une nuit de fièvre et de délire
Jusqu'au nouvel accès un malade respire,
Après tous ces grands chocs, ce fut, pour un moment,
Sur les flots fatigués un brusque apaisement ;
Mais craignant de nouveau l'assaut de la tourmente,
Les marins se tenaient dans une sombre attente.

Le vent tourna. Soudain, plus vif qu'un goëland,
Le côtier franchissait le râz, lorsqu'en houlant
Une montagne d'eau l'entraîna dans la baie,
La Baie-des-Trépassés blanche comme la craie.

Ce coup fut d'un instant. Surpris par le roulis,
Un marin disparut, criant : « Mon fils Louis ! »
Le navire, aussitôt qu'il eut touché les sables,
Sombra. — « Seigneur Jésus, secourez-nous ! » — Des câbles
Furent lancés du bord ; passagers, matelots,
Comme sous un linceul roulèrent sous les flots.

Mais quand les bras tendus un malheureux aborde,
Sur la grève on entend rugir l'affreuse horde.
Les harpons des brigands, des sabres de soldats
Se choquent : ces bords seuls ont vu de tels combats.
« — O païens, je suis prêtre ! à grands coups de faucille,
« Lâches ! vous me tuez ! Vous tuez cette fille
« Que je viens de sauver ! Infâmes, à genoux !
« Ou moi, prêtre du Christ, je vous damnerai tous ! »

La Mort ! la Mort partout ! Ouvrant sa double serre,
Elle était sur la mer, elle était sur la terre.

CHANT DIXIÈME

LA BAIE-DES-TRÉPASSÉS

L'Équinoxe d'automne. — Puissance surnaturelle des prêtresses de Sein, et Poussière des chapelles chrétiennes. — Hommes voilés dans la Baie-des-Trépassés. — Effroi des gens de Plô-Goff. — Tableau du cap, de la baie et du détroit. — Terreur croissante des habitants. — Les hommes voilés entrent dans l'église paroissiale. — Quels étaient ces visiteurs.

Oh! pourquoi s'embarquer sur une faible planche
Quand la feuille jaunit et quand la paille est blanche ?
Dans ce mois périlleux, pourquoi livrer à l'air
Sa voile ? C'est le temps des fureurs de la Mer,
Lorsque l'Astre changeant, amant muet et pâle,
Entouré de vapeurs et de robes d'opale,
Vient chercher de plus près celle qu'il suit toujours,
La nuit voit s'accomplir d'effrayantes amours.
La Mer, qui sent l'amant venir, par des bruits rauques
Lui répond, et vers lui soulève ses seins glauques :
Lascive, elle se tord sur son banc de limon ;
Ses verdâtres cheveux, l'algue et le goëmon,
Elle les jette aux vents ; les vents par leurs haleines
Éveillant en sursaut et requins et baleines ;
Tout le ciel retentit d'épouvantables bonds ;
L'immense cormoran vole et décrit ses ronds

Pendant l'heure sinistre où l'hymen se consomme :
C'est l'hymen de la Mer, mais c'est la mort de l'homme !

Filles de Kéd la blanche, est-il vrai qu'autrefois,
Moins sourde, la Nature entendait votre voix ?
A vos commandements, magiques souveraines,
Dans leurs bassins troublés bouillonnaient les fontaines,
De la lune tombait le mystique cresson,
La pierre vacillait, le grès rendait un son ;
Secouant à deux mains vos robes dénouées,
Vous en faisiez sortir les vents et les nuées,
Ou votre amour livrait aux marins de l'Arvor
Les ouragans captifs aux nœuds d'un lacet d'or...
Ah ! nous-même avons vu les mères de nos mères
Le long de l'Océan célébrer leurs mystères !
Quand des fils bien-aimés, des pères, des époux,
Matelots attardés, manquaient au rendez-vous,
La nuit elles allaient balayer les chapelles,
De leur poussière sainte emportaient les parcelles,
Puis, du haut de la côte, elles jetaient aux vents
La poudre qui devait ramener leurs enfants.

Vous donc, mes pèlerins, une force inconnue
Vous sauva-t-elle aussi du flot et de la nue ?
Brisa-t-elle en leurs mains le fer des égorgeurs ?
Ou bien si c'en est fait, ô mes chers voyageurs ? —

Sur les débris épars au fond de cette baie
Qu'attriste incessamment l'aigre cri de l'orfraie,
Des gens agenouillés ont longtemps prié Dieu ;
Enfin rasant les bords de ce funèbre lieu,
Voici que vers le cap ils s'en vont, mais si sombres
Qu'on dirait tour à tour des vivants ou des ombres ;
De pauvres naufragés perdus sur les îlots,

Ou des âmes en peine errant le long des flots.
Cependant, le premier de la bande est un prêtre,
A son vêtement noir facile à reconnaître ;
Puis viennent sur ses pas deux jeunes passagers,
Un mousse, des marins, bizarres étrangers.
Comme sous un linceul, ô costume sauvage !
Sous leurs habits mouillés s'est caché leur visage ;
Pieds nus, la corde au cou, le visage voilé,
Ils suivent les détours du golfe désolé.

Non, Plô-Goff n'aura pas deux fois un tel spectacle !
Tous les gens du pays vinrent criant miracle !
Attroupés sur le cap, ils voyaient dans le bas
Les pâles visiteurs se traîner pas à pas,
Puis, entre les rochers, au chant plaintif des psaumes,
Monter vers eux, monter pareils à des fantômes ;
Mais tous ayant sur mer des pères, des enfants,
Ils voulurent toucher et voir ces arrivants.
Les femmes ! (dans leur cœur si la crainte est bien forte,
Sur la crainte pourtant c'est l'amour qui l'emporte).
Une d'elles, les bras ouverts, les yeux hagards,
Courut vers le cortége, et comme ses regards
Sous le linge mouillé n'entrevoyaient qu'à peine
Celui vers qui l'instinct de tout son cœur l'entraîne,
Par un mouvement brusque elle écarta les plis
Du voile, en s'écriant : « C'est vous, c'est vous, mon fils ! »

Mais lui, d'un ton glacé : « Que faites-vous, ô femme ?
« Si mon corps est sauvé, faut-il perdre mon âme ?
« Cette nuit, quand les flots se dressaient contre nous,
« Par les saints de la mer nous avons juré tous,
« Si leur main nous sauvait de cette dure crise,
« D'aller ainsi voilés vers la prochaine église,
« Sans dire notre nom aux habitants du lieu,

« Sans avoir de pensers pour d'autres que pour Dieu...
« A genoux! mes amis, et tenez vos mains jointes!
« De la croix d'un clocher j'ai reconnu les pointes!
« La maison du Sauveur, d'ici, je l'aperçois,
« A genoux! mes amis, et saluons la croix! » —

Oui, chrétiens, louez Dieu! Devant ce cap du monde,
Dont la crête s'élève à trois cents pieds sur l'onde,
Dans ces mornes courants, par le temps le meilleur,
Nul ne passa jamais sans mal ou sans frayeur!
En face, la voici, l'effroi de l'Armorique,
L'Ile-des-Sept-Sommeils, Seïn, l'île druidique,
Si basse à l'horizon, qu'elle semble un radeau
Entouré d'un millier de rescifs à fleur d'eau!
Ah! demain, venez voir, entre la pointe et l'île,
Les perfides courants briller comme de l'huile;
Venez voir bouillonner la mer, et, sur les rocs,
Ouvrez encor l'oreille au grand bruit de ses chocs!
L'épouvante est partout sur ce haut promontoire,
Et chacun de ses noms dit assez son histoire.
A gauche, ces rochers de la couleur du feu,
C'est l'Enfer-de-Plô-Goff; sur la droite, au milieu
De ces dunes à pic, c'est l'exécrable baie,
La Baie-des-Trépassés blanche comme la craie :
Son sable pâle est fait des ossements broyés,
Et les bruits de ses bords sont les cris des noyés!...

Mais déjà s'éloignait la bande solennelle,
Et tous les assistants s'écartaient devant elle :
Parmi les plus hardis, quelques-uns se penchant
Pour voir ceux qui toujours se cachent en marchant;
D'autres, tout effarés, s'enfuyant vers les grèves,
Comme pour échapper aux spectres de leurs rêves.
De sorte qu'un vieillard : « Non, jamais un tel vœu,

« Même aux plus criminels, ne fut prescrit par Dieu !
« Jamais, hormis les morts entourés de leurs langes,
« Les hommes n'ont marché sous ces voiles étranges !
« Vous-mêmes, dites-nous si vous êtes des morts ?
« Hélas ! dans tous les temps ils ont aimé ces bords.
« Autrefois, un Esprit venait, d'une voix forte,
« Appeler chaque nuit un pêcheur sur sa porte :
« Arrivé dans la baie, on trouvait un bateau,
« Si lourd et si chargé de morts qu'il faisait eau ;
« Et pourtant il fallait, malgré vent et marée,
« Les mener jusqu'à Sein, jusqu'à l'île sacrée...
« Aujourd'hui sur la mer ils flottent tout meurtris,
« Et l'horrible vent d'ouest nous apporte leurs cris ;
« Sur le cap on les voit errer jusqu'à l'aurore,
« Mais jamais en plein jour on ne les vit encore :
« Faut-il prier pour vous ? nous prirons ; mais, hélas !
« Si vous êtes des morts ne nous effrayez pas.
« — Nous sommes des vivants ! suivez-nous à l'église,
« Et ces habits de deuil qui font votre surprise,
« Ces voiles tomberont ! vous entendrez nos chants !
« Ceux qui semblent des morts deviendront des vivants ! »

Et bientôt dans l'église, au branle de la cloche
Dont la voix grossissait toujours à leur approche,
Le cortége voilé vers l'autel s'avançait,
Et la peuplade entière autour d'eux se pressait ;
Fumaient des encensoirs, étincelaient des cierges ;
Et l'ardent *Te Deum* en chœur était chanté ;
Puis, jetant son linceul, chaque ressuscité
Levait avec amour, levait au ciel sa tête
Sur laquelle roula le flot de la tempête :
Et tous, pour attester l'appui venu du ciel,
Et devant tous les saints, devant toutes les vierges,

Suspendaient leurs habits au-dessus de l'autel. —

O Lilèz, c'était vous ! c'était vous, jeune fille !
Quels pleurs et quelle joie un jour dans la famille,
Lorsque autour du foyer, vous direz, blanche Anna,
Comme Dieu vous perdit, comme Dieu vous sauva !
C'est qu'à l'heure où l'abîme entr'ouvrant ses entrailles
Devait vous engloutir, doux enfants de Cornouailles,
Que portés par les vents, ses féroces abois
S'en allaient retentir jusqu'au fond de vos bois :
A cette heure où chacun au ciel se recommande,
Vos parents, à genoux près du grand feu de lande,
Et le cœur attendri par ce langage amer,
Se souvinrent de ceux qui voyageaient en mer !

A présent, poursuivez votre pèlerinage !
Allez par chaque bourg et par chaque village,
Chacun à votre aspect se signera le front,
Et pour vous recevoir les portes s'ouvriront ;
Allez donc ! achevez votre sainte entreprise,
De la fureur des flots sauvés comme Moïse :
A vos nobles malheurs un barde s'inspira ;
Vœu sublime ! longtemps le monde en parlera !

CHANT ONZIÈME

LES PÈLERINS

Marche des Pèlerins. — Anna, Lilez et le vicaire. — Halte dans une lande de Léon et souvenir de Cornouaille. — Que deviennent le clerc et la mère d'Anna ? — Les deux clochers foudroyés. — Chant des Pèlerins. — Ils passent à Saint-Pôl. — Ils passent à Morlaix. — Nouvelle halte aux confins de Tréguier. — Légende merveilleuse et chapelle de Saint-Jean-du-Doigt. — De quelle manière s'accomplirent leurs vœux. — Départ des Pèlerins.

« Votre main, jeune fille ! En avant ! en avant !
« Marchons avec gaîté ! marchons légèrement ! »

Sur les bords de l'El-Orn, et montant la colline,
Ainsi des pèlerins chantaient : la brume fine
Enveloppait le port que le flux rend salé,
Comme Morlaix, Tréguier, Kemper et Kemperlé,
Et nos riches palus dans le pays de Vannes,
Où le flot se répand dès que s'ouvrent les vannes.

Par leurs anges gardiens sauvés sur un écueil,
Quand la mer les couvrait déjà de son linceuil,
Ils allaient aujourd'hui par les monts, par la plaine,
Épanchant les douceurs dont leur âme était pleine.
Qu'il est grand le bonheur qui suit un grand danger !
Comme le cœur bat bien ! Que le pied est léger !

On aspire l'air frais, pâle encore on se touche,
Le besoin de chanter vous arrive à la bouche.

Entraînés par la crainte ou guidés par l'amour,
Non, jamais pèlerins n'ont fait un si long tour.
Tout tremblants de Plô-Goff, lieu de leurs funérailles,
Ils ont vu chaque bourg de la Haute-Cornouailles,
Ils avancent encore, et voici que Léon
Déroule devant eux son immense horizon.
Que d'ermitages saints, de tombeaux, de chapelles,
De clochers merveilleux découpés en dentelles!
Et partout on les voit tirant leurs chapelets :
Pour sa mère souffrante Anna prie, et Lilèz,
Ce conscrit que la peur du tirage accompagne,
Appelle à son secours tous les saints de Bretagne.

Dans une belle lande, à l'ombre d'une croix,
Le prêtre et ses amis s'arrêtèrent tous trois :
Anna dit : « Respirons. Las! hélas! à cette heure,
« Que fait ma bonne mère au fond de sa demeure ?
« — Cousine, s'il est jour chez nous comme en ce lieu,
« Votre mère s'habille et découvre le feu ;
« La pâte de blé noir bout dans la cheminée,
« Et mon oncle au pressoir va faire sa tournée...
« Mais, las! hélas! je vois un jeune homme du bourg,
« Un clerc, nommé Loïc, dont le cœur est bien lourd.
« — Et moi, reprit Anna, je vois ma sœur Hélène
« Qui verse bien des pleurs en effilant sa laine ;
« Elle appelle un cousin qui voyage avec moi,
« Et qui, l'hiver venu, s'en va servir le roi. »

Lilèz ne dit plus rien, mais il but à sa gourde.
La pierre qu'il lança lui retombait plus lourde.
Annaïc un instant rit de son embarras :

« Partons ! » dit-elle enfin, en lui prenant le bras.

Lilèz et sa cousine et le pieux vicaire
Qui marchait derrière eux en disant son bréviaire,
De Cornouaille en Léon cheminaient donc tous trois,
Et les deux jeunes gens chantaient à pleine voix ;
Et pour les voir passer si légers, si superbes,
Les pâtres s'éveillaient, les bœufs laissaient leurs herbes,
Et ces gais Cornouaillais émerveillaient toujours
Les graves Léonards, plus graves tous les jours. —

Voici, sur un coteau, que des hommes, des femmes,
Tournés vers le midi d'où jaillissaient des flammes,
Se tenaient là, debout, pensifs, et, pour voir mieux,
Ayant leur main posée au-dessus de leurs yeux.
Chacun des voyageurs près d'eux vient et s'arrête,
Vers le ciel orageux tournant aussi la tête ;
Mais, étrangers discrets, nul n'ose demander
Pourquoi si tristement tous semblent regarder.
A la fin, un vieillard : « Oh ! voyez ce ciel rouge
« Et ce nuage épais et lourd où rien ne bouge !
« Au-dessus du village il pend comme un rocher :
« Si ses flancs s'entr'ouvraient, ah ! malheur au clocher ! »
Et tous ils restaient là dans une sombre attente,
Car ce nuage ardent où la foudre serpente
Semblait tomber : la croix du clocher le perça,
Et le serpent de soufre en sifflant l'enlaça ;
Puis, remontant au ciel et fière de son œuvre,
On vit courir à l'ouest la bleuâtre couleuvre.
« — Oui, malheur à Lo'-Christ ! dirent les gens ; malheur
« A vous, Loc-Maria ! Loc-Maria, sa sœur !
« Car un lien secret unit vos deux chapelles,
« Saintes également, et toutes les deux belles ;
« Beaux clochers de Lo'-Christ et de Loc-Maria,

« Toujours en même temps le ciel vous foudroya! »

A ce discours naïf, un sourire peut-être
Eût passé malgré lui sur la bouche du prêtre,
Mais celle dont sa voix devait régler le cœur
Sur les clochers jumeaux fixait son œil rêveur,
Comme si dans ces tours où s'abattit l'orage
De son propre destin elle voyait l'image;
Ce rêve intérieur le prêtre l'entendit:
Et, touché de pitié, doucement il lui dit :
« Tels sont deux cœurs aimants, deux cœurs tels que le vôtre;
« Le coup qui frappe l'un, hélas! vient frapper l'autre. »

Mais, à son tour, Lilèz : « Ne partirons-nous pas?
« Venez! Saint-Pôl est loin. Hâtons, hâtons le pas!
« Laissez courir vos pieds, la jeune voyageuse!
« En route! et reprenons notre chanson joyeuse!

« Votre main, jeune fille! En avant! en avant!
« Marchons avec gaîté, marchons légèrement!

« Courage, pèlerins, nous sommes sur la terre!
« De nos souliers de cuir frappons-la hardiment.
« L'ouragan est passé, le soleil nous éclaire,
« Il séchera le sel de notre vêtement.

« Marchons avec gaîté, marchons légèrement!

« Tous ces marins priaient les saints, priaient la Vierge,
« Quand la mer en courroux brisait le bâtiment;
« Où sont-ils à cette heure? Ivres dans quelque auberge:
« Laboureurs, n'oublions jamais notre serment.

« Marchons avec gaîté, marchons légèrement!

« Passons ce chemin creux, passons cette montagne,
« Et cette lande verte et ce champ de froment !
« Passons cette rivière ! Oh ! la belle Bretagne !
« Votre main, jeune fille ! En avant ! en avant !

« Marchons avec gaîté, marchons légèrement ! »

O ville de Conan et de Pòl, cité sainte,
Ils entrèrent chantant ainsi dans ton enceinte,
Et, comme les oiseaux dont le chant suit le vol ;
Ils sortirent ainsi de tes murs, ò Saint-Pòl !
Mais Conan (lui, le chef de la tribu guerrière),
Ils ne l'ont plus trouvé dans sa couche de pierre !
On a brisé son trône et vidé son cercueil,
Et Pòl n'a plus de fils siégeant sur son fauteuil !
O ville de Léon, ton langage sonore,
Ton langage de miel seul te console encore ;
Ou bien tu vas prier sous ton clocher à jour,
Orgueil de tes enfants et du passant l'amour !

Vers le haut monument et sa légère aiguille,
Soyez sûrs que Lilèz et le prêtre et la fille
Se tournèrent souvent lorsque, le lendemain,
Du côté de Morlaix ils prenaient leur chemin.
Oh ! comme en traversant cette cité marchande,
Leur paupière s'ouvrit curieuse, et plus grande !

Mais ils entrent déjà sur le sol de Tréguier,
Et, perdus dans la lande, ils cherchent un sentier.

Une fille passait : « Holà ! holà ! ma belle,
« Répondez ; sommes-nous bien loin de la chapelle ?
« — Non, suivez le vallon, Saint-Jean est dans le bas.
« Mais, vous parlez serré, je ne vous entends pas. »

Les voilà repartis. — « Lilèz! dit le vicaire,
« Les gens de ce pays ne te comprennent guère.
« — C'est vrai, répliqua-t-il; hommes, habits, discours,
« Tout, à l'entour de nous, change depuis huit jours.
« Quand mes braves amis entendront ces merveilles,
« Vous verrez sur leur front se dresser leurs oreilles.
« J'ai fait bonne moisson de contes pour l'hiver.
« — A ceux qui n'ont pas vu monter si loin dans l'air
« La flèche de Saint-Pôl, s'écria la jeune Anne,
« Je dirai poliment : ho! vous êtes un âne!
« — Ouî-da, Saint-Pôl me plaît, mais jusques à ma mort,
« Anna, je vanterai Brest, sa rade et son port.
« Que d'ancres, de boulets, de canons! Sur l'enclume
« Le marteau retentit; le goudron flambe et fume;
« Des milliers de marins, des milliers d'ouvriers,
« Et d'énormes vaisseaux assis sur leurs chantiers! » —

O vous, qui par mes vers aimerez la Bretagne,
Si vous voulez un jour visiter la montagne
Où vont nos pèlerins d'un pied si diligent,
Venez au mois de juin, le jour de la Saint-Jean :
Dès le premier rayon de ce pieux dimanche,
Vous verrez arriver la foule noire et blanche;
Avec la braie ancienne ou le nouveau surtout,
De Léon, de Tréguier, il en vient de partout;
Des monts où Saint-Michel lève sa tête immense,
Et de Chatel-Audren où le breton commence
Ils viennent. Tout est plein dans l'église, à l'entour.
D'autres, pour voir la mer, sont montés dans la tour.
Les cloches sont en branle; et, perclus, hydropiques,
Lépreux vous rendent sourds du bruit de leurs cantiques.
Tous au bord du chemin chantent Saint-Jean-du-Doigt,
Saint-Jean-le-Précurseur, le patron de l'endroit ;
Comment ce doigt sacré, sauvé d'un incendie,

Bien longtemps fut l'honneur d'un bourg de Normandie;
Comme un jeune Breton, clerc au pays normand,
Chaque jour sur l'autel l'honorait; et comment,
Lorsque vers son hameau revint l'écolier sage,
Tous les clochers sonnaient d'eux-même à son passage,
Tant qu'on le crut sorcier; par quel miracle enfin,
Rentré dans sa paroisse, il vit le doigt divin
Qui brillait à l'église, entouré de lumières :
Le peuple agenouillé récitait des prières,
Et des prodiges tels éclataient dans le bourg,
Qu'il n'était déjà plus d'aveugle ni de sourd.

Tout le jour du Pardon, c'est à qui vers la rampe
Se dresse pour toucher le saint doigt; à qui trempe
Ses yeux dans la fontaine, ou le long de son dos,
Sur ses bras fait couler les salutaires eaux :
La foule cependant vient, revient et se presse,
L'église se remplit et se vide sans cesse. —

Aujourd'hui, le vallon était calme et désert,
Saint Jean seul sur l'autel, quand nos amis de Scaer
Passèrent sous le porche, et, tous trois à la file,
Entrèrent lentement dans l'église tranquille :
Et s'étant appuyés à la grille du chœur,
Se mirent à prier dans le fond de leur cœur.
Priez! L'ardent soupir qui sort d'une bonne âme,
C'est la blanche fumée, amis, que rend la flamme;
Comme par un jour clair elle monte du toit,
La prière au ciel monte et le ciel la reçoit.
Priez! — Quand le vicaire eut achevé sa messe,
Celle qui venait là remplir une promesse,
Dans le tronc de l'église Anna jeta dix sous :
Puis, devant la relique où pendaient à leurs clous
Un sachet, des rubans, des chapelets, un cierge,

Elle mit de sa main un cœur de cire vierge,
Image de sa mère, hélas! qui se morfond
Comme sur le brasier une cire se fond;
Ou peut-être ce cœur était l'humble symbole
D'une âme qui se sent trop fragile et trop molle.
Lilèz aussi laissa trois mèches de cheveux :
Ainsi ces pèlerins accomplirent leurs vœux.

Dieu les suive à présent dans leur course lointaine!
Adieu le frais vallon et sa belle fontaine!
Adieu Saint-Jean-du-Doigt et son clocher de plomb!
En route! le chemin devant eux est bien long.
Ils viennent de toucher au but de leur voyage :
Encor trois jours de marche, ils verront leur village.

« Votre main, jeune fille! En avant! en avant!
« Marchons avec gaîté, marchons légèrement! »

CHANT DOUZIÈME

RENCONTRE DES CINQ BRETONS

La taverne de Saint-Jean : — Un marin du pays de Vannes et un tisserand Trégorrois font chacun l'éloge de leur pays. — Lilèz de Cornouaille et le prêtre de Léon prennent part à la dispute. — Quel était le cinquième. — Éloge funèbre des deux Bretagnes. — La querelle recommence. — Tous se séparent amis.

Val de Mériadec où la bonne duchesse [1]
Venait s'agenouiller en murmurant : « Largesse! »
Nos pieux pèlerins te visitent encor,
Mais sans croix en émail et sans calice d'or :
Accueille cependant leurs rustiques offrandes,
Et que ton saint patron les guide sur les landes!
Après un si long tour de pays en pays,
Pauvres gens, ils ont droit de rentrer au logis.
Partout ils ont prié du fond de leurs entrailles
Et les saints de Léon et les saints de Cornouailles :
Jean, sauve donc leurs pas des mares, des cailloux;
Et toi, bon saint Hervé, préserve-les des loups! —

Au sortir de l'église, un d'eux (Lilèz, sans doute)
Dit : « Nous avons besoin de forces pour la route :

---

1. Surnom de la duchesse Anne.

« Entrons, où vous voyez ce bouquet de pommier. »

Or, deux hommes causaient déjà près du foyer :
L'un, marin vannetais, allant mettre à la voile
Au port de Saint-Brieuc; l'autre, marchand de toile,
Qui venait de Tréguier : selon qu'on dit chez nous,
L'un mangeur de pain blanc, l'autre mangeur de choux.
Un troisième, muet, mais que sa mine austère
Et ses habits disaient enfant d'une autre terre,
Les écoutait parler; et, comme leurs discours
Roulaient sur le pays, leur voix montait toujours
Et chantait, à la fin de ces joyeuses luttes,
Ainsi qu'en s'appelant pourraient faire deux flûtes;
Tellement que Lilèz, entré dans la maison,
Quand arriva son tour, chanta dans leur chanson.

MOR-VRAN, du pays de Vannes.

« Je suis du Mor-Bihan, qui renferme plus d'îles
Que les autres cantons n'ont de bourgs et de villes;
Et les autres cantons, si verdoyants tous trois,
N'ont pas tant de forêts ni d'arbres dans leurs bois,
Que l'immense Carnac dans son champ de bruyère
N'a de rangs de men-hîr et de tables-de-pierre :
Des îles, des men-hîr, voilà le Mor-Bihan,
Et le grand saint Gildas est roi de l'Océan.

HERVÉ, le Trégorrois.

L'homme est fait pour la terre. Ah! regardez nos plaines
De lin tendre et de chanvre en été toutes pleines!
Et, l'hiver, écoutez le joyeux tisserand,
Tout en croisant ses fils qu'il prend et qu'il reprend,
Au pays de Tréguier, écoutez comme il chante.
Sur mille airs variés des chansons qu'il invente!

Notre cher saint Tûdual est roi du peuple élu :
S'il n'est pas Dieu le Père, il ne l'a pas voulu.

LILÈZ, de Cornouaille.

Oui, Tréguier a son lin, Vanne a ses rangs de pierres,
Mais venez en Cornouaille, au pays des rivières,
Au pays des vallons, des pâtres et des bœufs,
Où l'homme est comme un arbre avec ses grands cheveux.
C'est chez nous, mes amis, que les filles sont belles !
Là qu'on danse aux Pardons des petites chapelles !
Venez voir à Kemper le bon saint Corentin,
Avec sa mitre d'or et sa crosse d'étain.

LE PRÊTRE, du Léon.

Un grave Léonard fuit les plaisirs du diable.
La semaine, il la passe à charroyer du sable,
A fumer ses sillons, à dresser ses chevaux ;
Et le jour du dimanche, après ces durs travaux,
Il entend la grand'messe, et, dans sa langue antique,
A saint Pôl, son apôtre, il entonne un cantique :
Car saint Pôl est l'honneur du pays de Léon,
Et Léon est l'honneur du langage breton. »

Tous quatre en leur dialecte habiles à combattre,
Ainsi ces vrais Bretons s'attaquèrent tous quatre ;
Ils demandaient du vin pour rafraîchir leurs voix,
Lorsqu'un chanteur se lève et reprend en gallois :

LE GALLOIS.

« O terre des Kemris ! serait-ce pas étrange
Si dans un chant breton tu restais sans louange,
Comme au temps de Merlin, toi qui portes encor
La harpe dont la voix enivrait la clé-maur?

Aujourd'hui la clé-maur fouille le sol des mines,
Mais la harpe aux doux sons erre sur les collines.
Le barde qui s'endort sur ton sommet sacré,
O blanc rocher d'Erhi, se réveille inspiré! »

Les Bretons s'écriaient : « De quel peuple est cet autre?
« Nous entendons sa langue, et ce n'est point la nôtre.
« Venez-vous de Ker-Ludd [1], ville des bâtiments,
« Pays de durs Saxons et de fourbes Normands? »

— « Le pays d'où je viens vous en sortez peut-être.
« Dans les vieilles chansons (vous, surtout, digne prêtre),
« Jamais n'avez-vous lu quand les brandons de feu
« Contre l'Ile-de-Miel furent lancés par Dieu?
« Ils vinrent, les Saxons, avec leurs lances minces,
« Pour punir nos discords et l'orgueil de nos princes :
« L'État ne posait plus sur son triple pilier,
« Le sage laboureur, le barde, l'ouvrier.
« Terrible fut le choc, la défense terrible.
« La Tueed, rouge de sang, devint un fleuve horrible.
« O dragon des Kemris! de cimiers en cimiers
« Que tu volais ardent sur le front des guerriers!
« Quand le barde égorgé se taisait, quelles flammes
« De ton gosier béant tu jetais dans les âmes!
« Et Merlin, et Merlin, ce roi des éléments,
« Soumettant la victoire à ses enchantements!
« Si la mort l'eût permis, Arthur, la Table-Ronde
« Eût été le pavois et le centre du monde!
« Malheur quand tu péris, ô roi géant, malheur!
« Toute l'ile en poussa de longs cris de douleur,
« Et les ours blancs du Nord, en rugissant de joie.
« A travers les glaçons nagèrent sur leur proie,

1. Londres.

« Plus nombreux que les flots houlant par un temps noir,
« Plus féroces que nous dans notre désespoir.
« O chants de mort! Hourras sanglants! Affreux mélanges!
« Enfin le Dieu clément nous envoya ses anges.
« Tandis qu'en leurs marais les restes des Kemris
« Luttaient contre la mort, nous, faibles et proscrits,
« Dans nos hâvres secrets nous déployions nos voiles
« Mais ceux-là dont le front est couronné d'étoiles,
« Moines, évêques saints, en tête des vaisseaux,
« Au nom du Tout-Puissant les guidaient sur les eaux;
« Et tous ces exilés, comme un chœur angélique,
« Abordaient en chantant aux rives d'Armorique. »

LE PRÊTRE.

« Frère, quand le soleil d'aplomb sur ces rochers,
« Fera briller au loin la pointe des clochers,
« Gravissez le coteau; là, vers toute chapelle
« Tournant les yeux, cherchez comment elle s'appelle,
« Et quand vous entendrez, frère, leurs noms bénis,
« Vous vous croirez encor dans votre vieux pays :
« Tant le vent qui du nord au sud pousse les lames,
« D'une Bretagne à l'autre aussi pousse les âmes.
« Ces deux jumelles sœurs ont eu le même sort,
« Le même siècle a vu leur naissance et leur mort.

« Bretagne de l'Arvor, que ta lutte fut belle,
« Au joug des conquérants terre toujours rebelle!
« Durant onze cents ans, combattant sous tes rois
« Et sous tes ducs guerriers, tu défendis tes droits :
« Nul vainqueur n'enchaîna la douce et blanche hermine,
« D'elle-même elle offrit sa royale étamine
« Et sa couronne d'or, où l'on voyait fleurir
« La devise : « Plutôt que se souiller mourir. »

« Pourtant, frère, vivons! Aux vieilles mœurs fidèles,
« Marchons sans nous souiller dans les routes nouvelles;
« Et ne fuyons pas Dieu, source de l'unité,
« D'où découlent la paix et la fraternité. » —

Tout à coup le marin : « Hommes pleins de sagesse,
« Vos voix ont un aimant qui m'attire sans cesse.
« Tous deux je vous connais. Vous, honnête pasteur,
« Je vous ai vu dans Scaer prêcher comme un docteur,
« Ce jour de malencontre où des buveurs de cidre,
« Sans Lilèz que voici, m'étouffaient comme une hydre.
« Quant au frère étranger, notre cher commensal,
« Je dis que sur la harpe il n'a point son égal.
« Oui, lorsque mon vaisseau me porta dans son île,
« Je vis en plus d'un lieu plus d'un concert habile;
« Mais à ce grand concert de bardes et d'amis
« Où, comme un frère ancien, Breton, je fus admis,
« Sa harpe, qui murmure encore à mon oreille,
« Mêlée aux sons des vers, n'avait point sa pareille,
« Avec effusion chantant la liberté,
« Et tout ce qu'aujourd'hui sa voix forte a chanté.
« Qu'il soit le bienvenu sur nos bords! Pour lui, certes,
« La table et la maison du Mor-Vran sont ouvertes.
« A mon feu de goémon s'il veut s'asseoir un jour,
« Il y verra Nona, ma fille, mon amour :
« Son front jeune est plus blanc que le sable des plages,
« Dans sa bouche on dirait deux rangs de coquillages;
« La sirène aux yeux bleus dont parle les marins
« Est à Carnac, chantant ses airs doux et sereins. »

— « Bon! dit le Trégorrois, et la jeune merveille
« Que sa tante l'abbesse avec amour surveille!
« Sous son voile de lin quand elle chante au chœur,
« On dit : Un ange est là, sa voix calme mon cœur;

« Mais lorsqu'au grand parloir Mana lève son voile,
« Les yeux tout éblouis, on dit : C'est une étoile ! »

— « Vous êtes amoureux de la fleur de beauté,
« Reprit le bon Lilèz ; mais son fruit velouté
« Craint l'Océan, il craint l'air d'un froid monastère :
« Le doux fruit de beauté ne vient qu'en pleine terre. »

Anna, qui se taisait, rougit à ce seul mot.
Son cousin, la voyant rouge comme un pavot,
Poursuivit : « Dans nos bois je sais deux sœurs jumelles,
« Deux fleurs de ce printemps et toutes deux fort belles :
« Bretons, n'attirez plus chez vous notre étranger,
« Et vers mon gai courtil laissez-le voyager. »

La dispute rouvrait déjà sa triple bouche,
Mais le sage Gallois : « Toute grâce me touche ;
« Je verrai la sirène, et l'étoile, et les fleurs.
« Ce qu'ici j'aurai vu, je l'irai dire ailleurs.
« Vers vous tous, mes amis, un grand désir me porte :
« Quand viendra l'étranger ouvrez-lui votre porte. »

— « Eh bien, à votre gré parcourez nos cantons,
« Vous trouverez partout des frères, des Bretons.
« Au fond de tous nos cœurs un même sang pétille,
« Nous sommes tous enfants d'une même famille. »

— « Adieu, frères ! Adieu ! » — Les joyeux pèlerins
Bientôt, hors du vallon, entonnaient leurs refrains.

CHANT TREIZIÈME

DANS LES MONTAGNES

La Vierge et la nourrice : histoire aux confins de Léon. — Enseignement pour Anna. — Les Pélerins se remettent en route. — Morlaix. — Ils traversent les montagnes d'Arré. — Le cor d'Arthur. — Approches pittoresques du Huel-Goat et arrivée à l'hôtellerie. — Comment deux cœurs s'entendent de loin. — Le saunier du Croisic est chargé d'une lettre par le clerc Daûlaz.

Sur les monts aérés, dans les gorges obscures
De nos gais pèlerins suivons les aventures.

Aux confins de Léon, lecteurs, vous le savez,
Trois jeunes voyageurs hier sont arrivés,
Un prêtre, un laboureur, une fille vermeille.
Mais tous trois fatigués du chemin de la veille,
Effrayés du chemin qui s'étend devant eux,
Entre leurs draps bien chauds n'osent ouvrir les yeux.
Tout dort, hormis l'hôtesse. A travers sa fenêtre
Le premier point du jour à peine vient à naître,
Qu'en son humble logis, active à nettoyer,
Elle allume sa braise, et, devant le foyer,
Tout en accommodant, pour les gens de l'auberge,
Le repas ordinaire, elle pria la Vierge
Et le divin Enfant de bénir le gruau
Qu'elle-même donnait à son fils au berceau :

Pour lui, du gruau blanc la bouche toute pleine,
Gaîment il remuait dans son maillot de laine.

Oui, plus d'une nourrice a vu dans sa maison,
Tandis qu'elle allaitait son jeune nourrisson,
Plus d'une mère a vu près de la cheminée
La Vierge toute blanche et de fleurs couronnée !
Comment vers les enfants ne viendrait-elle pas
Celle dont l'Enfant-Dieu but le lait ici-bas ?
Sous son voile de lin doucement recueillie,
Croyez-le, bien souvent pour bénir la bouillie,
Elle est là près du feu : l'enfant tout en émoi,
Sourit, et les parents ne savent pas pourquoi.

Pourtant l'Angelus sonne. On entend sur la place
Les appels des bergers et le bétail qui passe ;
Leurs outils sous le bras, les ouvriers du lieu
Viennent boire à l'auberge et s'égayer au feu :
Partout avec le jour recommence l'ouvrage ;
Ils viennent en buvant prendre force et courage.
Puis les trois voyageurs, armés de leur bâton,
Entrent : l'hôtesse alors sur un vieil air breton,
Chantant une complainte à son petit farouche,
Des restes du gratin lui remplissait la bouche.
Sans rien dire elle offrit au plus grave des trois
Le poêlon, qu'il bénit par un signe de croix.
Hélas ! en soupirant, dans son esprit peut-être
A ses jours isolés il songeait, pauvre prêtre !

La jeune fille aussi regardait en rêvant
Cette joyeuse mère et son joyeux enfant :
De sorte que Lilèz, qui lisait dans son âme,
Lui dit : « Instruisez-vous des devoirs d'une femme.
« Près de ce nourrisson, apprenez comme on doit

« Passer sur une bouche et repasser le doigt.
« On a semé pour vous du blé dans la paroisse,
« Pour vous seule, Annaïc, il ne faut pas qu'il croisse.
« Regardez cette mère, et vous saurez comment
« Un enfant se nourrit de la fleur du froment. »

Que répondit Anna ? Rouge et pleine de honte,
A baisser en avant sa coiffe elle fut prompte :
Et pour mieux échapper à tout malin regard,
Elle-même donna le signal du départ.

La route de la veille, ils la refont encore.
Ils passent le torrent. Leur pas ferme et sonore
Retentit sur le pont et le quai de Morlaix
Qu'aujourd'hui dans leur langue on nomme Montrou-Lèz :
Pays d'Albert le Grand, moine d'une foi grande
Qui des saints d'Armorique écrivit la légende.
Ils avancent toujours. Les montagnes d'Arré
Dressent sur le chemin leur dos morne et sacré,
Le dos de la Bretagne. Alors tout se déboise,
Lande courte, aucun bruit, des rocs semés d'ardoise.
Un lourd soleil d'aplomb sur un terrain pierreux.
Ils avancent toujours. Dans le fond, derrière eux,
Un roulier qui les suit de son bruit monotone ;
Et loin, bien loin devant, la route longue et jaune
Montant avec effort ; eux-mêmes, je les vois,
Ainsi que trois points noirs, gravissant à la fois.
Enfin, de la Bretagne ils ont franchi l'arête.
Là, dans l'air vif et pur ils découvrent leur tête
Et poussent un grand cri vers le Mont-Saint-Michel
Qui levait fièrement son front bleu dans le ciel.
Puis des vallons encor, des montagnes sans nombre.
La nuit les entourait, lorsque, baignés dans l'ombre,
Ils virent des taillis penchés sur des ravins,

Et comme des géants culbutés par des nains,
Sur les flancs des coteaux d'énormes pierres rondes ;
Des sources bruissaient dans ces gorges profondes ;
Et c'était une cloche, un beau lac argenté ;
On eût dit les abords d'un manoir enchanté.
Un cor sonna trois fois !

       — Est-ce vous, duchesse Anne,
Qui dans vos souterrains, légère et diaphane,
Errez en appelant vos fidèles mineurs,
Et par des chants plaintifs soulagez leurs labeurs ?
Arthur, prince gallois, est-ce ta meute noire
Qui chasse cette nuit au son du cor d'ivoire ?
Prince Arthur, est-ce toi ? De l'île d'Avalon
A-t-il pu s'échapper l'indomptable lion ?
Avec Gauvain, Tristan, et le roi de Cornouailles,
Est-ce lui qui chevauche à travers les broussailles ?
Revient-il au Huel-Goat le grand sonneur de cor ?

Arthur, nous t'attendons, nous t'attendrons encor.

Le Huel-Goat ! Mais déjà dans leur hôtellerie
Nos amis sont en train de pleine causerie :
On parlait de la mine et de l'ancien manoir,
Des choses du pays les plus belles à voir.
Chacun disait son mot. Des hommes du cadastre,
Venant de la forêt, contaient un grand désastre,
Tout un troupeau mangé par les loups ! Un dévot,
Qui conduisait sa vache à monsieur saint Herbot,
A ce propos de loups baissa les deux oreilles,
Comme s'il redoutait aventures pareilles ;
Et se mit à rêver. — Mais quelqu'un dont l'esprit
Paraît sans rien entendre écouter ce qu'on dit,
C'est Anne de Coat-Lorh : vers le lit de sa mère,

Vers tout son monde, hélas! et sa sœur et son père
Sans cesse elle revient; puis un charme secret
De son village au bourg doucement l'attirait
Vers celui que son cœur trop faible lui rappelle,
Et qui, dans ce moment aussi, s'occupait d'elle.

Oui, l'autre jour, Lilèz, l'honnête et franc garçon,
Sur les bords de l'El-Orn, Lilèz avait raison !
Oui, tandis qu'en voyage il mène sa cousine,
Et qu'il s'endort ce soir au feu de la cuisine,
Hélas ! je vois dans Scaer un jeune homme du bourg,
Un clerc nommé Loïc, dont le cœur est bien lourd.
La cloche a beau sonner pour l'heure du rosaire,
Sonner, sonner encor : le front sur sa grammaire,
Dans sa petite chambre, en haut de l'escalier,
Il voyage en esprit, le fervent écolier.
Enfin, dans son cornet il choisit une plume
Neuve et toute taillée; à la fin d'un volume
Il arrache un papier plus blanc que parchemin,
Et dessus il écrit de son habile main :

« Cette lettre, Annaïc, cachetée et bien close,
« Je la donne à quelqu'un qui jamais ne repose.
« A travers les chemins elle va vous chercher :
« Je voudrais la remplir de ce qui peut toucher !
« Oui, l'ermite vivant d'herbes et dé racines,
« Un vieillard tout perclus et qui tombe en ruines,
« Un pauvre prisonnier muré dans son cachot,
« Anna, muré sous terre et marqué d'un fer chaud,
« Tous les tourments, voilà mon image fidèle.
« Un peintre, hélas ! devrait me prendre pour modèle.
« Si je connaissais l'art de mêler les couleurs,
« Je ferais de moi-même un portrait de douleurs. »

Cela dit, l'écolier descend avec mystère
Son escalier, et sort sans bruit du presbytère.

Mais chez maître Ti-Meùr, l'aubergiste du lieu,
Croyez-vous que ces gens soient là pour prier Dieu ?
Nenni. Sur le bahut fume un bon plat de tripes.
Ceux qui n'y peuvent mordre ont allumé leurs pipes.
Mais le cidre surtout, ils ne l'épargnent point :
Tant qu'à coups de balai, de quenouille et de poing,
La servante les chasse, et déjà l'on s'assomme,
Lorsqu'au seuil de l'auberge arrive le jeune homme.
— « C'est Daùlaz, le savant ! que cherche-t-il ici ?
« — Le saunier du Croisic, répond-il. — Me voici.
« — Eh bien, l'ami, sortons !.. Doussall, sans paix ni trêve,
« De Vanne à Saint-Malô, de l'une à l'autre grève
« Vous courez les chemins : prenez donc ce billet ;
« Et sur vos sacs de sel, sur votre noir mulet,
« Si vous voyez passant à pied dans la campagne
« Une fille modeste et qu'un prêtre accompagne,
« Donnez-lui ce papier, mais sans dire mon nom,
« Peut-être en l'apprenant elle répondrait : Non !
« Cherchez bien mes amis ; qui sait dans quelle lande
« Demain voyageront ceux que mon cœur demande. »

Ainsi ces deux amants, par un secret lien,
L'un de l'autre éloignés, se retrouvaient si bien,
Qu'ils oubliaient (tant l'âme à cet âge s'enivre !)
La fille le sommeil, et l'écolier son livre :
Mais l'heure du coucher à la mine sonna.
« — Bonne nuit, dit Lilèz ! — Bonsoir, » lui dit Anna.
— Et le prêtre : « A demain notre course dernière !
« Nous avons vu la mer, nous irons voir la terre. »

CHANT QUATORZIÈME

LES MINEURS.

A la fontaine féerique de Baranton. — Le chemin de la Mine. — Rencontre d'un vieux mineur. — Craintes et sombres entretiens des trois voyageurs. — Anna s'arrête à l'entrée de l'usine. — Le Dragon enchanté. — Joie du prêtre et de Lilèz en revoyant le soleil. — Voyage et apparitions dans les Montagnes-Noires. — Arrivée à Scaer. — La Creuse-de-Nuit.

Est-ce vous, Baranton? Sur sa pelouse verte
Que la fontaine sainte est aujourd'hui déserte!
Les plantes ont fendu les pierres de ses murs;
Et les joncs, les glaïeuls et les charbons impurs
Entouré son bassin d'où ses eaux étouffées
De ravins en ravins coulent au Val-des-Fées!
Nul bruit dans ce désert, hors le cri du vanneau
Immobile longtemps au bord des flaques d'eau,
Le beuglement d'un bœuf lointain ou la voix triste
D'un cerf de Brécilien qu'un chien suit à la piste.
O bois d'enchantements, forêt de Brécilien
Où dans son fol amour s'est endormi Merlin,
Où rois et chevaliers, sur leurs bonnes montures,
Venaient de tout pays tenter les aventures,
Bravant les nains hideux, les spectres, les serpents,
Tous les monstres ailés, tous les monstres rampants,
Bravant (autre péril) les doux regards des fées
Qui, leurs voiles au vent, leurs robes dégrafées,

Suivaient dans le vallon les sons errants du cor
Et peignaient leurs cheveux autour du perron d'or :
O bois d'enchantements, vallon, source féconde
Où se sont abreuvés tous les bardes du monde,
Est-ce vous ? est-ce vous ? Terre morne et sans voix,
Qui vous reconnaîtrait sous vos noms d'autrefois ?

Oui, c'est elle, l'honneur des sources d'Armorique,
Sainte en nos jours chrétiens comme au vieux temps féerique !
Voyez (dans tous les puits quand tarit l'eau du ciel),
Des hauteurs d'Héléan, des vallons de Gaël ;
Voyez vers Baranton, à travers les bruyères,
Avec les croix d'argent s'avancer les bannières,
Tous y tremper leurs mains, et les processions
Entonner à l'entour l'air des Rogations !
Et moi, moi que Paris nourrit de ses doctrines,
Fontaine, j'ai voulu boire à tes eaux divines :
Tandis que mes amis dans leur grande cité
Entre eux paisiblement parlaient de la beauté,
Je suis venu m'asseoir seul dans ton marécage ;
Là j'appelai trois fois Merlin, barde sauvage,
Et penché sur ta source avec dévotion,
Je bus à m'enivrer l'eau d'inspiration.

Ravive donc mes sens, ô magique fontaine !
L'Esprit noir du Huel-Goat vers sa mine m'entraîne :
Pour marcher d'un pied sûr dans ce monde infernal,
Baranton, j'ai besoin d'un puissant cordial !...

Dès qu'il fit jour, Lilèz, sa cousine, et le prêtre
Qui désirait pour eux tout voir et tout connaître,
S'avançaient vers la mine, et, sans s'être parlé,
Chacun des voyageurs sentait son cœur troublé.
Au bord de certains seuils souvent le pied hésite ;

On craint, par un instinct secret, ceux qu'on visite
Ainsi nos laboureurs se prenaient à songer,
Près de mettre le pied sur un sol étranger.
Qu'ils se hâtent pourtant! Anna, pieuse fille,
Qui sait ce qu'un absent retrouve en sa famille?
Vous avez saintement accompli votre vœu,
Mais hâtez-vous! Qui sait les volontés de Dieu?

Or, au sortir du bourg il trouve le digne homme
Qui conduisait sa vache à saint Herbod, et comme
C'était un vieux mineur : — « Prenez garde, dit-il,
« A l'Esprit de la mine! Il est traître et subtil.
« Veillez bien sur vos pas. Je connais sa colère
« Lorsqu'un travailleur chante ou siffle dans sa terre;
« Il vous écraserait sous quelque éboulement :
« Ainsi parlez tout bas et marchez lentement.
« Plusieurs y sont restés. Oh! c'est un Esprit triste!
« A présent, mes amis, saint Herbod vous assiste!
« Voici la route, adieu! » —

       Les prés et les taillis
Des flots d'une vapeur si blanche étaient remplis,
Qu'ils semblaient cheminer entre deux murs de marbre.
A peine on distinguait le tronc pâle d'un arbre.
Les oiseaux se taisaient. De grands rayons dorés
Traversaient par endroits cette vapeur des prés,
Et soulevaient en l'air une barre d'atomes :
Puis des mineurs passaient comme de longs fantômes;
D'autres dans le brouillard suivaient à quelques pas;
On entendait leur marche, on ne les voyait pas.
Tels que les animaux qui craignent la lumière,
Oh! comme ils se hâtaient de gagner leur tanière,
Ces sombres ouvriers! Dans leur noir souterrain
Comme tous s'empressaient d'aller chercher leur pain!

Le bon Lilèz, les yeux baissés et l'air farouche,
Jusqu'ici chemina sans même ouvrir la bouche;
Il s'écria soudain : « O pauvres paysans !
« Nous qui trouvons la bêche et le fléau pesants,
« Et notre champ aride, et que le peu qu'il donne,
« Semé par le temps froid, par le chaud se moissonne;
« Ce fer qui nous fatigue, ô pauvres laboureurs !
« A d'autres malheureux coûta d'autres sueurs !
« Oui, de plus malheureux ! car jamais sur leur face
« Le souffle bienfaisant d'une brise qui passe,
« Jamais un beau soleil pour réjouir leurs yeux,
« Ou de fraîches odeurs sortant des chemins creux,
« Et jamais dans les blés le chant de l'alouette
« Que le fermier écoute en menant sa charrette !

« — Ah ! tu dis vrai, Lilèz, repartit avec feu
« Le prêtre, qui semblait comme inspiré de Dieu;
« Sur notre vieux pays malheur, quand ses collines
« Partout retentiront du fracas des machines,
« Lorsque les laboureurs seront des ouvriers,
« Et que nos frais étangs, nos ruisseaux, nos viviers
« Serviront aux conduits de quelque usine impure,
« Enfin le jour où l'art chassera la nature !
« Tout travail est béni ; mais, nous autres Bretons,
« Dieu nous fit laboureurs : tels qu'il nous fit, restons. »

Tels étaient les discours qui, durant ce voyage,
Soutenaient l'homme saint et le paysan sage ;
Et la pensive Anna, dont l'âme ailleurs rêvait,
D'un geste ou d'un regard parfois les approuvait. —

Le bois cesse; on arrive au centre des vallées.
C'est l'usine. Un grand feu, des huttes isolées,
D'infects écoulements. Là, dans l'ombre et le bruit,

Des femmes, des enfants, travaillent jour et nuit.

Anna dit : « Vous entrez dans cette maison creuse,
« Pour moi, je reste ici ; je suis peu curieuse. »

Sous cette voûte noire, étroite et pleine d'eau,
Courbés comme des gens qui portent un fardeau,
Ils entrèrent tous deux ; mais, d'échelle en échelle,
Après bien des détours, de ruelle en ruelle,
A la triste clarté de leur lampe de fer,
Lorsqu'ils virent la mine, ils crurent voir l'Enfer.
Le guide leur disait : « Passons par cette trappe.
« Tenez la lampe ainsi de peur qu'elle n'échappe.
« Baissez, baissez la tête ! A présent, levez-vous ;
« La terre à huit cents pieds monte au-dessus de nous. »
Alors, comme une mère aux fécondes entrailles,
Les naïfs voyageurs admiraient ces murailles,
Où l'argent et l'étain, et le cuivre et le plomb,
Le quartz et le mica se suivent en filon ;
Et de tous les côtés ils écoutaient les pioches,
Et les coups des marteaux qui frappaient sur les roches.

Accroupi sous sa lampe, un vieillard en un coin
Minait de si bon cœur qu'on l'entendait de loin :
« Père, vous travaillez avec un grand courage,
« Dit Lilèz. Gagnez-vous beaucoup pour tant d'ouvrage ?
« — Hélas ! de ma maison je pars avant le jour,
« Et le jour est fini quand je suis de retour !
« Mais ces deux vieilles mains ont beau tirer du cuivre,
« On leur prend tout : j'emporte à peine de quoi vivre.
« C'est un rude métier. Plaignez-moi, mes enfants !
« Ah ! quand Dieu prendra-t-il pitié des pauvres gens ? »

Hommes noirs, ô mineurs, peuple doux et qui souffres,

Retournez au soleil, amis, quittez vos gouffres !
Quand le dragon d'Arthur tomberait sous vos coups,
Son trésor enchanté, mineurs, n'est pas pour vous !
Et pourtant qui n'a vu sous les amas de pierres
Du vieux Castel-Arthur, en écartant les lierres,
A l'heure où le croissant brille vers Bod-Cador,
Le dragon merveilleux qui garde un monceau d'or ?
Ses griffes sont d'acier, de cuivre ses écailles ;
Dès qu'il bouge, on entend leur choc sur les murailles ;
Il est aveugle et sourd, mais dans le trou des yeux
Il a des diamants qui jettent de grands feux ;
Et lorsqu'il tourne à l'air ses mouvantes oreilles,
Le vent s'y roule et rend des plaintes sans pareilles ;
Son ventre large et gras est tacheté d'azur :
Merlin y renferma l'or de son maître Arthur. —
Qui tuera le serpent ? — Ce monstre, c'est la terre,
O mineurs ! Vous avez résolu le mystère !
Vos bras forts ont su rompre, arracher et scier
Ses écailles de cuivre et ses griffes d'acier ;
Mais un plus adroit vient ; aux flancs du monstre il entre,
Et ravit les lingots enfouis dans son ventre !

— « Et toi, comme abattu sous le poids de tes maux,
« Ouvrier chevelu, qu'as-tu donc ? » — A ces mots,
Un mineur tressaillit : il jeta là son œuvre,
En relevant la tête ainsi qu'une couleuvre.
Le vicaire pâlit. — Obérour ! Obérour !
« Tu vis encor ; tu vis seul et sans voir le jour !
« —Obérour ? Oui, c'est moi. Vous, pourquoi cet œil sombre ?
« Je vous laisse le jour, hommes, laissez-moi l'ombre !
« Oubliez le mineur, car lui vous oublia. » —
Le courageux reprit sa bêche et travailla.

Quel était donc cet homme ? Une mine est un antre

Où, loin de tous les yeux, plus d'un malheureux entre;
Et dans un confesseur bien de secrets ennuis
Reposent, comme au fond d'un abîme enfouis.

D'un bond, tel qu'un plongeur près de manquer d'haleine,
Le prêtre aurait voulu, tant son âme était pleine,
S'élancer de ce gouffre : il fallut cependant
Monter tous les degrés suivis en descendant;
Et comme le sentier pour sortir de ce monde,
La route lui semblait plus dure et plus profonde;
Enfin son œil vit poindre un rayon de soleil :
O bonheur quand parut le jour clair et vermeil!

Ils partirent soudain. La grande fonderie
Plus loin se déchaînait dans toute sa furie;
Mais aucun d'eux n'entra. — « Non, disait Lilèz, non!
« C'est assez pour un jour! Hélas! voyez l'Avon,
« Comme son pauvre lit est troublé par l'usine!
« Oh! vive qui voudra dans le fond d'une mine,
« Oh! vive qui voudra dans ce château de fer,
« Moi, je suis paysan, je veux vivre en plein air!
« Pour battre le blé noir, pour piler de la lande,
« Ma force désormais sera deux fois plus grande!
« Combien je vais aimer mes vaches, mes chevaux!
« Viennent tous les lutteurs de Kérien, je les vaux! »

Le cœur franc de Lilèz débordait : sur l'épaule
On voyait son habit pendre au bout d'une gaule.
Anna levait sa robe, et les trois pèlerins
Pour marcher plus gaîment entonnaient leurs refrains.

Jusqu'au bas de Carhaix, la cité montueuse,
De son Malo-Corret [1] justement orgueilleuse,

---

1. La Tour d'Auvergne.

Ils allèrent chantant, et, devant sa maison,
Ils ne passèrent pas sans saluer son nom.
Ainsi, le cœur rempli de nos anciennes gloires,
Ces amis sont entrés dans les Montagnes-Noires ;
Mais leur jarret faiblit, leur courage est rendu :
Jour et nuit voyager dans ce pays perdu !
Lilèz ne chante plus ; mais parfois en arrière
Il s'arrête, en tournant les yeux sur la bruyère :
— « Lilèz, marcherez-vous ? — Qu'est-ce, cousin Lilèz ?
« Des voleurs ? — Parlons bas, Annaïc ! Voyez-les,
« Ces petits nains velus sur cette roche bleue :
« Comme ils mènent leur ronde en remuant la queue !
« Nains de toutes couleurs, ils sont là près d'un cent.
« Je n'ai plus dans le corps une goutte de sang. »
« — Païen, cria le prêtre, avec toutes ses fables !
« Ne songe pas aux nains et songe plus aux diables.
« Avançons, avançons ! » — Lilèz fit quelques pas ;
Mais tandis qu'à grand'peine on montait Méné-Bràz,
Il s'arrêta tout court : « Pour cette fois j'y reste.
« Je sens un Corrigan qui se pend à ma veste.
« Vous ne le voyez pas ; pour moi, je le sens bien.
« Je vous dis qu'il s'accroche à mon dos comme un chien. »

Il semblait qu'irrités ce soir de leur visite,
Les Esprits de la mine erraient à leur poursuite ;
Toute tremblante, Anna se disait dans son cœur :
« Ceci doit annoncer chez nous quelque malheur. »

De même jusqu'au bourg. Des collines, des mares,
Des garennes, sortaient des figures bizarres ;
La terre se plaignait ; on ne sait pas pourquoi
L'automne est toujours triste et nous glace d'effroi.

Enfin au presbytère on arriva. Le prêtre

Frappa trois fois des mains, et, poussant la fenêtre,
Le clerc lui répondit : mais Lilèz, mais Anna,
Vers leur hameau lointain s'acheminaient déjà.
Et levant derrière eux ses grands bras, un squelette
Les suivait en criant d'une voix de chouette.
Or, cette voix, c'était la Crieuse-de-Nuit,
Qui le long des fossés en hurlant vous poursuit;
Dans la lande elle est là qui de loin vous regarde,
Et toujours on entend sa voix aigre et criarde.

CHANT QUINZIÈME

LA CHARRETTE DE LA MORT

Nuit pluvieuse d'automne. — Escorté de son clerc, le curé de Scaer va voir un malade. — L'épreuve des dix bouts de cierges. — Confession et dernières volontés du fermier Hoël. — Adieux de sa famille. — Départ du curé et prière des agonisants. — Minuit. — La Charrette-de-la-Mort.

Nous sommes aux jours noirs qui précèdent l'hiver,
Et la mort veut entrer dans un hameau de Scaer.
Étendu sur son lit de douleur, un pauvre être
Pour sortir d'ici-bas n'attend plus que le prêtre ;
La famille est assise à l'entour du foyer ;
Le dogue sur le seuil ne cesse d'aboyer ;
Tout gémit ; l'ouragan sur le toit se déchaîne,
Et la pluie à torrents bat la porte de chêne.

Par cette nuit de deuil, monté sur son cheval,
S'en venait cependant le vieux curé Moal :
Deux hommes l'escortaient ; ils ouvraient les barrières,
Ou guidaient la monture au bord des fondrières.
L'eau ruisselait. — « Pourvu, s'écria le vieillard,
« Que pour sauver ton maître il ne soit pas trop tard !
« — Dam ! si son âme au ciel veut remonter sans crainte,
« Il est temps de verser sur son corps l'huile sainte :
« Il râle, je vous dis. — Mais, demanda Loïc,

« Ses filles ? — Parlez-vous d'Hélène ou d'Annaïc ?
« Ah ! jeune homme, on dirait deux cœurs que le feu grille !
» C'est la neige qui fond ! Lorsque la blonde fille
« De Léon arriva, ce fut un jour fatal :
« Si sa mère allait mieux, son père allait plus mal ;
« Sur l'heure elle me dit : « Courez au presbytère ! »
« Mais lui songeait encore au ciel moins qu'à la terre.
« Ce soir, comme il baissait, les deux sœurs et Lilèz
« Sont allés à la Croix dire des chapelets ;
« Et la mère alluma dix morceaux de bougie,
« Cinq cierges pour la mort, cinq cierges pour la vie :
« Si ces derniers s'usaient ou s'éteignaient d'abord,
« C'en était fait d'Hoël, le malade était mort.
« J'attendais au logis. Donc, voyant les deux vierges
« Qui rentraient en criant avec leurs bouts de cierges,
« J'ai compris ; et, malgré la pluie et le temps noir,
« J'ai couru vers le bourg pour faire mon devoir...
« Mais prenez garde au chien. Derrière, Bleiz ! derrière ! »

Quand la porte s'ouvrit, la famille en prière
Se leva ; le vieux prêtre, à ce morne salut,
Comme pressé d'agir monta sur le bahut :

— « Eh bien, mon fils, eh bien, ma chère créature,
« Vous voilà donc malade ? — Oui, dans mon corps j'endure
« Tout ce qu'il faut souffrir pour mériter le ciel ;
« Mes jambes et mes bras, tout enfle. — Pauvre Hoël !
« — Mais je finis mon mal. Voir un prêtre à cette heure,
« C'est quasi voir la mort entrer dans sa demeure.
« — Hoël, vous me craignez plus qu'on ne craint les loups.
« Si vous veniez chez moi je n'irais pas chez vous.
« N'êtes-vous pas chrétien ? A votre dernier somme,
« Si l'heure en est venue, il faut songer, vieil homme.
« Soignons l'âme, le corps pourra s'en trouver bien.

« Dans votre lit de mort irez-vous comme un chien?
« Oh! je te forcerai, pécheur, d'ouvrir la bouche!
« Deux Esprits avec moi sont assis sur ta couche
« A droite le bon Ange, à gauche le mauvais.
« De l'Ange et du Démon, choisis, ou je m'en vais!...

« Ah! chrétiens, louez Dieu! cet homme enfin m'écoute.
« Laissez-moi le guider dans sa nouvelle route. »

Des deux âmes alors commença l'union.
Mais Dieu seul peut redire une confession :
Sacrement de terreur entouré de mystère,
Le ciel vient demander ses secrets à la terre.

L'aveu fut long. Hoël, sous des replis cachés,
Prudemment dans son cœur retenait ses péchés :
Ce livre où le curé voulait lire sans cesse,
Hoël le refermait toujours avec adresse.
Enfin, le confesseur rappela les enfants,
Et leur mère Guenn-Du s'installa sur les bancs.

« Ouvrez les yeux, c'est moi. Regardez votre femme.
« Avez-vous mis enfin du calme dans cette âme?
« Mon ami, vous allez voir la maison de Dieu,
« Et le Père et le Fils, et l'Esprit au milieu.
« Là vous attend le prix de vos croix en ce monde.
« Pour nous, tristes vivants sur cette terre immonde,
« Il faut prier la Vierge; oui, priez-la pour nous;
« J'userai votre tombe ici de mes genoux.
« Homme, si vous souffrez, patientez encore,
« Tout ceci peut finir au lever de l'aurore...
« Çà, mes filles, venez! vous aussi, mon neveu!
« A ce saint qui s'en va venez tous dire adieu!
« Mais éveillez Nannic, que son père l'embrasse,

« Ce petit innocent!... Ah! de grâce! de grâce!
« Mes filles, mon neveu, ne pleurez pas si fort!
« Votre cœur se fendra. Cet homme sait son sort...
« L'enfant pâlit. Nannic, embrassez votre père,
« Cher petit!... Non, la peur le rejette en arrière. »

— « Adieu, femme Guenn-Du! mes filles, mon neveu,
« Et vous, mes serviteurs, je vous dis tous adieu!
« Adieu, biens de la terre! Ah! quelle dure peine!
« Mon pressoir est tout plein, ma grange est toute pleine,
« Et je meurs! Mes amis, venez à mon secours,
« Et frappez cette Mort qui me vole mes jours.
« Hélas! vous vous taisez!... Jésus soit donc mon aide!
« Je me tourne à présent où je sais le remède;
« Je cède à mon Sauveur... Encor, encor ceci.
« Le clerc du vieux curé, Daùlaz est-il ici?
« Amenez-le, amenez ma chère fille Hélène.
» Qu'ils se hâtent tous deux. C'est bien (je perds haleine.
« Mon dernier coup s'apprête). Après moi, mon garçon,
« Il ne restera plus d'homme dans la maison :
« Lilèz s'en va soldat; toi, si l'habit de prêtre
« Te semble triste, obtiens quelque argent de ton maître
« Et prends Hélène. On dit qu'Anna te plairait mieux,
« Mais cette fille a pris son époux dans les cieux.
« Mes enfants, votre main. Mon drap sera la nappe
« Où le prêtre... Ah! Jésus! ah! comme elle me frappe! »

— « Vite, cria Guenn-Du, vite les sacrements!
« La Mort jette en son cœur les épouvantements! »

Parents et serviteurs autour du lit en cercle
Se sont rangés; le prêtre enlève le couvercle
De la boîte d'argent qui pendait à son cou,
Et sur le front d'Hoël, les flancs, chaque genou,

Verse selon le rit l'huile qui purifie ;
De sa boîte il retire aussi le Pain de vie,
Mystérieux mélange où la Chair et l'Esprit
Forment en s'unissant le froment qui nourrit.

Voilà, dans ce hameau, jusqu'à la onzième heure,
Tout ce qui passa. Triste, triste demeure ! —

Depuis bien des hivers, le femelle démon,
Qu'un Breton n'oserait appeler par son nom,
La Mort avait erré de village en village :
Elle attaquait la force, elle riait de l'âge ;
Au milieu d'une lutte elle étouffa Conan ;
Au Gôz-Ker, elle prit et la mère et l'enfant ;
Et tandis qu'il nageait, enlacé par un saule,
Le jeune Kernéiz disparut dans l'Izôle ;
Mais chez ceux de Coat-Lorh, comme elle n'entrait pas :
« La Mort ne peut nous voir, disaient-ils, parlons bas. »
Non, non, point de maison, point de tête épargnée !
Aujourd'hui dans Coat-Lorh elle fait sa tournée !
Sa charrette est en route, et ses maigres chevaux
Galopent dans la lande et par monts et par vaux ! —

L'âme et les sens d'Hoël désormais plus tranquilles,
Le prêtre, avec son clerc chargé des saintes huiles,
A quitté la maison : certes, cet homme noir
Avait fait dignement, selon Dieu, son devoir.

Des propos, cependant, près de la cheminée
Commencent à voix basse : « Oui, dans sa fille aînée,
« Disait la vieille Guenn, son amour reposait ;
« La clef de son esprit, cette fille l'avait.
« Quoi ! sans me rien laisser sortir de cette vie !
« Côte à côte, avec lui, pourtant je l'ai suivie

« Durant plus de vingt ans! et je le soignais bien!
« Et peut-être il me doit de mourir en chrétien!
« Dites, quand plein de cidre il rentrait de la foire,
« N'avait-il pas encore au logis de quoi boire?
« Et souvent sur le gril un bon morceau de lard?
« Mais tout homme est un loup, ou bien est un renard. »

— « Chut! repondit Armel, parlons plus bas, voisine;
« Prenez garde aux mourants, ils ont l'oreille fine. »
« — Oui, dit la Giletta, songez à l'avenir.
« Hoël, tout bas qu'il est, pourrait en revenir.
« J'en ai bien vu passer dans la cruelle angoisse,
« Mais j'en connais aussi plus d'un dans la paroisse
« Dont le fuseau semblait tourner son dernier tour,
« Et qui chaque dimanche entend la messe au bourg.
« Donc, silence, Guenn-Du; car, s'il vous abandonne,
« Votre cœur l'aime encor; vous êtes toujours bonne...
« Allons, donnez du bois, la pluie éteint le feu.
« — Guenn-Du! femme Guenn-Du! — L'entendez-vous, grand Dieu!
« Avez-vous entendu cette pauvre voix creuse?
« Oh! oui, je l'aime encore! oh! la très-malheureuse! »

Avec un linge fin alors elle essuyait
Les lèvres du mourant, et, tremblante, essayait,
En ramenant sur lui ces draps, sa couverture,
D'apprêter à son corps une place moins dure.
Puis elle l'appelait; mais, appels superflus!
Hoël ouvrait la bouche et ne répondait plus.

La chose en étant là, les deux bonnes veilleuses
A l'écart se font signe, et ces femmes pieuses,
En main leur chapelet, sur un ton languissant,
Se mettent à prier pour leur agonisant.
A genoux près du feu, leurs coiffes rabattues,
On les prendrait ainsi pour deux blanches statues.

L'orage sur le toit tombe toujours à flots,
Et des lits des enfants s'échappent des sanglots
Qui déchirent leur mère. Ensuite un grand silence.
Une veilleuse alors de sa place s'élance
Vers le lit du malade, et voyant ses deux bras
Sans relâche occupés à retirer les draps,
Près de la veuve en pleurs sous sa coiffure épaisse
Elle revient s'asseoir, et dit tout bas : « Il baisse. »

Vers minuit, quand les morts, froids et silencieux,
Tous rangés à la file, ensemble ouvrent leurs yeux,
Hoël recommença ses cris : c'était le râle,
Pareil à la vapeur dans le tube en spirale,
Qui montait, descendait, remontait dans son cou.
Mais quelqu'un manquait là pour frapper le grand coup.

Je l'entends! je l'entends! priez Dieu! sa charrette,
Couverte d'un drap blanc et que mène un squelette,
Arrive de la lande : aux sifflements du vent
Elle a fait quatre fois le tour du vieux Peùl-Van;
Malgré les joncs, les rocs, les bruyères arides,
Traversant à grand bruit la Trève-des-Druides,
Elle franchit dans l'ombre, avec ses blancs coureurs,
Le Village-du-Barde et celui des Terreurs;
Tous les oiseaux de nuit la suivent; elle longe
Le bois de Garz-Cadec, et, d'un bond, tombe et plonge
Jusqu'au creux du vallon; la charrette de mort
En cahotant remonte et roule dans Coat-Lorh!

Guenn, ses cheveux épars sur sa tête grisâtre,
S'est levée en sursaut sur la pierre de l'âtre :

« Je l'entends! je l'entends! c'est le Char-de-l'Ankou! [1]

1. L'Oubli, surnom de la Mort.

« Hoël s'en va! la Mort l'emporte dans son trou!
« Prenez garde en mourant qu'un de ses yeux vous voie!
« Prenez garde surtout que son âme se noie!
« Videz tous les bassins, tous les seaux, tous les muids!
« Jetez l'eau de fontaine et jetez l'eau de puits! » —

Atroce! ô vision sauvage! âme en délire!
Ah! si le barde encor chantait avec la lyre,
A ces cris insensés, sortis de la forêt,
Avec ses cordes d'or la lyre se romprait;
Car au fond de mon cœur, cette harpe vivante,
J'ai senti tous mes nerfs tressaillir d'épouvante!
Oui, celui qui naguère, assis au Pont-Kerlô,
Laissait pendre en riant ses pieds au fil de l'eau,
Et chantait tout le jour sur la lande fleurie
Avec un autre enfant qui s'appelait Marie;
Près du lit d'un défunt celui-là vient s'asseoir;
Et la pluie et l'orage, et les horreurs du soir
L'attirent, aujourd'hui que sa race succombe,
Et qu'un vent glacial entraîne vers la tombe
Tout ce qui fut beauté, tout ce qui fut amour;
Mais, Seigneur, pour renaître et refleurir un jour!
Souffle donc, vent glacé! sur ce grabat de paille,
Il est prêt à chanter le barde de Cornouaille!
Veilleuses et veilleurs, recommencez vos cris!
Arrache de ton front, veuve, tes cheveux gris!
Que le Char-de-la-Mort passe encore et repasse!
Et vous, marteaux de fer, clouez, clouez la châsse!...

CHANT SEIZIÈME

LE CONVOI DU FERMIER

La veuve et ses amies ensevelissent leur mort. — Conversations dans la forêt. — Chapelle du mort. — Le Convoi du fermier. — Lamentations.

Si le ciel vous a pris quelqu'un aimé de vous,
Rappelez-vous, hélas ! combien vous pleuriez tous
Quand cet être chéri, que le cercueil emporte,
Pour la dernière fois passa sous votre porte ;
Et comme vous alliez, le front dans votre main,
Pleurant toujours, pleurant tout le long du chemin
Jusqu'à l'horrible fosse où, bénit par le prêtre,
Tout ce que vous aimiez entrait pour disparaître ;
Tellement que l'ami qui veillait sur vos pas
Vous entraîna, mourant, vous-même entre ses bras.

Quand le fermier Hoël mourut, ainsi sa femme
Laissa voir au grand jour les tourments de son âme,
Puis, épouse chrétienne, elle l'ensevelit,
Et l'appela longtemps près de son dernier lit.

On ne verra jamais angoisse plus profonde,
Abîme de douleurs plus digne qu'on le sonde.

Dès que le point du jour blanchit le haut du toit,
Les femmes commençaient leur œuvre. « Il est tout froid,

« On peut laver le corps, dit Armel. Mais la veuve
« A-t-elle préparé ses draps de toile neuve ?
— « Ouvrez, dit celle-ci, je vous entends; ouvrez
« Le grand bahut de chêne, et là vous trouverez
« Bien pliés et tout blancs mes anciens draps de noces,
« Du fil, un sac rempli de fèves dans leurs cosses,
« Enfin tout ce qu'un mort demande autour de soi.
« Prenez un drap pour lui, gardez l'autre pour moi.
« Mais que le menuisier ferme le lit de planches
« Bien doucement; et vous, dans les deux toiles blanches
« Enfoncez chaque épingle avec un doigt prudent :
« Les morts ne parlent pas; ils souffrent cependant.
« Oui, notre fossoyeur l'a dit : le cœur se navre
« Quand on sait comme lui ce que souffre un cadavre. »

Vers la même heure, Alan, le valet de Coat-Lorh,
Traversait la forêt qui, murmurante encor,
Secouait ses rameaux humides de la veille,
Ainsi que ses cheveux un homme qui s'éveille :
« Lan ! Alan ! où vas-tu si vite ? Hé ! les garçons !
« Est-ce vous qui rôdiez derrière ces buissons ?
« Bleiz vous avait sentis. C'est un maître à la piste.
« Bonne chasse ! Chez nous cette nuit fut bien triste.
« — Quoi ! ton maître n'est plus ? — Jésus ! toute la nuit
» La Mort sur sa charrette a donc roulé sans bruit ?
« Prends garde à toi, Ronan ! Depuis que tu sais lire,
« Tu te railles du diable, et les morts te font rire.
« Pourtant, si vous venez tous deux veiller le corps,
« Vous aurez du pain blanc et du cidre à pleins bords.
« Adieu, Ronan ! — Bonjour, Alan ! — Porte ton livre.
« Moi, je m'en vais au bourg chercher la croix de cuivre.
« Adieu, Furic ! courage, Alan ! » —

        Le soir venu,

Le cercueil fut ainsi posé; car je l'ai vu :
Trois draps semés de fleurs formaient une chapelle;
Aux quatre coins, des os de morts, une chandelle;
Aux pieds, un bénitier; à la tête, une croix;
Et Guenn, la vieille Guenn, sur un siége de bois,
Regardait le défunt, dont la lèvre entr'ouverte
D'une teinte verdâtre était déjà couverte.
Les pieds aussi sortaient d'une horrible façon.
Des hommes près du feu hurlaient à l'unisson.
C'est alors que, passant sous les murs du village,
Mon cheval, effrayé de ce concert sauvage,
Se cabra; je poussai la porte, et, d'un coup d'œil,
Je vis ces draps tendus, ce corps dans son cercueil,
Les veilleurs attablés devant un feu de lande,
Et dans l'ombre, à travers la fumée, une bande
D'amis et de voisins qui priaient à genoux.
Guenn-Du tenait en main une branche de houx.
Je la pris, et deux fois, dans la forme prescrite,
Sur le corps du fermier je jetai l'eau bénite.
Je vis Hélène, Anna, muettes dans leur coin;
Et près d'elles encor, silencieux témoin,
Le jeune clerc Daùlaz (il avait voulu rendre
Ce devoir à celui qui le choisit pour gendre);
Puis le fermier Tal-Houarn, et Lilèz, son filleul,
Qui, sous ses longs cheveux, sur un banc pleurait seul.

Ce peuple aime les morts! Au milieu d'une fête,
Pour eux il s'agenouille et découvre sa tête;
Il leur dit de goûter à son cidre nouveau,
Et se plaît à remplir de spectres son cerveau.
Certes, quand les bouvreuils chantent dans les broussailles,
Bien des pâtres aussi chantent dans la Cornouailles;
Pour danser aux Pardons tous les pieds sont légers;
Et les bonds des lutteurs ébranlent les vergers.

Alors, grâce au soleil et grâce au jus des pommes,
La joie est sur la terre et dans le cœur des hommes.
Mais, au premier frisson d'octobre dans les bois,
Les appels des bergers se taisent à la fois,
La lande rend des sons plaintifs; avec la pluie
Descendent les vapeurs de la mélancolie;
Les jours noirs sont venus : jeunes gens et vieillards
Passent silencieux à travers les brouillards;
Les morts ouvrent leur tombe, et la Bretagne entière,
Sous son ciel nuageux, n'est plus qu'un cimetière.

Cependant, poursuivons! accompagnons demain
Ces parents dont les pleurs inondent le chemin :
Il faut voir le cercueil dans la terre descendre,
Et tirer du tombeau tout ce qu'il peut apprendre. —

La tombe du fermier, prête à le recevoir,
Était déjà creusée, et, devant ce trou noir,
Les prêtres, revêtus de leurs surplis de neige,
Et leur livre à la main, attendaient le cortége.
Le cortége avançait; mais un brouillard si lourd
Tombait sur les maisons et le chemin du bourg,
Qu'on aurait dit le mort bien loin sans la clochette
Et sans le pas des bœufs qui traînaient la charrette.

Ce fut un long trajet. Quand les processions
Se rendent vers Coat-Lorh pour les Rogations,
Elles mettent une heure à ce pèlerinage,
Dans un mois de soleil et de naissant feuillage.
Tout est sombre aujourd'hui; l'eau tombe incessamment,
Et vers leur dernier lit les morts vont lentement.
Hoël eut les honneurs qu'aux riches on délivre :
Il eut la croix d'argent avec la croix de cuivre;
Un notable du bourg prit la corne des bœufs,

Afin de les guider dans les chemins bourbeux;
Puis, hommes en manteaux, femmes en coiffes jaunes,
Suivirent à travers les bouleaux et les aunes.

Mais voici que la veuve, au départ du convoi,
Se trouble, et vers le corps jetant un cri d'effroi :
« Quel sentier prenez-vous? Tout droit, tout droit, dit-elle.
« Suivez la grande route, et suivez la plus belle !
« De le conduire en terre êtes-vous si pressé ?
« Je veux que son deuil passe où sa noce a passé. »

Sans répondre, on suivit la route la plus large,
Et les bœufs du fermier emportèrent leur charge
Par ces mêmes chemins qu'Hoël, fort et vivant,
Pour aller à la messe avait faits si souvent.
A peine on entendait le mouvement des roues,
Tant le guide, malgré les mares et les boues,
Évitait avec soin le choc de tout rocher,
Tout arbre où la charrette aurait pu s'accrocher.
De lui-même (en tournant la forêt), l'attelage
S'arrêta (dernier coin d'où sortait le village) :
Qui sait des animaux le sens mystérieux ?
Tous les gens du convoi firent halte avec eux.
Celui qui les menait, s'appuyant sur leurs têtes,
A leur instinct secret laissa les nobles bêtes ;
Il ne les piqua point avec son aiguillon,
Mais se signa lui-même avec dévotion,
Assuré que l'Esprit qui leur barrait la route
S'enfuirait en voyant le signe qu'il redoute.

Ainsi dans le brouillard, au son lointain du glas,
S'avançait le cercueil, traversant pas à pas
Les marais, les coteaux, et cette lande verte
Dont la plaine de Scaer vers le sud est couverte ;

Et la cloche du bourg disait toujours : « Va-t'en !
Corps mort, va-t'en vers Dieu ! Corps mort, Jésus t'attend ! »

A présent, éclatez, sanglots ! douleur amère,
Inonde de ton fiel ces filles et leur mère !
Toi, Jésus, couvre-les de tes signes de croix !
Au bord de cette fosse, à genoux toutes trois,
A genoux sur la terre, elles y voient descendre
Celui qui ne sera bientôt qu'un peu de cendre,
Larmes d'affliction, oh ! coulez de leurs yeux,
Et du fond de leur cœur sortez, derniers adieux !
« Hélas ! vous nous quittez (disait Guenn sur la bière,
« Tandis que le clergé chantait l'hymne dernière) ;
« Vos prés, votre courtil plein de ruches à miel,
« Votre bonne maison, vous quittez tout, Hoël !
« Las, hélas ! vous laissez sans chef votre famille !
« Entendez-vous les cris d'Hélène, votre fille ?
« De votre Anna, qui tord ses mains de désespoir ?
« Et Nannic, qui se penche en pleurant pour vous voir ? —
« Mon père ! mon bon père ! — Oui, pauvres orphelines,
« Appelez-le bien fort ! épuisez vos poitrines !
« Forcez-le de rouvrir ses deux yeux au soleil.
« Ah ! s'il avait besoin, tant besoin de sommeil,
« Pour dormir avec moi, ne pouvait-il m'attendre ?
« Dans mon cercueil aussi je suis près de m'étendre :
« Nous n'avons eu qu'un lit durant plus de vingt ans ;
« Morts, nous aurions dormi comme autrefois vivants. »

Les prêtres cependant rentraient dans la chapelle.
Sous un amas de terre alors prenant sa pelle,
Le fossoyeur, aidé du jeune clerc Daûlaz,
Poussa sur le cercueil le sable humide et gras.
Les parents sanglotaient ; car chaque pelletée
Qui tombait sur Hoël semblait sur eux jetée. —

Comme ce vieux Breton qu'un tertre va couvrir,
Si ton heure est sonnée, et si tu dois mourir,
Vois avec quel amour j'épanche de ma verve
Ce miel de poésie, Arvor, qui te conserve :
Comme autour de ton corps je construis un tombeau
Plus rempli de parfums, plus solide et plus beau
Qu'au fond des bois sacrés, pour sa chère Viviane
N'en éleva Merlin, ce grand maître en arcane !
Si ton jour est venu, comme tes vieux héros,
Dans leur auge de pierre étendus sur le dos,
Bretagne, dors en paix ! j'ai répandu l'arome,
Le miel de poésie, ô mère ! qui t'embaume.

CHANT DIX-SEPTIÈME

LES TRAVAUX D'AUTOMNE

Les Abeilles : instructions de la veuve à ses filles. — Les deux orphelines vont servir à une fête de leur oncle Tal-Houarn. — Réparations des talus de Ker-Barz (Village-du-Barde). — Travail en commun de vingt laboureurs. — Banquet du soir, et pourquoi le clerc s'y insinue. — Éloge poétique du village fait par le clerc et enthousiasme des assistants. — Les prières et le départ. — Comment la veuve terminait sa journée. — La bague de la veuve.

« Laissez leur robe noire aux ruches des abeilles,
« Mes filles; entre nous les peines sont pareilles :
« De rouge à votre noce il faudra les couvrir
« Pour qu'elles aient aussi part dans notre plaisir.
« Ces faiseuses de miel, en faisant leur ouvrage,
« Prennent une âme douce et qu'un rien décourage :
« Notre ferme, on dirait, est leur autre maison.
« Aimons donc nos amis : c'est bonheur et raison. »

La digne veuve ainsi, durant ces jours moroses,
Elle-même tirait du miel des moindres choses.
Sur son humble ménage, oh! comme elle veillait!
Attentive aux enfants, attentive au valet!
Elle avait l'œil au champ, au lavoir, à la huche.
Oui, toute sa maison était comme une ruche.
Ses filles, qu'au bourg seul on vit depuis un mois,
Ce matin vont sortir pour la première fois :

« Çà donc, habillez-vous mes filles, leur dit-elle,
« Puisque pour un banquet un parent vous appelle.
« Vous aiderez les gens : mais qu'on voie à votre air
« Que vous êtes, hélas! orphelines d'hier.
« Moi, si j'en ai la force, avant que le jour tombe,
« J'irai jusques au bourg prier sur une tombe. »
Et comme avec Hélène Annaïc se coiffait,
Elle se mit encore à ranger au buffet
Les vases de faïence et les vases de cuivre;
A la plus belle place elle étalait son livre;
Et les montants de buis, les portes, le tiroir,
Sous ses doigts diligents brillaient comme un miroir.
Elles partirent : la mère, en leur montrant la route,
Leur dit : « Vous trouverez le vieux Furic, sans doute :
« Qu'il ait soin cet hiver de nos mouches à miel.
« C'était l'associé de votre père Hoël.
« Car elles n'aiment pas, ces braves ouvrières,
« A courir pour un seul les bois et les bruyères.
« Elles veulent unir le riche et l'indigent.
« Donc, si celui qui tient du ciel un peu d'argent
« Et quelques beaux essaims au pauvre les apporte,
« Les ruches sont à peine aux deux coins de la porte,
« Que voilà de sortir, de rentrer tout le jour,
« Ces mouches, dont le cœur enferme tant d'amour,
« Suçant tous les bourgeons, toutes les fleurs nouvelles,
« Que Dieu mit dans les champs pour le pauvre et pour elles. »

En suivant leur chemin, croyez que les deux sœurs
De ces conseils pieux savouraient les douceurs :
Avec leurs corsets noirs et leurs coiffures jaunes,
Par ces brumes d'octobre on aurait dit deux nonnes. —
Ce fut, à leur entrée, un murmure joyeux.
Leur bon oncle en riant les baisa sur les yeux.
Chacun les admirait. Elles, toujours discrètes,

Disaient : « A vous servir, voyez, nous sommes prêtes. » —

Vraiment, pour relever les talus de Ker-Barz,
Qui, minés par les eaux croulaient de toutes parts,
Avant que par le froid la brèche ne s'accroisse,
Ils étaient bien venus de la seule paroisse
Vingt braves ouvriers ; et ces vingt travailleurs
Firent ce que le double aurait pu faire ailleurs.
C'est que tous s'employaient pour une œuvre commune,
Pour un fermier comme eux, sans récompense aucune ;
Et durant ce travail des pelles et des bras,
Le rire et les bons mots, certes, ne manquaient pas ;
Puis, leur laine à la main, lorsque les jeunes filles
S'en venaient devant eux manier les aiguilles,
Même les plus âgés, les plus lourds, les plus froids,
Semblaient prendre conseil de ces agiles doigts.
Ah ! c'était un plaisir de les voir à la file,
Pêle-mêle, entasser les cailloux et l'argile,
Revêtant les parois de mottes de gazon
Épaisses à braver la plus rude saison.
Viennent par-dessus tout les ronces, les broussailles,
Et ces talus seront plus forts que des murailles.
Non, même aux Lamballais, ces maîtres fossoyeurs,
Nul n'irait demander des ouvrages meilleurs.

Enfin le soir venu, paisible soir d'automne,
Sur l'herbe on a posé la nappe étroite et jaune,
Et les vingt travailleurs, jouteurs toujours ardents,
Se remettent ensemble à travailler des dents.
Le bon Tal-Houarn, les reins cambrés, le jarret ferme,
Allait et revenait du courtil à la ferme,
Portant de nouveaux pots, portant de nouveaux plats ;
Et Lilèz, son filleul, en poussait des hélas !
Mais lui, toujours la voix et la tête plus hautes,

Disait joyeusement : « Je me plains de mes hôtes.
« J'avais cru réunir de vaillants journaliers ;
« Dans le parc, j'en conviens, ils donnent volontiers ;
« Mais devant les rôtis et la liqueur des pommes,
« Je l'avoue à regret, ce ne sont pas des hommes. »
On riait, et le cidre à pleins bords de couler ;
Le lard jaune et fumant venait s'amonceler ;
Et Tal-Houarn, et sa femme, et toutes les fermières
A peine suffisaient à vider les chaudières.

Or, par le chemin creux qui vers le bourg conduit,
Son livre sous le bras, au tomber de la nuit,
Venait un jeune clerc : les épaisses fumées
Qui lentement sortaient des viandes enflammées,
Il ne les cherchait pas ; mais ce rêveur pensait
Qu'une fille était là dont la main attisait
Tous ces ardents brasiers, et, poursuivant sa route,
Il se disait encor : « Je la verrai sans doute. »
Ce fut lui qu'à travers les branches du courtil
Aperçut le fermier : « Holà ! holà ! dit-il,
« Croyez-vous qu'on ait peur de votre jeune tête ?
« Bon clerc ne fut jamais de trop dans une fête. »
Et, traîné par la main, le galant, tout le soir,
Dut, parmi les buveurs, bon gré, mal gré, s'asseoir.

On lui dit, quand sa tasse entre ses mains fut pleine :
« Que cherche notre clerc près de notre fontaine ?
« Pensif, ce soir encore, il en faisait le tour. »
L'hypocrite saisit lestement ce détour :
« Ah ! dans ce roi des prés, au bord du fleuve Izôle,
« Tout esprit studieux avec bonheur s'isole !
« Oui, j'aime cette source au pied de ce coteau ;
« Car celui qui donna son nom à ce hameau,
« Lorsqu'il avait chanté longtemps sur la colline,

« Peut-être à l'heure pâle où le soleil décline,
« Ce vieux barde, rempli de choses d'autrefois,
« A la source du pré vint rafraîchir sa voix ;
« Et lorsqu'il remontait à travers les grands saules,
« Sa harpe en se heurtant vibrait sur ses épaules.
— « La merveilleuse histoire ! ô jeune homme savant,
« S'écriaient les fermiers, visitez-nous souvent.
« Certes, vous payez bien votre part d'une fête.
« Nous travaillons des bras ; vous, Loïc, de la tête. »
Loïc, tu répondis : « Un barde de nos jours
« Qui nourrit de ses chants les villes et les bourgs,
« Un ami m'a conté ces antiques merveilles.
« Ah ! comme avec plaisir s'ouvriraient vos oreilles
« Si, debout parmi nous, et parlant avec feu,
« Sa voix vous expliquait le nom de chaque lieu,
« Noms sacrés qui, restés vivants dans la mémoire,
« Depuis quatre mille ans racontent notre histoire !
— « Celui dont vous parlez, ah ! nous le connaissons,
« Dit le meunier Ban-Gor. Écoutez ses chansons ! »
Mais l'hôte : « Si chez moi, ce soir, la gaîté brille,
« La mort, voici vingt jours, entra dans ma famille,
« Et j'attends le retour de la même saison
« Avant qu'aucun chanteur chante dans ma maison.
— « C'est bien ! dit un vieillard, invité pour son âge
« De tout enterrement et de tout mariage.
« Çà, prions pour le mort ; ensuite, mes amis,
« Pour ceux qui de tout cœur céans nous ont admis.
« Tous les ans leur blé croisse et leur grange s'emplisse !
« Et l'œuvre de ce jour, le Seigneur la bénisse ! »
Alors les Requiem, les Grâces, les Pater,
Sur l'herbe du courtil furent dits en plein air ;
Puis l'hydromel encor, le cidre après les Grâces,
Pour le coup du départ vinrent remplir les tasses.

Quand, les pieds chancelants, la troupe repartit,
Un long cri du village au vallon retentit.
Leurs femmes les suivaient en devisant entre elles;
Car, le dos tout courbé sous le poids de leurs pelles,
Ils roulaient lourdement au fond des chemins creux :
Et, sans voir ses amours, le doux clerc avec eux.

Dès longtemps les deux sœurs, Anne et sa chère Hélène,
Le visage entouré de leurs coiffes de laine,
Avaient quitté la ferme : « Eh quoi! partir déjà?
— « Oui, la mère attendrait, » leur répondit Anna. —

Mais nous, pour bien finir cette belle journée,
Par cette mère en deuil montrons-la terminée :
Douce histoire où les cœurs trouvent à se nourrir,
Fleur qui dans nos champs seuls pouvait naître et fleurir...

Or, la veuve d'Hoël, sombre de corps et d'âme,
S'en allait vers le bourg, alors qu'une autre femme,
Veuve aussi, l'abordant à l'angle d'un chemin,
Lui dit, les yeux en pleurs et la main dans la main :
— « Est-ce bien vous, Guenn-Du? Comme un malheur nous change!
« En vous voyant venir du côté de la grange,
« En vous voyant venir sous vos robes de deuil,
« Je disais : C'est un mort qui sort de son cercueil!
« —Armel, oui, plaignez-moi, car nous sommes deux veuves,
« Et nous avons passé par les mêmes épreuves.
« Une maison est lourde, hélas! quand un support
« S'écroule et que le poids tombe sur le moins fort!
« Dites, que peut alors une innocente femme?
« Tout le monde l'accable, elle n'a que son âme.
« Ce sont des serviteurs qui font mal leur devoir,
« Des enfants à nourrir, des filles à pourvoir,
« Cent choses à troubler la tête la plus ferme.

« Loïc, votre bon fils, vient le soir à la ferme :
« Mon pauvre homme l'aimait, ma fille l'aime aussi,
» Dieu veuille que le prêtre arrange tout ceci!
« — Guenn, je l'ai dit souvent : Dieu le veuille! le veuille!
« Comme un arbre je sèche, et tombe feuille à feuille;
« Mais nous souffrons sur terre et nous la regrettons,
« Et j'aimerais à voir fleurir nos rejetons. »
« — Eh bien! quand vous portez au marché votre beurre,
« Entrez, nous causerons; moi, je vais à cette heure,
« Je vais porter ma bague à la Vierge du bourg.
« Oui, cet anneau de veuve à mon doigt semble lourd.
« Mon ancien compagnon, Hoël le redemande,
« Et je l'offre à Marie afin qu'elle le rende. »

Depuis longtemps, la veuve, à l'ombre d'un pilier,
Priait à deux genoux, et sur son tablier
Lentement, grain à grain, défilait son rosaire,
Attendant, pour remplir son vœu, que le vicaire
Fût sorti de l'église et du saint tribunal.
Or, deux femmes étaient au confessionnal,
Et quand l'une eut parlé longuement, l'autre femme
En eut pour toute une heure à soulager son âme.
(Pourtant la nuit tombait et l'approche du soir
Répandait dans l'église un froid humide et noir.)
Les deux femmes enfin sortirent, et le prêtre
Du confessionnal ayant clos la fenêtre,
Guenn-Du se releva; puis, d'efforts en efforts,
Vers l'autel de la Vierge elle traîna son corps.

Mais au pied de l'autel, près de tirer sa bague,
Voici que son esprit se trouble; un tableau vague
De ses jours d'autrefois passe devant ses yeux :
Les plus jeunes d'abord, hélas! les plus joyeux;
De toutes ses amours elle revoit l'histoire;

L'habit qu'elle acheta pour sa noce à la foire ;
Elle entend résonner les cloches ; elle voit
L'autel où son époux mit la bague à son doigt ;
Ensuite les enfants, les travaux du ménage,
Sa maison devenant plus sombre d'âge en âge ;
Elle, enfin, vieillissant ; son mari déjà mort ;
Et tous ces souvenirs la troublèrent si fort,
Que, pour se soutenir, sur le bord de la rampe
Elle appuya ses mains. — Mais là, sous une lampe,
Aux dernières lueurs du soir, apercevant
L'épouse de Joseph avec son bel enfant,
Celle que les martyrs ont prise pour leur reine,
Son fils entre ses bras, lui parut si sereine,
Que la veuve d'Hoël voulut cacher ses pleurs
A la mère du Christ, la mère de douleurs.
Et bientôt dans son cœur plus forte et plus allègre,
La bague qui flottait autour de son doigt maigre,
Elle la retira : « Voici l'anneau d'Hoël,
« Rendez-lui son présent, ô Vierge, dans le ciel ! » —

Il faisait froid, bien froid, et noir sous le feuillage,
Quand la veuve revint enfin dans son village ;
Mais ses enfants veillaient, et Lilèz, son neveu,
Avait mis un tronc d'arbre immense dans le feu.

CHANT DIX-HUITIÈME

LA NUIT DES MORTS

Temps des veillées. — Solitude et tristesse chez la veuve d'Hoël. — Grande veillée de la première nuit de novembre. — Quels hôtes sont attendus. — Préparatifs d'Anna et terreurs de sa mère. — Le balayage des Ames. — Feu et repas funèbres. — Le cantique des morts. — Un voyageur. — Vision dans la lande de la Trève-des-Druides. — Rencontre du voyageur par le clerc Daûlaz et les chanteurs de nuit.

Les soirs d'automne, après une humide journée,
Il est doux de causer devant la cheminée,
Tous en rond, les enfants assis sur vos genoux,
Et le chien gravement installé devant vous.
Tandis que les fuseaux tournent aux doigts des femmes,
Il est doux d'écouter, les deux mains sur les flammes,
Des contes merveilleux de pays enchantés,
Et depuis des mille ans les vieux airs répétés,
Où revit la Bretagne avec toute sa gloire,
Et dont le noble peuple a gardé la mémoire.
Ainsi dans les manoirs, où chaque souterrain
A son dragon de feu, chaque préau son nain;
Puis, après les géants, les grandes passes d'armes,
Un simple chant d'amour qui fait venir les larmes.

Chez la veuve d'Hoël tous les soirs tristement
S'écoulaient en silence et dans l'isolement :

Si le fidèle clerc arrivait le dimanche,
Les trois femmes pleuraient sous leur coiffure blanche;
Et le conscrit Lilèz, sur un banc à l'écart,
Jeune homme désolé, songeait à son départ...

Quand novembre amena sa première soirée,
Cette nuit cependant fut une nuit sacrée;
Car du pays de Vanne au pays de Léon,
De Cornouaille en Tréguier il n'est pas un Breton,
Bûcheron dans les bois, ou pêcheur sur les côtes,
Qui chez lui, ce soir-là, n'attende bien des hôtes.
Dès que le dernier chant de la Fête des Saints
Est fini, les voilà, pareils à des essaims,
Ou comme des graviers roulés dans la tempête,
Qui sortent par millions, et volent à leur fête;
Ils vont rasant le sol, pêle-mêle, hagards;
Et le seuil des maisons, les courtils, les hangars,
Les granges, tout s'emplit; ils remplissent l'étable;
Tous les bancs du foyer, tous les bancs de la table;
Et même dans vos lits, sous vos draps chauds et doux,
Eux, toujours frissonnants, se couchent près de vous :
Vous ne les voyez pas; mais la nuit, sur la face,
On sent comme un vent froid, un petit vent qui passe.

C'était pour eux qu'Anna, laissant là son rouet,
Le front tout en sueur, près du feu travaillait.
Elle avait délayé sa meilleure farine,
Pris son bois le plus sec, sa graisse la plus fine,
Et tandis que son monde à vêpres priait Dieu,
Elle, seule au logis, étendait sur le feu
Ses crêpes de blé noir pour cette race étrange
Qui, dans toute l'année, un seul jour boit et mange.
Quand la flamme brillait trop vive, par instant
De la porte de chêne elle ouvrait un battant,

Et, devant sa maison, elle voyait dans l'aire
La brume s'étendant plus blanche qu'un suaire.
Or, la pâte cuisait encor lorsqu'à la nuit,
Par-dessus la forêt, au loin elle entendit
Les deux cloches du bourg, qui, de leurs voix funèbres,
Éveillaient en sursaut les morts dans les ténèbres;
Car la fête s'ouvrait, et le long des fossés
Les gens s'en revenaient causant des trépassés.

« Jésus Dieu ! » cria Guenn, comme avec sa famille
Elle entrait au logis, « que fait là cette fille ?
« Par une telle nuit balayer la maison !
« Vous ne savez donc pas, ô fille sans raison,
« Que le monde est couvert ce soir d'âmes en peine,
« Et qu'ici votre père en pleurant se promène ?
« Avec votre balai voulez-vous le blesser ?
« Les âmes des aïeux, voulez-vous les chasser ?
— « Oh ! dit Anna, pardon ! mon âge est jeune encore,
« Ma mère; et vous savez des choses que j'ignore.
— « Eh bien ! à cette table, enfants, asseyons-nous.
« Mais, Lilèz, mon neveu, mes deux filles, et vous,
« Alan, ne mangez pas jusqu'aux dernières miettes,
« Et laissez quelque chose au bord de vos assiettes :
« D'autres vont prendre place autour de ce bahut :
« N'égouttez pas le verre où vos lèvres ont bu. »

A ces mots, sur la table Anna posa ses crêpes :
« Oh ! tous vont là-dessus tomber comme des guêpes !
« Dit sa sœur. Mais, Lilèz, apportez, s'il vous plaît,
« La grande jatte au beurre : ils sont friands de lait.
— « Surtout, reprit Guenn-Du, n'éteignez pas la braise.
« Ici, dans le foyer, Alan, plaçons ma chaise...
« Mes filles, à présent venez me décoiffer :
« Les morts ont à manger, à boire, à se chauffer. »

Déjà tous sont au lit, les enfants et la mère :
Mais pour fermer leurs yeux le sommeil ne vient guère.
Hé! qui pourrait trouver du sommeil ici-bas
Lorsque, dans leur linceul, les morts ne dorment pas?
A chaque bruit des bancs ou de la cheminée,
Tous les gens du hameau tremblaient; la sœur aînée
Prenait sa jeune sœur Annaïc dans ses bras,
Et celle-ci cachait sa tête sous les draps.
Les hommes, plus hardis, poursuivaient leur prière ;
Ou, la tête en avant, autour de la chaumière
Ils regardaient dans l'ombre : eux-mêmes, tout à coup,
Ils ont senti le souffle arrêté dans leur cou.
A l'heure où le brasier était près de s'éteindre,
S'éveillant à demi, le chien s'est mis à geindre ;
Dans la cour on entend un bruit lourd de sabots ;
Des hommes qui de loin murmuraient quelques mots
S'approchent, et, frappant trois grands coups sur la porte,
Chantent à l'unisson d'un voix lente et forte :

« Si dans cette maison vous êtes endormis,
Voici la nuit des morts : reveillez-vous, amis !
    Pour tant de morts et tant de mortes,
C'est Dieu qui nous a dit de frapper à vos portes.

Priez pour eux, ô vous qui dormez dans vos draps !
Les vivants sont légers, les enfants sont ingrats :
    Sur un lit de braise et de soufre
Votre père, là-bas, peut-être crie et souffre.

L'argent vient et s'en va : pourtant, je vous le dis,
Beaucoup pour un denier perdent leur paradis.
    Hélas ! ouvrez votre paupière,
Et pour les pauvres morts priez Dieu sur la pierre !

Soyez honnêtes gens, ayez peur du péché ;
Donnez bonne mesure et bon poids au marché ;
  Donnez, donnez bonne mesure :
Jésus-Christ vous rendra le tout avec usure.

Sur ses ailes de feu, comme un oiseau du ciel,
Et sa balance en main, descendra saint Michel ;
  Debout sur ses ailes de flamme,
Dans sa balance d'or il pèsera votre âme.

Alors d'un autre lit vous aurez tous besoin !
Pour chevet vous aurez un bourrelet de foin !
  Autour de vous des toiles blanches,
Et sous la terre humide et pesante cinq planches.

Ce chant, mes bons amis, est un chant de douleurs ;
A l'homme le plus dur il doit tirer des pleurs.
  Priez pour les morts et les mortes :
Nous allons avec Dieu frapper à d'autres portes... »

Les chanteurs s'éloignaient, et tous les habitants,
Attendris sur leurs morts, y pensèrent longtemps ;
Et le conscrit disait : « Ma pauvre âme peut-être
« Ainsi viendra pleurer devant cette fenêtre. »

Ah ! le sombre hibou qui vole d'if en if,
Aux oiseaux reveillés jetant son cri plaintif,
Est moins triste, moins triste est la voix des chiens vagues
Par un soir d'ouragan hurlant contre les vagues,
Qu'en ce premier novembre, où nul astre ne luit,
Le cantique des morts errant toute la nuit !...
Des clercs, des mendiants, de village en village,
Se plaisent à semer partout ce chant sauvage,
Pour rappeler à ceux qui dorment dans leurs lits

Ceux qu'en la terre froide ils ont-ensevelis,
Mais qui viennent ce soir, dégagés de leurs langes,
Aux vivants se mêler : innombrables phalanges,
Tourbillons plus serrés que ne sont à la fois
Les sables de la mer et les feuilles des bois.
Tous ces bruissements qui passent dans les ronces
A vos chants désolés, chanteurs, sont leurs réponses.

Par cette nuit de deuil, un barde, un voyageur,
Errait sur les confins de Scaer. Pieux songeur,
Il venait recueillir ces cantiques funèbres
Qu'enfant il écoutait, pâle, dans les ténèbres,
Et visiter ses morts; et ce peuple léger
Dans la brume semblait près de lui voltiger :
Parents, premiers amis, jeunes filles aimées,
Enfants qui l'an passé jouaient sous les ramées,
Et ceux des anciens temps que leur pesant men-hir,
Leur cercueil de granit, ne sauraient retenir ;
Prêtres, bardes, guerriers, toute une foule étrange
Qui vient voir en pleurant comme chez nous tout change.

Près du tertre où longtemps dans son rêve absorbé
Ce pieux voyageur sur la lande est tombé,
Comme la troupe morne et frêle tourbillonne,
Telle que le brouillard qu'un vent pousse et sillonne !
Puis, éprise, on dirait, d'amour pour ce vivant,
Doucement elle vient sur son front se penchant :

DRUIDES

« Au Village-d'Heusus, où vont s'ouvrir les fêtes,
Nous allons, et le lierre a couronné nos têtes.
Devant nous brillera le gui dans l'arche d'or,
Ce symbole vivant de l'immortel Ior;

Car des premiers, ouvrant au jour le sanctuaire,
Nous avons entrevu l'invisible Ternaire.
Ne laisse pas flétrir nos saints noms dans les cœurs.
Les bienfaits des vaincus, redis-les aux vainqueurs.

CHEFS DE CLANS

Le Brenn a convoqué cette nuit dans sa chambre
Tous les chefs aux sayons rayés, aux colliers d'ambre ;
Et les lances de frêne, aux dards envenimés,
Se croiseront dans l'air, comme aux jours renommés
Où sur le Frank barbare elles volaient, pareilles,
Dans leurs frémissements, aux rumeurs des abeilles.
Ne laisse pas mourir ces hauts faits dans les cœurs,
Et dis que les vaincus souvent furent vainqueurs.

BARDES

Ce soir résonneront au Village-du-Barde
Les chants que des morts seuls le long souvenir garde :
S'ils éclataient au jour, ces fils des harpes d'or,
Ils bouleverseraient les communes d'Arvor,
Elles qui du passé toujours émerveillées,
A la voix des vieillards pleurent dans les veillées !
Ces échos de nos chants, maintiens-les dans les cœurs,
Toi qui ne chantes pas seulement les vainqueurs. »

Scaer, où le voyageur ouvre des yeux avides
A cet antique nom la Trève-des-Druides,
Et revoit, comme au temps des premières tribus,
Les villages du Barde, et du Brenn, et d'Heüsus :
O Scaer ! en traversant ta bruyère sacrée,
Quel ami du passé n'irait, l'âme inspirée,
Et ne verrait surgir, sol des traditions,

Par une telle nuit de telles visions?

Pour répondre à l'appel de ces âmes antiques
Le voyageur, chargé de vapeurs léthargiques,
S'agitait, quand vers lui sembla venir encor
Un cortége royal au front couronné d'or.
Le premier, c'est Conan, prince vêtu d'hermine,
Conquérant fondateur que sa gloire illumine;
Et, la dernière, Anna, qui montre tout en pleurs
D'une main sa couronne et de l'autre trois fleurs.
Chacun d'eux fièrement élevait un trophée :
Érec, son bleu manteau brodé par une fée,
Un autre feuilletait le livre de ses lois,
Comme Numa le sage et d'autres savants rois.
Celui * de qui le front sur tous les fronts s'élève
Avait un pallium à l'entour de son glaive :
Un prêtre, un saint vieillard, de sa main le vêtit,
Et sur d'autres vieillards librement l'étendit.
Mais rois, ducs ou barons, tous présentaient au barde
Des armes en tronçons rouges jusqu'à la garde,
Puis trente chevaliers. Un des trente en passant
Cria : « J'ai soif! — Eh bien, Beaumanoir, bois ton sang!...»
O salles de Coat-Lorh, sortez de vos décombres !
Pierres, rassemblez-vous! montez, murailles sombres!
Sur ces fiers visiteurs suspendez vos arceaux;
Mais ne vous fermez pas à leurs humbles vassaux.
La houe et le fléau, comme d'anciens esclaves,
Ils les portaient encore, et, tout pâles et hâves :
« N'auras-tu point pitié, barde, de notre sort,
« Nous qui n'avons trouvé de repos qu'à la mort?
« — O laboureurs! ma voix vous fit souvent entendre,
« Pauvres gens, si pour vous mon cœur est un cœur tendre !

---

* Noménoé.

« C'est vous seuls que mes vers se plaisent à chanter,
« Et c'est vous, cette nuit, que je viens visiter. »

Mais un premier rayon, entrevu par les Ames,
Soudain les mit en fuite ; et des hommes, des femmes,
Tous, chanteurs attardés, heurtèrent l'étranger
Qui d'un sommeil profond sembla se dégager.
Il murmura : « Quel rêve ! » Et le chef de la bande :
« Grand Dieu ! par cette nuit seul ici sur la lande !
« Mais, c'est vous ! vous voilà dans notre vieux pays ?
« — Eh bien ! quoi de nouveau chez nos anciens amis ?
« — Tous sont dans la tristesse : Anna pleure son père,
« Et Lilèz son départ. — Et toi, Loïc, mon frère ?
« — Oh ! moi, vous savez trop comme s'en vont mes jours !
« Votre sort est le mien : aimer, souffrir toujours. »

CHANT DIX-NEUVIÈME

LE MARCHÉ DE KEMPER

Arrivée au marché de Kemper, capitale de la Cornouaille. — Fontaine et poisson de saint Corentin. — Affluence au Marché-des-Jours-Gras. — Un départ de conscrits. — Toute la famille de Lilez et son confesseur l'accompagnent. — Adieux désespérés de Lilez. — Réponse et propositions de son ami Daûlas. — Lilez veut partir. — Il va dans la cathédrale prier saint Corentin. — Vue du Champ-de-Foire.

C'est aujourd'hui qu'il va du monde vers Kemper !
Des montagnes, des bois, du côté de la mer,
Hommes en habit bleu, femmes en jupe noire,
On ne voit que des gens s'en allant à la foire.
Il en vient de partout. Gelé pendant la nuit,
Sous le pied des bestiaux le chemin retentit.
Que de vaches, de bœufs, de petites charrettes,
De pesants limonniers secouant leurs sonnettes !
Place à ces jeunes gens qui passent au galop !
Place aux filles allant modestement le trot !
Et charrettes, bestiaux, ou chrétiens, cette foule
De toutes les hauteurs vers la ville s'écoule.

Ah ! voici dans le fond la ville de Kemper,
Assise au confluent de l'Oded et du Ster.
Comme sa cathédrale, aux deux tours dentelées,
S'élève noblement du milieu des vallées !

O perle de l'Oded, fille du roi Grallon,
Qui de saint Corentin portes aussi le nom,
Réjouis-toi, Kemper, dans tes vieilles murailles!
Vois avec quelle ardeur, ô reine de Cornouailles,
Tes fils de tous les points de l'antique évêché,
Pêcheurs et campagnards, viennent à ton marché!
Cornouaillais! en passant près de sa basilique,
Du bon saint Corentin adorez la relique.
Que tous ceux d'Elliant et des mêmes chemins
Boivent à sa fontaine et s'y lavent les mains;
Non pas les Léonards, eux de qui les ancêtres,
Voici quelque mille ans, hommes jaloux et traîtres,
Volèrent le poisson dont notre Corentin
Coupait pour se nourrir un peu chaque matin,
Et qui chaque matin, ô pieuse merveille!
Nageait dans sa fontaine aussi frais que la veille :
Eh bien! les Léonards volèrent ce poisson,
Mais Kemper n'oublia jamais leur trahison;
Sans jouir de leur crime, ils en portent la peine,
Et toujours le poisson nage dans sa fontaine.

Tant de gens sont venus au Marché-des-Jours-Gras,
Qu'à peine dans Kemper on pourrait faire un pas;
Le Champ-de-Foire est plein et d'hommes et de bêtes,
Et la Place-de-Ville est une mer de têtes.
Mais ces gens si nombreux, qu'on dirait des fourmis,
Tous ne reviendront pas ce soir à leur logis :
Voyez là-bas, voyez dans ce coin de la place,
De quels torrents de pleurs ils inondent leur face!
Ils ont droit de pleurer et de gémir si fort,
Les pauvres jeunes gens : ils sont tombés au sort!
Déjà pour les compter arrivent les gendarmes,
Et, comme eux, leurs parents sont noyés dans les larmes.

Je connais ce conscrit : c'est un enfant de Scaer,
C'est Lilèz, vrai Breton, un beau corps, un cœur fier.
Celle qui lui tint lieu de mère, sa marraine,
L'a conduit à Kemper avec sa fille Hélène ;
Avec sa fille Hélène elle est venue ici,
Car le jeune homme avait le cœur de celle-ci ;
Anna, son autre fille, était aussi du nombre,
Et Loïc qui la suit partout comme son ombre.
Enfin le confesseur lui-même était venu.
Leur mutuel amour du prêtre étant connu,
Homme sage, il voulut raffermir et défendre
Ces cœurs pleins de jeunesse et tout près de se fendre :
En tous lieux un départ est chose triste à voir ;
Mais dans notre Bretagne, oh ! c'est un désespoir !

Après bien des conseils au soldat, le vicaire
De loin vit arriver un pêcheur, son vieux père.
Bientôt, comme ils causaient entre eux d'Énèz-Eussà,
(L'île d'Ouessant), Lilèz, plus hardi, commença :
« Beaucoup, voyant mes yeux et mon visage humide,
« Diront que Dieu m'a fait d'un cœur faible et timide ;
« Peut-être à leurs foyers cet hiver diront-ils
« Que j'aurai peur devant les sabres, les fusils,
« Ou peur de la fatigue, et, toujours à la file,
« Avec mon régiment d'aller de ville en ville ;
« Dans les mauvais chemins portant sans nul repos
« Mes armes, mes habits, mes vivres sur le dos ;
« Peur enfin d'endurer ce qu'un soldat endure,
« Et, tout transi de froid, de coucher sur la dure :
« Mais, peur de la fatigue ou des coups de canon,
« A ceux qui diront oui ! moi je répondrai non !
« Devant les yeux du loup, hommes de ma famille,
« Vous savez si mon cœur tremblait ; vous, jeune fille,
« Ma cousine Léna, qui pleurez près de moi,

« Si moi je pleure aussi, vous savez bien pourquoi...
« Adieu, puisqu'il le faut, plaisirs de ma jeunesse!
« Adieu, mes chers parents, adieu donc; ma maîtresse!
« Vous, monsieur saint Alan, patron de mon pays,
« Adieu! je vais en France. Adieu, tous mes amis! »

Aux plaintes du soldat aucune des trois femmes
Ne répondit : l'angoisse avait brisé leurs âmes.
Toutes les trois pleuraient. C'est alors que Daûlaz,
Jeune clerc qui portait un livre sous le bras,
Dit ces mots, qui seront l'honneur de son histoire,
Et dont les assistants ont gardé la mémoire :

« Si tu veux, ô Lilèz! tu ne partiras pas,
« Dit le sage écolier qui se nommait Daûlaz.
« Retourne en ton pays; moi, l'étude me lasse,
« Et dans ton régiment j'irai prendre ta place.
« Oui, je prendrai ton sabre et ta giberne aussi,
« Tandis que tout l'été, jeune homme sans souci,
« Et comme un joyeux clerc dans le temps des vacances,
« Tu courras les Pardons, les luttes et les danses.
« Pour quitter notre bourg, Lilèz, j'ai mes raisons :
« Mes bras ne savent plus travailler aux moissons;
« On a brisé leur force. Hélas! un savant maître
« De moi, pauvre ignorant, a voulu faire un prêtre!
« Il a changé mon âme, et voilà mon malheur.
« Je ne suis point berger, je ne suis point docteur :
« Que puis-je faire ici? Je suis comme la pierre
« Qui le long du coteau roule faute de terre.
« Une fille pouvait m'arrêter en ce lieu;
« Mais elle ne veut point voler une âme à Dieu :
« Sa bouche me l'a dit. A cette fille même,
« A tous ceux de mon temps qui m'aimaient et que j'aime,
« Puis, à ma vieille Armel, adieu! — Pauvre garçon,

« Ce matin, en passant devant notre maison,
« Ce matin, j'entendis ma bonne et vieille mère
« Qui chantait d'une voix si triste en sa chaumière
« Que, pour la voir encore et lui parler un peu,
« J'ouvris, et vins m'asseoir près d'elle au coin du feu.
« Aussitôt je sentis en moi mon cœur se fondre,
« Et des discours, auxquels lui seul pouvait répondre,
« Sortirent de ce cœur si pressés, mais si doux,
« Que ma mère me dit : « Jeune homme, qu'avez-vous ? »
« Alors il fallut bien partir; mais, sur la route,
« Mes larmes, croyez-moi, tombaient à grosse goutte !
« A présent, Dieu la garde et lui donne toujours
« La mesure de blé nécessaire à ses jours !
« Quand je ne serai plus, qu'une âme charitable
« Prenne soin quelquefois de placer sur sa table
« Du chanvre pour vêtir son vieux corps sans chaleur,
« Et du cidre en hiver pour réjouir son cœur !
« Embrassons-nous, Lilèz ! voici la triste chose
« Qu'au pli de ton oreille en partant je dépose ;
« Mais si je ne puis rien pour ma mère et pour moi,
« Mes jours te serviront, Lilèz : ils sont à toi ! »

— « Ah ! si quelqu'un disait au pays d'où nous sommes,
« Qu'il n'est plus d'amitié loyale entre les hommes,
« Mon ami, celui-là ne t'a jamais connu,
« Ou de nos jeunes ans ne s'est point souvenu.
« L'un sur l'autre appuyés, et pareils à deux frères,
« Nous courions en chantant à travers les bruyères.
« Tout enfants nous n'avions qu'une âme avec deux corps :
« Eh bien ! nous voilà tels que nous étions alors.
« Le temps seul a changé. Mais, clerc de ma paroisse,
« Si ton esprit, habile à se nourrir d'angoisse,
« Dans le suc le plus doux ne cherche point du fiel,
« Ton verre jusqu'aux bords est encor plein de miel.

« Quant à moi, je boirai mon vase d'amertume
« Sans trop de désespoir, ainsi que j'ai coutume :
« Que Dieu m'aide, et peut-être un jour sous le drapeau
« J'aurai des lauriers verts autour de mon chapeau !
« Mais avant que le bruit des tambours nous appelle,
« Loïc, vous, mes parents, vous aussi, jeune belle,
« Entrons dans cette église, et prions Corentin
« Qu'il me guide toujours de sa crosse d'étain... »

Nous, vers le Champ-de-Foire, allons ! Le nombre augmente,
Et la bruyante ruche en plein midi fermente.
A peine ce matin on pouvait faire un pas,
Le plus fort à présent ne peut ouvrir les bras.
Cependant nul marché ne tient que si l'un tape
Dans la main, et que l'autre à son tour y refrappe ;
Il faut fendre la presse, et dans un cabaret
Boire ensemble, ou l'accord mal formé se romprait.
Durant une heure (ainsi l'usage le demande)
Pour un verre de cidre on chicane, on marchande.
Durant tous ces débats, les génisses, les veaux,
Sont là roulant leurs yeux et tendant leurs museaux.
On tire leurs jarrets, on trait les pis des vaches.
Les taureaux en fureur font claquer leurs attaches.
Les féroces bouchers, ces ennemis des bœufs,
Qui laissent une odeur infecte derrière eux,
Passent. Vous n'entendez que des troupeaux qui bêlent.
C'est un murmure immense où quelques voix s'appellent.
Mille gens, mille bruits. O peuples de Corré,
Vaillants hommes de Scaer, Loc-Ronan, Plou-Aré,
Vous n'avez rien perdu des anciennes coutumes !
Nos pères connaîtraient leurs fils à leurs costumes !
Vous la portez encor la braie aux plis flottants
Et vos grands cheveux bruns longs depuis trois mille ans !
Des rejetons nouveaux poussent aux vieilles souches !

Le langage breton sort de toutes les bouches!

Il était là, le barde, au port franc, à l'œil vif!
Cet hiver au village il ne fut point oisif.
Tandis que son moulin broyait l'orge ou le seigle,
Lui, couché sur les sacs, suivant son goût pour règle,
Tout en voyant tomber la farine et le son,
Et sa meule tourner, tournait une chanson ;
Et la foule, attirée aux airs de sa bombarde,
Aujourd'hui répétait les cantiques du barde ;
Airs anciens et nouveaux. Quand s'arrêtaient les chants,
Soudain recommençaient les appels des marchands,
Les rires des buveurs, et, devant les boutiques,
Les conversations bruyantes des pratiques :
« Tal-Houarn, un beau soleil et chaud pour la saison ;
« Encor trois jours, puis vient Carême et son poisson.
— « C'est vrai, le maigre arrive : en attendant, liesse,
« Jeanne ! et que ces trois jours soient une mer de graisse. »
Sous leurs coiffes de chanvre et leurs larges chapeaux,
De ces blonds jeunes gens quels sont donc les propos?
Leurs propos sont bien doux, car leur mine est bien tendre,
Mais ils parlent si bas qu'on ne peut les entendre.
Là, quelque étrange mot, reste du temps passé,
Vous fait ouvrir l'oreille : un vieillard tout cassé,
Debout près d'un cheval qui bâillait d'un air triste,
Lui dit, bien triste aussi : « Saint Éloi vous assiste ! »

Mélange enfin d'odeurs, de costumes, de voix,
Laboureurs et marins, ouvriers et bourgeois,
Douce odeur de bestiaux, exhalaison saumâtre
De poissons sur le gril, cris de pourceaux qu'on châtre,
Disputes d'hommes soûls, plaintes d'estropiés,
Et bêlements de veaux attachés par les pieds.

CHANT VINGTIÈME

LES CONSCRITS

Suite de l'histoire précédente. — Tendres adieux de Guenn-Du à son neveu Lilèz. — Exhortation du confesseur et de Tal-Houarn, le parrain du conscrit. — Lilèz entre dans l'Hôtel-de-Ville. — Foule sur la place autour du barde Ban-Gor. — Chant des conscrits de Plô-Meûr. — Grand bruit à la porte de l'Hôtel-de-Ville. — Comment Lilèz amena ce tumulte. — Le barde, le clerc et Tal-Houarn, le lutteur, ne restent pas oisifs. — Mêlée des gendarmes et des paysans. — Saint Corentin vient au secours des Bretons.

Pacifique chanteur aux villes de Cornouailles,
Dois-je d'un cri de guerre effrayer leurs murailles?
Hélas! ces grands marchés, pleins de foule et de bruit,
Rarement sans désastre arrivent à la nuit :
Trop souvent, je l'ai vu, dans ces fêtes celtiques,
Le vin de feu répand ses ardeurs frénétiques;
Les yeux au moindre mot s'allument, et les bras
A s'armer du bâton noueux ne tardent pas.
Alors hommes, bestiaux, tout se mêle, tout crie;
L'immense Champ-de-Foire est une boucherie :
Malheur donc aujourd'hui qu'au feu de la boisson
Un ardent désespoir a mêlé son poison!

Les désolés conscrits, devant l'Hôtel-de-Ville,
Embrassent leurs parents : ils sont là près d'un mille.

Déjà, quand ce matin ils faisaient leurs adieux,
Qui ne sentait aussi des pleurs mouiller ses yeux?
Le sombre souvenir, Kemper, dans ton histoire!
Leurs sanglots recouvraient tous les bruits de la foire.
Ils regardaient l'église et la place, et leur voix
Murmurait tristement : « C'est la dernière fois! »
Lilèz, ce cœur naïf et franc, Dieu le protége!
Ses parents, ses amis, lamentable cortége,
Du bon saint Corentin ont entouré l'autel :
Ah! pauvres gens de Scaer, entendez-vous l'appel?

Assez, Lilèz, assez de pleurs et de prières!
Le tambour bat, jeune homme, essuyez vos paupières!
Sortez de cette église aux ordres de la loi!
Vos moments ne sont plus à vous, ils sont au roi.
La faux se lève et court sur la fleur des peuplades...
O les poignants adieux! les sombres accolades!

Guenn, ouvrant ses deux bras, dit à son cher neveu
« Fils de ma sœur, venez ici me dire adieu.
« Qu'une dernière fois sur mon cœur je vous serre!
« Six ans venus, qui sait si je serai sur terre?
« Conscrit désespéré, si la main d'un méchant,
« D'un fourbe, n'avait point usurpé votre champ,
« Vous n'auriez point quitté, jamais, je le répète,
« Les lieux que vous aimez, où chacun vous regrette.
« Mais envers vous moi-même ai-je fait mon devoir?
« Si pauvre que je suis, il fallait chaque soir
« Mettre à part un denier; et cette faible somme,
« Grossie avec le temps, vous sauverait, jeune homme.
« Pour la dernière fois, venez entre mes bras!
« Quand vous serez parti que ferai-je ici-bas?
« Tous mes jours seront noirs. Les nuits, dans tous mes rêves,
« Je vous verrai le corps percé de mille glaives;

« Puis sur un chariot à demi-mort traîné,
« Et dans un hôpital de tous abandonné! »

Le prêtre interrompit la femme : « En toute chose,
« Souvenez-vous de Dieu, votre fin, votre cause ;
« Vos pas seront plus sûrs dans les adversités,
« Et votre cœur plus fort devant la mort. Partez. »

Et son parrain : « C'est moi, quand vous vîntes sur terre,
« Qui vous tins sur les fonts de notre baptistère ;
« Là, vous nommant chrétien, j'engageai votre foi :
« Or, parjure pour vous, le seriez-vous pour moi ? »

— « Non ; je me souviendrai des vœux de mon baptême ?
« Jésus, Dieu de pitié, soutient celui qui l'aime...
« Adieu ! j'entends l'appel. Oui, dans cette maison,
« On parque les agneaux pour couper leur toison.
« Les ouvriers sont prêts pour émonder les saules,
« Ah ! mes nobles cheveux qui couvraient mes épaules,
« Leur fer va les couper! Aide-moi, juste Dieu !
« Je serai moins qu'un homme en sortant de ce lieu. »

Puis, pressé par le flot de toute sa cohorte,
Il entra dans l'Hôtel, tandis que sur la porte
Ses parents et le clerc Daûlaz vinrent s'asseoir,
Pour lui parler encore ou du moins le revoir. —

Au milieu de la place est Ban-Gor. Sa parole
Assemble autour de lui la foule et la console.
Le barde, dans un chant énergique et sans art,
Des conscrits de Plô-Meûr racontait le départ :
Jour mauvais où tout homme était pris par la guerre,
Et que ceux d'à présent ne connaissent plus guère ;
Et leurs maux, mesurés à de plus grands dangers,

Tel est le cœur humain, leur semblaient plus légers.

Cet éloquent meunier, debout près de l'église,
Comme il chante avec feu, malgré sa barbe grise !
Oui, tout autre chanteur, aveugle ou mendiant,
Qui, mené par son chien, s'en va psalmodiant,
Honteux, devrait se taire en face d'un tel barde
Que tous ont surnommé le roi de la bombarde !

Quel air doux et plaintif et fait pour les Bretons !
Devant son escabot écoutons, écoutons !

« Jeunes gens désolés qui partez pour la France,
« Conscrits d'un temps de paix, emmenez l'Espérance !
« Elle vous guidera loin de nos verts taillis :
« Un jour vous reviendrez avec elle au pays.

« Un temps fut (que jamais, Seigneur, il ne renaisse !)
« Où tous ceux de vingt ans maudissaient leur jeunesse ;
« Par bandes chaque année on les voyait partir :
« Hélas ! on ne voyait aucun d'eux revenir.

« Les bourgs étaient déserts ; des gens usés par l'âge,
« Ou des enfants, erraient seuls dans chaque village,
« Partout les bras manquaient pour semer ou planter,
« Et les femmes enfin cessèrent d'enfanter.

« Napoléon était le chef qui, pour ses guerres,
« Enlevait sans pitié leurs fils aux pauvres mères :
« On dit qu'en l'autre monde il est dans un étang,
« Il est jusqu'à la bouche en un marais de sang.

« Lorsque ceux de Plô-Meûr pour ces grandes tûries
« Furent marqués : « Le loup est dans nos bergeries,

« Dirent-ils en pleurant; soumettons-nous au mal,
« Et tendons notre gorge aux dents de l'animal. »

« Ils dirent au curé : « Nous partirons dimanche;
« Prenez, pour nous bénir, l'étole noire et blanche. —
« A leurs parents : « Mettez vos vêtements de deuil. —
« Au menuisier : « Clouez pour nous tous un cercueil. »

« Horrible chose! on vit, traversant la bruyère,
« Ces jeunes gens porteurs eux-mêmes de leur bière;
« Ils menaient le convoi qui priait sur leur corps;
« Et, vivants, ils disaient leur office des morts.

« Beaucoup de gens pieux des communes voisines
« Étaient venus : leurs croix brillaient sur les collines;
« Sur le bord des chemins quelques-uns à genoux
« Disaient : « Allez, chrétiens, nous prirons Dieu pour vous. »

« Au milieu de la lande où finit la paroisse
« S'arrêta le convoi : ce fut l'heure d'angoisse.
« Dans la bière on jeta leurs cheveux, leurs habits,
« Et tout l'enterrement chanta *De Profundis*. »

« Les pères sanglotaient : il semblait que les femmes
« Dans leurs cris forcenés voulaient jeter leurs âmes;
« Tous appelaient leurs fils en se tordant les bras;
« Comme s'ils étaient morts, eux ne répondaient pas.

« Graves, et sans jeter un regard en arrière,
« Ils partirent, laissant à Dieu leur vie entière :
« Deux à deux ils allaient tout le long des fossés,
« Si mornes qu'on eût dit de loin des trépassés.

« Dieu reçut ces martyrs. Dans quelque fosse noire

« Leurs os depuis longtemps sont plus blancs que l'ivoire ;
« Quant aux parents, la mort n'en laissa pas un seul :
« Pères et fils tiendraient dans le même linceul...

« Jeunes gens désolés qui partez pour la France,
« Conscrits d'un temps de paix, à vous bonne espérance.
« Le monde est beau, partez ! De retour au pays,
« Fièrement vous direz un jour : « J'ai vu Paris ! »

Ce chant consolateur redit par mille bouches
Allait recommencer, quand des rumeurs farouches
Couvrirent la bombarde et la voix du meunier.
On vit tout en fuyant un jeune homme crier :
« Daûlaz ! à moi, Daûlaz ! » Et devant la mairie,
Sur ses pas se ruaient des soldats en furie.
« A moi ! » cria plus fort le fuyard ; et Daûlaz,
Jeune clerc qui portait un livre sous son bras,
Courut sur le gendarme, et, du dos de son livre,
Il l'ajusta si bien qu'il l'étendit comme ivre.
Jamais, certe, un tel coup n'atteignit un soldat :
Mais tout ce qui peut nuire est arme de combat.
Aussitôt les amis se mirent de la fête.
Les Bretons, toujours prêts à frapper sur la tête,
Agitaient leurs bâtons : « Parbleu, se dit Ban-Gor,
« Si ma tête blanchit, mon bras est jeune encor !
« Jetons mon cri de guerre ! » Et, sus, le joyeux barde
D'un son aigre et perçant fit frémir sa bombarde.
Pour Tal-Houarn, le lutteur, c'était le sanglier
Qui, les crins hérissés, débouche du hallier.
Ses longs cheveux épars, c'est ainsi qu'il se rue,
Tête et bras en avant, au fort de la cohue.
Les gendarmes alors de vider leurs fourreaux,
Et vers le Champ-de-Foire, au milieu des bestiaux,
Les Bretons de s'enfuir : « Morts ou vifs, qu'on amène

« Les deux garçons de Scaer, criait le capitaine.
— « Viens, repartit Lilèz, viens, coupeur de cheveux !
« Tes mains ne tiennent pas encor ce que tu veux. »

Le farouche conscrit ! c'est lui qui sur sa tête,
Ayant vu des ciseaux la lame déjà prête,
De la main des tondeurs brusque s'était sauvé,
Et par qui se trouvait ce tumulte élevé.
D'un fléau qu'il décroche au mur d'une boutique,
Quels coups à droite, à gauche, en tous sens il applique,
Couvrant le jeune clerc de soldats entouré,
Délivrant son ami qui l'avait délivré !

Jamais batteur de blé ne fit meilleur ouvrage.
La foule l'admirait, et lui disait : « Courage ! »

Ainsi près de Kemper, quand, voici cinq cents ans,
Contre les durs barons luttaient les paysans,
Et, nus, qu'ils attaquaient ces pâtres de Cornouailles,
Les chevaliers cachés sous leurs cottes de mailles,
Jean, leur chef (saint martyr tombé là comme eux tous),
Semait autour de lui d'épouvantables coups ;
Et les mourants criaient, dans l'affreuse campagne :
« Tiens bon, Jean ! tu seras duc et roi de Bretagne ! »

Ah ! le jeune Lilèz ce jour-là fit bien voir
Que Jean laissa des fils qui savent leur devoir.
Et le terrible clerc, le lutteur et le barde,
Malheur contre un des trois, mort à qui se hasarde !
A leur aide accouraient tous les forts des cantons :
C'était un grand combat de soldats à Bretons.
Tous criaient : on eût dit les abois d'une meute.
Le préfet, entendant de loin gronder l'émeute,
Dépêcha des courriers : « Le peuple est soulevé ! »

Dirent-ils en rentrant. Et bientôt le pavé
Résonnait dans Kemper sous sa nombreuse escorte ;
Et bourgeois et marchands barricadaient leur porte.

Pour lors des campagnards le sort était certain,
Si saint Éloi, prié par le bon Corentin,
Saint Éloi n'eût trouvé pour les fils de Cornouaille
D'étranges alliés, plus forts que la mitraille.
Des hommes sans croyance ont dit, méchants propos !
Que le bruit du combat effraya les troupeaux ;
Ou que des maquignons venus de Normandie,
Race d'humeur sournoise et de gestes hardie,
Avaient semé dans l'air, par un art odieux,
Une poudre qui rend les bestiaux furieux :
Dieu le sait ! mais les bœufs, les chevaux et les vaches
Dans le même moment brisèrent leurs attaches ;
Et tous les fronts cornus et les immenses dos
Bondirent furieux et fous comme les flots,
Renversant les bouviers, lançant contre les bornes
Gendarmes et soldats enfourchés par leurs cornes.
Effroyable mêlée ! ah ! vos deux jeunes gens
Désormais, Corentin, bravaient leurs poursuivants !
Vos cloches résonnaient comme un jour de victoire.
Depuis la Terre-au-Duc jusques au Champ-de-Foire,
Sur les quais de l'Odet et sur les quais du Ster,
Ce n'étaient que fuyards dispersés dans Kemper ;
Car derrière eux venaient de grandes voix beuglantes,
Et des yeux flamboyants, et des cornes sanglantes ;
Chez lui le plus hardi rentrait épouvanté :
Les animaux étaient maîtres de la cité.

CHANT VINGT-UNIÈME

LES FILEUSES

Les deux veuves, Guenn et Armel, vont offrir un sac de blé à la patronne de Scaer. — Rencontre du fermier Tal-Houarn. — Nouvelles du clerc et du conscrit. — Pays de Tréguier : la maison d'Hervé, le tisserand. — Filerie chez Hervé : la petite Mana, sa fille. — Comment deux jeunes gens de Cornouaille se trouvaient à cette veillée. — Merveilleuse légende des fées de Berneuf. — Bonne plaisanterie du tisserand. — Les gendarmes. — Appel aux deux veuves.

« Oui, mon brave parent; oui, cette mère en larmes,
« Et moi qui dans mon cœur ai bien ma part d'alarmes,
« Nous ne pouvions souffrir plus longtemps ce tourment.
« Ce matin j'ai donc mis le bât sur la jument,
« Et nous allons porter ces mesures de seigle
« A la sainte de Scaer, ma patronne et ma règle ;
« Et, s'ils vivent encor, nous verrons avant peu
« Elle, son cher enfant, et moi, mon cher neveu...
« Mais tous deux sont tombés sous leurs bourreaux infâmes,
« Et, comme eux, nous n'avons qu'à mourir, pauvres femmes ! »

Le bon Tal-Houarn sourit : « Vivez pour vos enfants,
« Armel, et vous, Guenn-Du ; car tous deux sont vivants. »
— « Est-il vrai, juste ciel ? ô Vierge sainte et pure ! »
Et les voilà glissant du haut de leur monture.

« — Vous connaissez Hervé, qui nous vient deux fois l'an :
« Ce paisible fileur est un ancien chouan.

« Au marché de Kemper il vit nos jeunes hommes
« Abattant sous leurs coups, comme en été les pommes,
« Gendarme sur gendarme et soldat sur soldat ;
« Et lui-même, dit-on, prit sa part du combat :
« Si bien qu'en sa voiture il sut, après l'affaire,
« Cacher notre écolier et notre réfractaire ;
« Et tous les deux blottis sous un amas de fil,
« Suivirent en Tréguier le tisserand subtil...
« Mais (pensez-vous) comment ai-je appris leur histoire ?
« D'un homme qui toujours voyage et qu'on peut croire :
« A Doussall, le saunier, en certain cabaret,
« Pour qu'il vînt nous le dire ils ont dit leur secret.

« — Que Dieu soit donc béni ! reprit l'une des veuves ;
« C'est une heure de calme après un mois d'épreuves :
« Qu'il soit fait cependant comme il était réglé,
« Et que la bonne sainte ait notre sac de blé. »

O Guenn ! portez-en deux ; en de plus sûrs asiles
Jamais des exilés n'ont vécu plus tranquilles. —

Vers le bourg de Lan-Leff si vous allez un jour,
De son temple roman, lecteur, faites le tour ;
Puis demandez Hervé, le bon faiseur de toiles.
Le fin lin pour le corps, le chanvre pour les voiles,
Garnissent ses métiers ; mais une blonde enfant,
Voilà son vrai chef-d'œuvre à l'adroit tisserand.
On l'appelle Mana. Cette enfant, rose et blanche,
Toute jeunette encor, ne sort que le dimanche ;
Mais comme d'un enclos le parfum d'une fleur,
Du toit d'Hervé s'exhale une fraîche senteur.

Un soir de février, nuit sombre et pluvieuse,
Toute une troupe active, une troupe joyeuse

De filles dont les doigts tiennent un long fuseau,
Et dont l'épaule gauche a pour arme un roseau,
Chez Mana s'est rendue : on y fait la veillée.
Celle qui finira plus tôt sa quenouillée
Doit avoir un ruban d'or et d'argent broché,
Que la mère acheta le jour du grand marché.
Elle avait bien prévu, l'habile ménagère,
Qu'elle et sa jeune enfant, malgré leur main légère,
Seules ne pourraient pas filer dans la saison
Tant de chanvre et de lin encombrant la maison.
Donc autour de son feu tout le hameau s'assemble ;
Ce qu'elles n'ont pu faire on va le faire ensemble ;
Entre amis les fardeaux se doivent partager :
L'œuvre devient facile et le travail léger.

Quand vous étiez captif, Bertrand, fils de Bretagne,
Tous les fuseaux tournaient aussi dans la campagne ;
Chaque femme apporta son écheveau de lin :
Ce fut votre rançon, messire Du Guesclin !

Oh ! comme sous la main de ces braves voisines
Rapidement ce soir se couvrent les bobines !
De la quenouille à peine un brin s'est dégagé
Qu'il s'allonge, se tord : en fil on l'a changé.
Pas un doigt, pas un pied un seul instant n'arrête.
Les rouets et les fuseaux tournent et sont en fête.
Pour exciter ici le zèle et la gaîté,
Il n'était pas besoin de ruban argenté ;
Car Tréguier, le pays des maîtresses fileuses,
Sans mentir est aussi le pays des chanteuses :
De la Bonne-Duchesse au premier roi Conan,
Elles pourraient trouver une chanson par an.

Cependant dites-nous, ô blanche filandière,

LES BRETONS.

Innocente Mana, qui restez en arrière,
Malgré vos quatorze ans, Manaïc, dites-nous
Pourquoi, comme vos yeux, votre chant est si doux?
En fumant près du feu votre aïeul vous écoute,
Et votre père aussi : vous les aimez sans doute ;
Mais, blanche filandière, innocente Mana,
Si douce, votre voix jamais ne résonna !...

Ah ! voici près de vous deux garçons de Cornouaille,
Avec leurs longs cheveux tombant jusqu'à la taille !
Ils sont là, leurs regards par le vôtre éblouis,
Ces deux enfants de Scaer, errant loin du pays !
Votre père accueillit les jeunes réfractaires ;
Et déjà, sous ce toit entouré de mystères,
Il semble qu'oublieux des anciennes amours,
Volontiers loin du monde ils passeraient leurs jours :
Ils ont tout oublié, leurs parents dans les larmes,
Des amis inquiets, et même les gendarmes
Qui peuvent, tout à coup entrant dans la maison,
De ce réduit heureux les traîner en prison.

Mais la gentille enfant : « Ce soir, chacun travaille.
« Resterez-vous oisifs, nos amis de Cornouaille? »
Et Loïc, élevant les mains, Mana roulait
Son fil neuf à l'entour. Pour Lilèz, il filait.
Aussi s'écria-t-il gaîment : « Me voilà fille !
« Apportez-une jupe, et vite qu'on m'habille !
« — Est-ce donc votre barbe, ô jeune homme si fier,
« Qui vous dit qu'une coiffe irait mal à votre air ? »

Tous de rire ; et Lilèz, se troublant dans son rôle,
Un moment demeura honteux, le joyeux drôle.

La mère poursuivit : « Conscrit aux airs railleurs,

« Les gars de Pont-Ivi sont, comme nous, fileurs ;
« Mais croyez que leurs mains, pour tenir la quenouille,
« Ne laissent pas manger leurs fusils par la rouille.
« Oui, même les Esprits de la mer et des bois
« A tourner le fuseau se plaisaient autrefois.
« — C'est vrai, dit le grand-père en lâchant ses bouffées,
« A Berneuf les anciens ont vu filer les fées.
« — Grand-père, oh ! dites-nous un conte du vieux temps !
« — Moi, bon Dieu ! je n'ai plus ni mémoire, ni dents,
« Mais mon fils et ma bru connaissent cette histoire.
« — Eh bien ! je vais fouiller au fond de ma mémoire,
« Dit Jeanne ; et mon mari, qui se tait dans son coin,
« Hervé me prêtera secours s'il est besoin.

« Voici de ça longtemps. Alors les pauvres femmes
« N'usaient point à filer leurs corps avec leurs âmes,
« Car dans leurs beaux palais de jaspe et de corail,
« Des Esprits bienfaisants seuls faisaient ce travail.
« Ces Esprits, les Bretons les appelaient des fées.
« Or ces dames, de gaze et de soie attifées,
« Depuis bien des mille ans au doux pays d'Arvor
« Vivaient, et leurs fuseaux on peut les voir encor :
« Enfants (retenez bien), ce sont les grandes pierres
« Qui se tiennent debout au milieu des bruyères.
« Ces grès, dont nul savant ne sait dire le poids,
« Pesaient moins qu'un fétu pour leurs agiles doigts.
« Aussi leur tâche était bien vite terminée :
« A nos travaux d'un an suffisait leur journée.
« Pourquoi ces bons Esprits ont-ils quitté nos champs ?
« Mes amis, ce secret est celui des méchants.

« Mais, c'était à Berneuf, sur le bord de la grève,
« Dans leur grotte d'azur, comme on n'en voit qu'en rêve,
« Pleine de sable d'or, pleine de larges fleurs

« D'où sortaient à la fois des parfums, des couleurs ;
« C'était dans ces rochers que se plaisaient ces reines
« Dont les chants répondaient aux chansons des sirènes.
« Secourables au faible, appui de l'indigent,
« Elles aidaient celui qui perdait son argent :
« Dans leur grotte on faisait la nuit quelque prière ;
« Le lendemain l'argent brillait sur une pierre !...
« Mais, fileuses, c'est nous, nous que leur amitié
« Entre les malheureux semblait prendre en pitié.
« Peu nous gagnait leur cœur : quelques simples offrandes
« De beurre et de pain frais, dont elles sont friandes.
« Le soir vous alliez donc, portant un panier plein
« De leurs mets favoris, puis de chanvre et de lin ;
« Et quand vous reveniez le matin, de bonne heure,
« Il ne restait plus rien du pain frais et du beurre,
« Mais le chanvre et le lin, le tout était filé,
« Et de cent écheveaux votre panier comblé.

« Ah ! voilà le bon temps ! heureuses nos aïeules !
« Pour faire tant d'ouvrage, hélas ! nous sommes seules !
« Ou plutôt les démons remplacent les Esprits.
« Les méchants viennent vite où les bons sont proscrits.
« Moi, je nomme démons toutes ces mécaniques,
« Vrais engins de l'enfer, trouvailles sataniques,
« Qui font que le fileur, épuisé de besoins,
« Toujours travaille plus, et toujours gagne moins. »

Tel était le récit de Jeanne ; et dans ce conte
Bien des cœurs sérieux sauraient trouver leur compte.
Le clerc en fut touché, lui qui toujours rêvait.
Mais comme le travail de Mana s'achevait,
S'achevait le premier, il restait dans l'attente
Pour offrir le ruban à la plus diligente,
Espérant que ce zèle ardent serait compris,

Et que le prix offert lui-même aurait son prix.

Une dernière mèche était presque tournée,
Lorsque du fond de l'âtre et de la cheminée
Sort une voix aiguë et grêle, un bruit pareil
A la voix des grillons qui chantent au soleil,
Comme une voix de fée : « Eh quoi! l'Angelus sonne,
« Et vous filez encor! Dormez, je vous l'ordonne. »
Soyez sûrs qu'à ces mots chacun se tenait coi,
Et promenait un œil timide autour de soi,
Quand, parmi les tisons et les cendres de l'âtre,
On vit lourdement choir la fée au teint noirâtre :
C'était messire Hervé qui, morne tout le soir,
Voulait donner enfin preuve de son savoir,
Et terminer gaîment par sa plaisanterie
Cette laborieuse et longue filerie. —

Non, tout n'est pas fini. Des pas forts et pesants,
Des pas qui n'étaient point connus des paysans,
Viennent vers la maison ; puis on fait une pause
Comme au moment d'agir quelqu'un qui se dispose ;
Enfin une voix rauque : « Ouvrez, au nom du roi! »
Mana laissa tomber sa quenouille d'effroi.
Les conscrits saisissaient leur bâton ; mais le maître
Sur son petit courtil ouvrit une fenêtre ;
Et lorsque dans la ferme, après plus d'un retard,
Les gendarmes entraient, ils arrivaient trop tard :
Vers un manoir, caché sous ses bois solitaires,
A travers champs fuyaient les jeunes réfractaires.

Veuves, c'est à présent, ô femmes de douleurs,
Qu'il faut sur vos enfants recommencer vos pleurs,
Et devant tous les Saints, les Anges et les Vierges
Porter vos sacs de blé, brûler vos bouts de cierges :

Vienne l'appui d'en haut, et laissez sur leurs pas,
Laissez se déchaîner les fureurs d'ici-bas!
Mais, veuves, hâtez-vous! priez, ô pauvres mères!
Contre eux se sont ligués les préfets et les maires ;
Et les voilà, fuyant de pays en pays,
Chevreuils légers des bois par les chiens poursuivis.

CHANT VINGT-DEUXIÈME

LES RÉFRACTAIRES

> Quelles gens passaient un soir sur le pont de Tréguier. — Un fermier de Cornouaille à la recherche de son filleul. — Jean Le-Guenn, le chanteur. — Une vieille. — Rencontre de la vieille et de deux jeunes Cornouaillais à la chapelle de la Haine. — Vie errante des deux réfractaires. Jean Le-Guenn chante son retour. — La maison de l'Aveugle. — Hospitalité du chanteur. — Le fermier Tal-Houarn retrouve son filleul. — Histoire de la pierre bornale. — Libre retour en Cornouaille des deux réfractaires.

Au coup de l'Angelus, comme le jour baissait,
Sur le pont de Tréguier bien du monde passait :
Paysans et bourgeois suivaient chacun leur file;
Les uns allant aux champs, les autres à la ville.

Un homme de Kemper, escorté d'un grand chien,
Longtemps dans son bureau fit causer le gardien :
A peine celui-ci surveillait son péage,
Tant il fallait répondre à cet homme en voyage;
L'obstiné Cornouaillais enfin le laissa seul,
Et partit en disant : « Où donc est mon filleul? »

On vit encor venir d'un pas lourd, mais rapide,
L'aveugle Jean Le-Guenn avec son petit guide.
« Jean, un air! je pairai le passage pour vous. »
Mais Jean ne chantait pas ce jour-là pour deux sous.

Enfin, d'un manteau noir avec soin entourée,
Une femme passait le pont dans la soirée. —

En face de Tréguier, sur les bords du Jaudi,
Est un lieu, longtemps saint, à présent lieu maudit.
Des plâtres verts et nus, où rôde le cloporte,
Un loquet tout rouillé qui tremble sur la porte,
Au dedans un autel sans nappe, et, sous les toits,
L'araignée immobile étendant ses longs doigts,
Voilà cette chapelle horrible! A la sortie,
Partout le pied se brûle à des feuilles d'ortie.
Autrefois sa patronne était la Vérité :
C'est la Haine aujourd'hui dont le culte est fêté.

Ils disent en Tréguier qu'aucun d'eux ne visite
Ni de jour ni de nuit leur église maudite.
Mais à ce nom pourquoi se signer en tremblant,
Et jusqu'à la chapelle un sentier toujours blanc?
« C'est vrai, vous répondront alors ces bonnes âmes :
« Mais, croyez-le, jamais il n'y va que des femmes. »

Donc, par l'étroit sentier, au tomber de la nuit,
Une femme montait, montait seule et sans bruit.
Couverte de haillons, vieille et toute ridée,
Elle allait, le cœur plein de quelque horrible idée.
Des pas se font entendre; elle s'arrête, et voit
Derrière elle des gens s'acheminant tout droit.
Bientôt, tournant vers eux sa figure blafarde,
La vieille aux yeux perçants dans les yeux les regarde :
« Je sais, je sais, dit-elle, où vous allez ainsi !
« Vous connaissez les lieux, quoique nés loin d'ici.
« Pourtant, ne fuyez point les avis d'une vieille :
« Tous les saints à la voix du pauvre ouvrent l'oreille.
« N'est-ce pas, jeunes gens, vous êtes deux amis?

« Mais peut-être avez-vous aussi des ennemis?
« — Oui-da, cria l'un d'eux (c'était un réfractaire),
« Et tout un bataillon ! — Chut ! fit avec mystère
« Le second. — Mes enfants, je l'aurais deviné ;
« Car vers vous deux mon cœur dès l'abord s'est tourné.
« Qui n'a ses ennemis? Contre eux usons d'adresse.
« Vous voyez : je ne suis, hélas! qu'une pauvresse;
« Mais, sans de longs procès, et sans armes, je puis
« Mettre par mon savoir un terme à vos ennuis.
« Trois *Ave* seulement, et certaine prière,
« Tous ceux que vous craignez s'étendront dans leur bière. »
Elle est folle, pensa le sage clerc Daùlaz...
« Mère, mon compagnon et moi nous sommes las;
« Nous n'allons point chercher la haine et la vengeance,
« Mais de l'âme et du corps ce soir quelque allégeance. »

Puis il poussa du pied la porte aux gonds rouillés;
Et tous deux, sur le sol humide agenouillés,
Pour leurs parents, pour eux, pour leurs ennemis même,
Ils prièrent, fermant la bouche à tout blasphème...
O jeunes gens! c'est bien : la haine, air malfaisant,
Sur l'esprit qui l'exhale en orage descend;
Mais les larmes d'amour, dans le ciel condensées,
Sur les cœurs doux et purs retombent en rosées.
Votre sort changera.

     Toute à son noir projet,
Comme une chienne au seuil, la vieille n'en bougeait.
Dès que l'un d'eux parut : « Or çà, mes gars, dit-elle,
« Que veniez-vous chercher ce soir dans la chapelle?
« Innocents Cornouaillais, savez-vous ce qu'on dit?
« Lorsqu'on ne maudit pas, soi-même on est maudit.
« Vos colères à vous sont toutes dans la tête :
« Vous jurez, vous frappez, c'est toute la tempête.

« Nul de vous n'a le cœur de garder plus d'un jour
« Une haine robuste avec un grand amour.
« Pourtant, hommes légers, de vos langues de femmes
« Ne lancez pas sur nous des paroles infâmes,
« Sinon (j'ai mes secrets), comme l'herbe des prés,
« Sur vos genoux tremblants, vilains, vous sécherez ! »

A ces cris de la vieille, à son rire effroyable,
Le bon Lilèz crut voir la servante du diable.
Brusquement il saisit son ami par la main,
Et passa devant lui dans le petit chemin.
Alors, faisant effort pour desserrer ses lèvres :
« Partons, dit-il ; déjà je tremble et j'ai les fièvres... »

Depuis le soir d'alerte où, grâce à maître Hervé,
Ce couple de proscrits des soldats s'est sauvé,
Ils ont couru tous deux bien des bois, des bruyères,
Visitant les manoirs, évitant les chaumières :
Hélas ! dans ce pays, moins breton tous les ans,
Chose amère ! ils craignaient leurs frères paysans.
Le regard d'un passant, un bruit dans les feuillages,
Les aboiements des chiens rôdant près des villages,
Tout les faisait trembler. « Autant vaut être loups, »
Disait Loïc. Lilèz reprenait : « Sauvons-nous ! »
A grands pas cette nuit ils marchaient vers la côte.
Ce fut, en les quittant, le conseil de leur hôte :
« Vite, gagnez un port ; puis, sur un bâtiment,
« Pour Vanne ou pour Auray partez secrètement.
« Là, mes amis, des bras vaillants, des âmes fortes ;
« Là, vous verrez s'ouvrir pour vous toutes les portes :
« Gendarmes et soldats n'auront qu'à se damner.
« Comme au vieux temps, c'est là qu'on peut encor chouanner. »

Les deux bannis, suivant leur course aventurière,

Au-dessous de Tréguier côtoyaient la rivière,
Quand l'un des deux, marchant avec plus de lenteur,
Murmura : « Je connais la voix de ce chanteur! » —

Jean Le-Guenn est assis au seuil de sa cabane :
D'une longue tournée aux paroisses de Vanne
Il arrive, son sac dégarni de chansons,
Mais plein de beaux deniers jetant de joyeux sons.
Comme le mendiant qui vend ses patenôtres,
Lui va semant partout ses chants et ceux des autres ;
Il va, les yeux fermés et le front en avant,
Barde aveugle appuyé sur le bras d'un enfant.
Enfin, quand ses cahiers courent chaque commune,
Il rapporte au logis sa petite fortune :
Le voici revenu depuis la fin du jour,
Et galment sur sa porte il chante son retour.

L'aveugle cependant fait soudain une pause,
Son oreille subtile entendant quelque chose.

« Poursuivez, Jean Le-Guenn, oh! nous vous connaissons,
« Nous savons mieux que vous plusieurs de vos chansons.
« Quel Breton n'écouta votre voix dans les fêtes,
« Et, lorsque vous passez, ne dirait qui vous êtes?
« Poursuivez, Jean Le-Guenn, cet air va droit au cœur ;
« Aux voyageurs lassés il rend quelque vigueur.
« —Je chantais pour moi seul, jeunes gens de Cornouailles.
« C'est mon salut d'usage à ces pauvres murailles,
« Mais puisque l'air vous plaît, ô jeunes gens courtois,
« Écoutez ; je suis fier de chanter pour nous trois :

« Ma maison est bâtie au bord de la rivière ;
« Si son toit est en paille, elle a des murs en pierre
« Comme cet ancien barde, harmonieux maçon,

« Chanteur, avec mes chants j'ai construit ma maison.

« Tout près est un courtil où vient jaser l'abeille,
« A ses bourdonnements en été je sommeille ;
« J'y trouve (c'est assez) des légumes, du lin :
« Il y manque un pommier, l'arbre cher à Merlin.

« Hélas! ce n'est pas moi dont la main le cultive !
« Mais, au temps des moissons, lorsque l'aveugle arrive,
« Quand, les pieds tout poudreux, il rentre de bien loin,
« De son petit enclos ses amis ont pris soin.

« Oh! venez, venez voir la belle forêt verte,
« Les grands pins résonnants dont ma hutte est couverte !
« Si mes yeux ne voient pas leurs rameaux toujours verts,
« Au murmure des pins je murmure des vers.

« Enfin, chère maison, pour ton dernier éloge,
« La mer baigne tes pieds ; elle nous sert d'horloge ;
« J'écoute son départ, j'écoute son retour :
« Le flux et le reflux nous mesurent le jour.

« Ma chaumière, il est vrai, n'a pas une fenêtre ;
« Sans doute elle a voulu ressembler à son maître,
« Elle est aveugle aussi, notre sort est pareil ;
« Comme moi ma maison est fermée au soleil... »

— « Oh! la douce chanson! la chanson douce et tendre !
« Dirent les jeunes gens : heureux qui peut l'entendre !
« Imprimez-la, brave homme, et de tous nos pays
« Des pèlerins viendront saluer ce logis ;
« Et si, comme aux Pardons, chacun laisse une offrande,
« La petite maison bientôt deviendra grande.
« Mais vous n'avez point dit, ô maître des songeurs,

« Si jamais votre seuil s'ouvrait aux voyageurs. »

L'aveugle avec bonté s'était pris à sourire.
Il étendit les bras devant lui sans rien dire,
Et quand des jeunes gens il eut saisi la main :
« Mes amis, je vous tiens sous clef jusqu'à demain. »

Ils entrèrent. Bientôt un feu de lande sèche
Égaya la maison encore humide et fraîche;
Et même un peu de cidre animant les conscrits :
« Jean Le-Guenn, dirent-ils, vous logez des proscrits!
« — Certain par vos discours de vos âmes honnêtes,
« Je ne demande pas, mes enfants, qui vous êtes;
« Sans crainte en mon logis vous pouvez demeurer,
« Errant toujours, je sais tous les ennuis d'errer. »
Et leur montrant à terre une botte de paille :
« Allons, faites vos lits, déserteurs de Cornouaille!
« Nul ne viendra ce soir... »

                                        L'aveugle se trompait;
Car à coups redoublés à sa porte on frappait.
Le clerc pâlit, cherchant par quel trou disparaître :
Mais la maison de Jean n'avait point de fenêtre.
Comme chez maître Hervé chacun se tenait coi,
Quand l'étranger reprit : « Ouvrez, au nom du roi! »
Pour lors ce fut Lilèz qui courut vers la porte,
Et l'ouvrit en riant de sa voix la plus forte :
« Mon parrain! — Mon filleul! » Et le chien Bleiz léchait
Son maître bien-aimé, qui vers lui se penchait.
« Hervé n'avait point tort de plaindre les gendarmes :
« Tout marcheur que je suis je vous rendrais les armes,
« Dit le brave fermier; mais pourquoi se cacher
« Lorsqu'un père, un ami, se tue à vous chercher? »
Alors il déroula les heureuses nouvelles

C'est une règle ancienne : il visite en détail
La terre et le logis, la grange et le bétail. —

Guenn voulut ce jour-là, cette prudente veuve,
Décorer sa maison comme une maison neuve.

Jamais on n'aura vu logis si bien rangé,
Meubles plus reluisants, buffet mieux étagé,
Sous un linge plus blanc meilleur pain sur la table,
Plus de seigle au hangar, plus de foin dans l'étable.
L'abondance partout, partout la propreté.
Dès la pointe du jour (un beau matin d'été)
Elle-même éveillait valet, berger, servante,
Sa fille. Les dormeurs étaient dans l'épouvante :
« Alerte, mes enfants ! de vos draps sortez tous !
« Demain vous dormirez, aujourd'hui levez-vous !
« Sus ! sus ! j'ai partagé l'ouvrage entre vous quatre.
« Vous, Alan, balayez la grange et l'aire à battre;
« N'y laissez pas un grain de sable. Vous mettrez
« Sous les bestiaux des lits de paille bien fourrés.
« Vous, mes filles, il faut qu'en nos murs on se mire.
« N'épargnez point vos bras, n'épargnez point la cire;
« Cirez tous les bahuts, frottez, cirez encor :
« Je veux que ma maison brille comme de l'or. »

Lecteurs, vous devinez pourquoi ces airs de fête.
Une grande visite aujourd'hui sera faite.
Tal-Houarn doit amener lui-même son filleul,
Et dans cette entrevue il ne sera point seul :
Les plus proches parents, enfourchant leur monture,
Du jeune homme amoureux viendront voir la future,
Et d'un œil curieux visitant la maison,
Diront au fiancé s'il a tort ou raison.
C'est leur droit. Pour Tal-Houarn, son devoir lui commande

Sous un air cordial l'adresse la plus grande.

Du cœur de sa cousine en secret assuré,
Loin d'elle par décence il s'était retiré,
Le brûlant fiancé; mais à quelle poursuite
Léna se trouva-t-elle en butte par sa fuite?
D'insinuants tailleurs, de graves mendiants
Chaque jour arrivaient au nom des prétendants;
Mais se présentaient-ils? la poêle retournée
Disait : « Cherchez ailleurs. Adieu, bonne journée! »
Ou, sans faire semblant, on éteignait les feux :
Les tisons relevés chassent les amoureux.
Pour Ban-Gor, le meunier, envoyé du jeune homme,
Dès qu'il parla chacun fut d'accord, voici comme :
Au sortir de chez lui, voyant sur un pommier
Une pie à l'œil clair qui semblait l'épier,
Il rentra; mais bientôt deux blanches tourterelles,
Qui roucoulaient d'amour en polissant leurs ailes,
L'appelèrent. Soudain le prudent messager,
A la main un genêt vert, flexible et léger,
Repartit, méditant le discours sage et tendre
Qu'à la mère et la fille il devait faire entendre :
Maître en plus d'un métier, bon meunier, beau parleur,
Son art savait de tout tirer la fine fleur.
Aussi, dès qu'il parut, les lèvres de sourire,
Les tisons de flamber et les poêles de frire :
« Demain donc nos amis reviendront! » leur dit-il.
Un instant suffisait à cet homme subtil.

Les voici! les voici! toute une cavalcade.
Le chien à sa façon leur entonne une aubade.
Alan vient recevoir et loger les chevaux;
Et, pour leur faire honneur, suspendant ses travaux,
La fermière s'avance avec Léna, sa fille :

« Quelle grâce m'amène aujourd'hui ma famille? »
— Dit-elle en souriant. « Des parents sont jaloux,
« O Guenn! de visiter des veuves comme vous. »
Et les meules de foin, la grange toute pleine,
Trente bœufs, cent brebis qui suaient sous leur laine,
Émerveillaient leurs yeux. Pour l'honnête parrain,
Le regard attentif, mais discret et serein,
Il se réjouissait de milles découvertes :
Les portes de l'armoire, à dessein entr'ouvertes,
Lui montraient des amas de coiffes ; le bahut
Du linge et des habits pour un siècle : il se crut
Chez des reines : « On peut vous mettre à rude épreuve, »
Dit-il courtoisement en parlant à la veuve.
« Çà, fixez-nous le jour où, selon son métier,
« Le notaire inscrira deux noms sur le papier. »

Ce jour aux deux amants importait, ce me semble.
Dans le courtil, à l'ombre, ils conversaient ensemble ;
Il fallut les chercher : en rentrant au logis,
On eût dit deux pavots, deux flammes, deux rubis. —

Mais ô vous, jeune clerc! Anne, ô fille pieuse,
Dont j'aimais à conter la légende amoureuse,
Qu'êtes-vous devenus ? Hélas ! dans un couvent
L'enfant pieuse a fui le jeune homme savant ;
Lui, laissant ses cahiers, refermant sa grammaire,
Aux durs travaux des champs s'est remis chez sa mère,
Jusqu'au jour déjà proche où, porteur d'un fusil,
Volontaire soldat il mourra dans l'exil.
Ainsi, fermant tous deux leur âme à l'espérance,
L'une irait au couvent et l'autre irait en France !
Projets sombres, mais vains, si j'en ai bien jugé,
Et si, depuis mon temps, les cœurs n'ont point changé.

Entre Hélène et Lilèz, natures moins subtiles,
Ah! comme les deux oui se disaient plus faciles!
Mais entre les parents, à l'heure du contrat,
Ce fut des deux côtés un éternel débat :
L'aubergiste du bourg apporta dix bouteilles
Pour amener son monde à des clauses pareilles.
Enfin, chaque opposant par l'autre étant vaincu,
Le notaire put mettre en poche un bel écu.
A quelques jours de là, madame la mercière
Sur son comptoir de chêne étalait toute fière
Ses pièces de drap fin, ses plus riches galons;
Puis messieurs les tailleurs, assis sur leurs talons,
Mirent en jeu leurs dés, leur fil et leurs aiguilles;
A ce noble métier ils valaient bien des filles :
Accroupis dans la grange, ainsi, durant un mois,
Ils firent travailler leurs langues et leurs doigts.

Les invitations prirent une semaine.
Lilèz et son parrain, Hélène et sa marraine
Allèrent convier, bien vêtus, bien peignés,
Leurs plus proches parents et les plus éloignés :
« Après les foins coupés nous avons mis les noces,
« Et partout, ce printemps, les herbes sont précoces;
« N'y manquez pas, sinon vous nous affligerez.
« Tenez donc dans un mois vos chevaux bien ferrés.
« Venez tous, jeunes, vieux, maîtres, valets, n'importe,
« Et mettez ce jour-là votre clef sous la porte. »

Dans toute la paroisse et dans tout le canton
Ils firent mille fois cette invitation.
Mais ce mois à Lilèz paraissait un long jeûne :
« Attendez, mon ami, vous êtes encor jeune ! »

Il répondait : « J'ai l'âge, il faut me marier.

« Ceux-là m'approuveront qui m'ont vu l'an dernier
« Avec des bras si forts, quoique mince et sans barbe,
« Mettre la grosse cloche en branle à Sainte-Barbe.
« Les garçons du Faouët et de Loc-Guennolé,
« D'autres venus de Vanne et par delà d'Ellé
« Disputaient avec moi de vigueur et d'adresse,
« Car chacun voyait là devant lui sa maîtresse.
« Oui, je voudrais avoir, je ne m'en défends pas,
« Du vieux cidre à plein verre, une vierge à pleins bras,
« Pourvu que la boisson pourtant soit sans malice,
« Et que, ma femme et moi, le prêtre nous unisse.
« — Oh! oh! criait alors en riant son parrain,
« Mettez, mettez la bride à ce jeune poulain! »

Oui, Lilèz, calmez-vous! Lilèz, vos jours d'attente
Désormais sont finis : craintive, mais contente,
D'elle-même, ce soir, viendra vous visiter
Celle qui ne doit plus jour et nuit vous quitter. —

A vos armes, sonneurs! chantez la fiancée!
Le char où son armoire avec pompe est dressée
S'avance, précédé de l'habile artisan
Qui sur un tel chef-d'œuvre a sué près d'un an;
Derrière, un bouvillon, une génisse blanche;
Puis, entre ses parents, en habit de dimanche,
L'aimable jeune fille, avec les yeux baissés,
Par qui sont à l'époux ces présents adressés.

Au seuil de la maison le chariot s'arrête.
La ferme cependant reste close et muette.
Un tailleur jovial, orateur du convoi,
Heurte tout en fureur, et demande pourquoi
Cette porte fermée, où s'est caché le maître,
Et s'il faut que l'armoire entre par la fenêtre ?

Par l'étroite fenêtre un meunier répondit,
Homme grave, esprit mûr, pesant tout ce qu'il dit :

BAN-GOR, le meunier

« D'où viennent tous ces bruits? Le cœur plein d'amertume
« Je veillais un ami qu'un grand amour consume.
« Vos cris l'ont éveillé. Saurai-je la raison
« Qui vous fait brusquement troubler cette maison ?
« Une vierge, il est vrai, chez nous est attendue,
« Et nos champs fleuriront de joie à sa venue ;
« Mais ce meuble en noyer, brillant comme un miroir,
« Cette génisse blanche et ce bouvillon noir
« Ne seraient pas pour nous : amoureux d'une belle,
« Nous n'attendons rien qu'elle, et nous ne voulons qu'elle.
« Ainsi, mon bon ami, je vous serre la main :
« Vous vous êtes trompé de porte et de chemin.

UN TAILLEUR

« Je connais mon chemin et je connais la porte
« Où doivent s'arrêter les présents que j'apporte :
« Lorsque sainte Énora s'en vint chez son époux,
« Son habit nuptial ruisselait de bijoux.

LE MEUNIER

« Quand Ruth allait glanant derrière la faucille,
« Rien qu'un tissu grossier couvrait la jeune fille.
« O précieux trésor de la virginité !
« Une vierge nous plaît par sa seule beauté.

LE TAILLEUR

« Que cet homme a d'esprit, et comme il vous enlace !
« A toutes mes raisons si vous êtes de glace,

« Mon ami, par pitié laissez-moi déposer
« Ce meuble dont la chute a failli m'écraser ;
« Recevez un instant mon bétail dans l'étable ;
« Ne m'abandonnez pas, vous, hôte charitable,
« Parmi ces animaux affamés dont les cris
« Finiraient, j'en ai peur, par troubler mes esprits.

LE MEUNIER

« Vous êtes un rusé, mais la plus fine ruse
« Est un fer mal forgé qui sur ma porte s'use ;
« Et jamais un renard, quelque malin fût-il,
« N'a pu goûter encore aux fruits de mon courtil.

LE TAILLEUR

« En vain vous refusez de prendre à mon amorce,
« J'ai fait serment d'entrer et j'entrerai par force.
« Cet homme va connaître enfin ce que je vaux.
« Mes amis, dételez les bœufs et les chevaux.
« A présent, dirigez le timon sur la ferme.
« Très-bien. J'enfonce ainsi les portes qu'on me ferme.
« Oui, c'est un siége en règle et terrible ! Je veux
« Que devant mes exploits se dressent leurs cheveux ! »
Oh ! le vaillant tailleur ! Mais comme en ce grand siége
Il se vit puissamment aidé par son cortége !
Les assiégés aussi firent bien leur devoir :
Fourches, pelles, bâtons servaient leur désespoir.
La maison fermentait comme en été les ruches.
La fermière laissa pleuvoir toutes ses cruches.
Pour l'éloquent meunier, ce fut un Du Guesclin :
A ce nouvel Arthur il faudrait un Merlin.

Longtemps battue, enfin la porte est enfoncée,

Et la belle armoire entre avec la fiancée.
Aux bravos de la foule, aux refrains du sonneur,
On l'installe, brillante, à la place d'honneur :
De crêpes, de lait doux, chaque invité la couvre;
Et lorsque avec fracas son double battant s'ouvre,
Les regards du jeune homme ébloui peuvent voir
La couche qui demain devra le recevoir. —

Chez les gens de Ker-Barz ainsi les fiançailles
S'accomplirent suivant les rites de Cornouailles.
Mais que penser, lecteur, si ma voix vous disait
Qu'une fête pareille à Coat-Lorh se passait,
Que notre jeune clerc rayonnait d'allégresse,
Et triomphalement entrait chez sa maîtresse ?

CHANT VINGT-QUATRIÈME.

LES NOCES

Les deux noces : Lilès et Hélène, Loïc et Anna. — Curieux et invités sans nombre. — Une mendiante explique le mariage du clerc. — La messe des noces. — Singulières remarques des assistants. — Banquet et danse sacrés. — Les deux noces se rendent au village de Coat-Lorh. — Immense repas. — Mor-Vran, le Vannetais, et Hervé, du pays de Tréguier, sont parmi les conviés. — La quête des mariés. — Le coucher. — Souhaits aux nouvelles épouses. — Fête et chanson de la soupe de lait. — Les épingles de la mariée. — Fin de cette histoire Actions de grâce. — Le lendemain des noces. — Messe des morts. — Repas et danse des pauvres.

Les landes embaumaient, jamais matin d'été
N'éleva sur la terre un ciel plus argenté.

Tout Scaer était venu : jeunes gens, jeunes filles,
Leurs quenouilles au bras, à la main leurs faucilles,
Se mêlaient sous le porche au rang des conviés
Pour voir sortir de près les nouveaux mariés.
Les langues remuaient. Certaine mendiante,
La Giletta, montrait sa face souriante :
« Ces détails, je les tiens tous de l'enfant de chœur, »
Disait-elle en filant, « et je les sais par cœur.
« Annaïc repoussait toujours ce mariage,
« Qui, selon quelques gens, du diable était l'ouvrage ;
« Mais un jour le recteur, montant sur son cheval,

« Courut droit au couvent : à son saint tribunal
« Il demanda la fille, et lui dit, le brave homme,
« Qu'on pouvait se sauver en toute voie ; en somme,
« Que Loïc, mauvais clerc, serait bon laboureur.
« Or Anne n'avait pas l'écolier en horreur.
« Le recteur fait ainsi deux noces au lieu d'une.
« Le pauvre y gagnera. Mais, chacun et chacune,
« Silence ! S'il fallait qu'un mot de tout ceci
« Fût redit au vicaire, ouvrez ma tombe ici ! »

L'église cependant était toute remplie
D'une foule à la fois joyeuse et recueillie.
Les pompes de la noce éblouissant les yeux
Des jeunes, rappelaient leur beau jour aux plus vieux.
Leur grande attention devint plus grande encore
Quand chacun des époux, après un oui sonore,
Offrit l'anneau d'argent, orné d'un cœur en feu,
A celle qu'il venait de choisir devant Dieu.
Les plus fins crurent voir qu'Anna sans défiance
De son fidèle clerc accepta l'alliance ;
Mais Hélène plia les phalanges du doigt,
Pour garder sur Lilèz une part de son droit.
Comme un présage heureux d'union conjugale,
Tous les cierges brûlaient d'une lumière égale ;
Et nul, à leur clarté, n'aurait pu découvrir
Qui des nouveaux époux devait d'abord mourir.

Enfin la messe dite et la foule sortie,
Les quatre mariés ont dans la sacristie
Suivi le prêtre, et là, sous l'œil sacerdotal,
Saintement s'accomplit le banquet nuptial
(Symbolique repas). Du fond d'une corbeille
Furent tirés un pain, un verre, une bouteille :
Le prêtre fit deux parts du pain, il en goûta,

Puis aux nouveaux époux sa main les présenta.
Ainsi du vin. Chacun dut boire au même verre :
Enseignement voilé, leçon douce et sévère.

Que la danse sacrée ait à présent son tour!
Fusils, tonnez! chantez, les gais enfants du bourg!
Par-dessus tous les bruits, cornemuses, bombardes,
Mêlez dans l'air vos voix confuses et criardes!

La pauvresse disait : « Les voilà! les voilà!
« Mais regardez Lilèz, Hélène, voyez-la!
« Le clerc a l'air d'un saint tout paré dans sa niche.
« De lui-même, on le sait, le gars n'était pas riche;
« Mais notre bon recteur, qui l'aime comme un fils,
« L'a doté largement sur ses anciens profits.
« Pour Naïc... —Oh! par Dieu! taisez-vous, bonne vieille!
« Ne clôt-elle jamais son bec, cette corneille? » —

Comme la noce sort avec solennité!
De son grave parrain chaque époux escorté
S'avance. Autour de lui flottent ses larges braies,
De trois habits brodés sortant à mille raies :
Il vient les yeux baissés et les traits rougissants;
Ses immenses cheveux pendent éblouissants.
Derechef, ô sonneur, que votre voix éclate!
Voyez-vous resplendir les robes d'écarlate,
Les manches étaler leurs dentelles d'argent,
Et coiffes et miroirs s'entre-choquer au vent?
Ornement orgueilleux et naïf qui révèle
Ce qu'à son jeune époux l'épouse offre avec elle :
Combien de cents d'écus en dot sont apportés,
Le nombre des miroirs vous le dira : comptez.
De quel pas noble et lent viennent ces deux épouses!
Les dames des manoirs pourraient être jalouses.

Leur marraine les suit, c'est un dernier devoir :
Chacune doit garder sa fille jusqu'au soir.

Par les tombes, les croix, les ifs du cimetière,
Se déroulait ainsi la noce tout entière.

A peine on eut touché le sol du grand chemin,
Les pieux épousés se prirent par la main ;
Aussi leurs conducteurs ; et la danse sacrée
Sous les murs de l'église en chœur fut célébrée.
Pour fêter devant Dieu leur hymen éternel,
Les époux bienheureux ainsi dansent au ciel.

Voilà comme en ce jour vos mains furent unies,
Savant clerc, fille sainte, et vos amours bénies !
Non, tout ne s'éteint pas dans le fiel et les pleurs,
Et l'arbre de l'amour se couvre aussi de fleurs. —

Je veux suivre à Coat-Loth, où va s'ouvrir la fête,
Les glorieux époux emportant leur conquête,
Les filles à cheval serrant leurs amoureux,
Et les coiffes volant au fond des chemins creux.
Les jours noirs sont passés, les jours noirs et moroses :
Laissons errer mon chant sur les plus belles choses.

Pour la danse bruyante, ou l'immense repas
Qui remplit tout ce jour, je ne les peindrai pas.
Sur le bord d'un fossé vingt chaudières bouillantes,
Un grand four qui vomit sans fin des chairs brûlantes,
Dans l'aire des barils ne cessant de couler,
Des tables qui devraient sous leur charge crouler,
Des files d'éternels mangeurs, plus d'un ivrogne
Vidant les pots, vidant son verre sans vergogne ;
Puis le cidre, et le lard, et les rôtis fumants

Qui reviennent encore au son des instruments,
Gigantesque tableau ! — Mais sous un dais à frange,
Chaque blanche épousée illuminant la grange,
Les époux radieux siégeant à leur côté,
Et les mères au port rempli de majesté.

Pour payer tant de frais lorsque s'ouvrit la quête,
Nul ne fit, croyez-moi, le sourd à leur requête :
Les mariés n'avaient qu'à répondre merci,
Tant le cuivre pleuvait et les écus aussi.

Môr-Vran, le vieux marin, avec Nona, sa fille,
Vint du pays de Vanne; et, rieuse et gentille,
La belle enfant Mana sortit de son foyer
Avec son père Hervé du pays de Tréguier.
L'Arvor, comme jadis aux noces de ses princes,
Avait des envoyés de toutes les provinces.
Une tendre amitié dès lors vous enchaîna,
Douce comme vos noms, Léna, Mana, Nona...

Mais il est temps : montrons cette belle journée
Par une nuit plus belle encore terminée.

Dans la chambre qui doit recevoir les époux,
Où déjà sont dressés les grands lits clos et mous,
La noce s'est rendue, attendant les deux vierges
Que leur marraine guide à la lueur des cierges.
Elles viennent, les yeux en pleurs, d'un pas tremblant,
Avec leur blanche robe et leur corsage blanc.
Par leurs graves parents à deux genoux bénies,
Elles vont prendre aussi congé de leurs amies,
Toutes les embrasser, et, dans ce triste adieu,
De chacune en passant entendre un dernier vœu.
On leur disait : « A vous paix et joie en ménage.

« — Un jour, le paradis. — Dans ce monde, un grand âge.
« — Des moissons plein vos champs. — Donnez à votre époux
« Des garçons comme lui, des filles comme vous. »
Mais que de pleurs nouveaux, de cris, quand la marraine
Vers le lit nuptial devant tous les entraîne !

Vint le tour des maris : mais Lilèz et Daûlaz,
Les braves jeunes gens, certes, ne pleuraient pas.

Autour de la maison voici des bruits étranges !
Qui vient dans leur sommeil troubler nos jeunes anges ?
Ah ! riez et chantez, c'est la soupe de lait,
Et ses morceaux de pain liés en chapelet.
On l'apporte aux époux. Ban-Gor, le noble barde,
Dans le chœur jovial lui-même se hasarde ;
Et le malin tailleur conduit comme échanson
Nannic, le blond Nannic, le fils de la maison,
Qui, malgré ses six ans, porte encore une robe,
Et sous ses longs cheveux tout honteux se dérobe.

Placé, sur l'un des lits, pourtant le jeune enfant
S'anime, et sa voix claire au plafond s'élevant,
Entonne avec douceur cet air chaste, mais tendre,
Que son âge innocent ne pouvait pas comprendre :

« Chantons la soupe blanche, amis, chantons encor
« Le lait et son bassin plus jaune que de l'or.

« Près du lit des époux chantons la soupe blanche :
« La voilà sur le feu qui bout dans son bassin,
« Comme les flots de joie et d'amour dans leur sein ;
« La voilà sur le feu qui déborde et s'épanche.

« Chantons la soupe blanche, amis, chantons encor
« Le lait et son bassin plus jaune que de l'or.

« Bien ! le lait jusqu'aux bords dans les écuelles fume.
« Dans un seul vase offrons leur part aux deux époux
« Pour qu'ils boivent toujours, ainsi que ce lait doux,
« Dans un vase commun le miel et l'amertume.

« Chantons la soupe blanche, amis, chantons encor
« Le lait et son bassin plus jaune que de l'or.

« Admirez ! admirez ! De ses larges mamelles
« La génisse féconde a donné ce lait blanc :
« Ainsi la jeune mère, avant la fin de l'an,
« Versera son lait pur à deux bouches jumelles.

« Chantons la soupe blanche, amis, chantons encor,
« Le lait et son bassin plus jaune que de l'or.

« Saint Herbod, écoutez les appels de notre âme ;
« Et vous, sainte Henora, les vœux de notre cœur,
« Oh ! ne laissez jamais sans la douce liqueur
« Les pis de la génisse et les seins de la femme.

« Chantons la soupe blanche, amis, chantons encor
« Le lait et son bassin plus jaune que de l'or.

« Assez ! les mariés ont bu la soupe blanche ;
« L'épouse rougissante est pleine d'embarras ;
« Elle voudrait cacher sa tête sous son bras :
« L'époux attire à lui cette fleur qui se penche.

« Chantons la soupe blanche, amis, chantons encor
« Le lait et son bassin plus jaune que de l'or. »

Non ! silence, Nannic, à ces chansons menteuses !
Mais passez, cher enfant, passez vos mains flatteuses

Au front de ces époux suant de déplaisir
Sur une soupe ardente impossible à saisir :
Pour boire ils ont reçu des cuillères percées,
Et les tranches de pain d'un fil sont traversées !
Vieilles joyeusetés, nouvelles chaque fois,
Qui rendent leurs témoins plus heureux que des rois.
Ces bons tours, mes amis, souvent furent les vôtres,
Et vous souffrez du mal que vous fîtes à d'autres.
Mais un saint damnerait son âme à tant d'ennuis.
Et dirai-je l'emploi des trois premières nuits ?
La première est pour Dieu ; la Vierge a la deuxième ;
Joseph, le chaste époux, réclame la troisième. —

Quand les vierges sortaient de leur lit nuptial,
Vers elles s'avançait tout un chœur matinal ;
Comme la veille au soir, leurs anciennes compagnes
Disaient : « Vous n'irez plus aux fêtes des campagnes,
« Heureuses désormais de rester loin de nous,
« Allaitant votre fils couché sur vos genoux.
« Des épingles fermaient hier votre corsage :
« Qui les aurait de vous comme vous serait sage.
« Des épingles tenaient la coiffe à votre front :
« Faites-nous en cadeau, toutes se mariront. »

Les maris écoutaient ces choses sans rien dire,
Mais leurs yeux se prenaient tendrement à sourire :
Comme, en un beau verger, de riches laboureurs
Comptent sur bien des fruits en voyant tant de fleurs. —

Et moi-même, j'arrive au terme de ma route,
Long chemin qu'un plus fort eût trouvé court sans doute,
Mais ronces et graviers entravaient tant mes pas,
Que souvent je disais : « Je n'arriverai pas ! »
Seule alors vous m'aidiez, ô puissance cachée,

Humble force du cœur qu'en partant j'ai cherchée!
Et vous, l'Inspirateur, mon Dieu! je vous bénis :
J'ai commencé par vous, et par vous je finis.

Quand l'éternel oubli recouvre tant de races,
Mon peuple dans mes vers aura-t-il quelques traces ?
Bretagne, ô vieilles mœurs, noble rusticité,
Ensemble harmonieux de force et de beauté!

Ah! cette noce encore a des pompes plus hautes :
Avec le second jour viennent de nouveaux hôtes,
Sans robes d'écarlate et pourpoints de drap bleu,
Mais les membres du Christ et les hôtes de Dieu,
Les pauvres. — Plus de cent autour de l'aire à battre,
Maigre essaim d'affamés, étaient venus s'abattre :
Si tristes tous les jours, si joyeux ce matin,
Qu'ils attendent leur part des bribes du festin ;
Aussi les voilà tous munis de leur écuelle :
Mais les feux sont éteints ; la noce, où donc est-elle ?

La noce était au bourg, et priait pour ses morts
Autour du tréteau noir où l'on pose les corps ;
Puis, le service dit, on vit la foule entière
Chercher chacun sa tombe aux coins du cimetière ;
Et le sol fut couvert de parents à genoux
Occupés à prier pour ceux qui sont dessous,
Les conviant aussi, dans leur couche profonde,
A se mêler un jour aux fêtes de ce monde.

A vous, pauvres! à vous, enfin, estropiés!
Déposant leurs habits de deuil, les mariés,
Chacun heureux et fier de vous servir lui-même,
Viennent les bras chargés des mets que le pauvre aime.
Qui ne sait que vêtus d'un lambeau de toison,

Les saints vont éprouver le riche en sa maison ?
O la soupe abondante, et grasse, et bien trempée !
Des tripes à foison ! une franche lippée !
On pourrait se nourrir rien qu'à l'odeur des fours.
Hélas ! que ne fait-on des noces tous les jours !
Mais, dites : à présent, messieurs, et vous, mesdames,
Sentez-vous pas courir en vous certaines flammes ?
Haut le pied, les truands, et donnez votre main !
En danse ! la bombarde entonne son refrain.
Le clerc vient inviter Giletta, la pauvresse,
Qui de plaisir rougit et d'orgueil se redresse :
« A mon âge, dit-elle, y pouvez-vous penser ?
« Avec un beau jeune homme une vieille danser !
« Devant vos habits neufs étaler mes guenilles !
« Puis, voyez sous mes bras, voyez mes deux béquilles ! »
Mais Anne aussi priait un noble mendiant
Qui, tout en disant non, la suivait cependant ;
Bien d'autres font de même ; et déjà les besaces
S'agitaient, les habits entr'ouvraient leurs crevasses ;
Mais les cœurs bondissaient de joie ; il n'était plus,
Grâce aux braves sonneurs, ni pauvres ni perclus :
Comme en ces âges d'or, lointain qui toujours brille,
Tous ne formaient entre eux qu'une seule famille.

NOTES

Toutes les lettres se prononcent.

Le C'H celtique, rétabli dans ces notes, s'aspire en tête d'une syllabe comme la *j* espagnole; à la fin d'une syllabe, il a le même son que dans le mot *noch* des Allemands.

Voir les dictionnaires de William Price, Owen, Armstrong, Le Gonidec, et notre Dictionnaire topologique de Brétagne (prêt à paraître).

ABER-VRAC'H, Havre du Bras-de-mer.
AHEZ,* — Fille du roi Gralon-Maur. ve siècle.
ALAN,* — Évêque de Kemper au vi^e siècle. Patron des lutteurs.
ANNAÏC, et NAÏC, diminutifs d'ANNA.
ARMEL, Tête-Couronnée.
ARMÔR, et mieux ARVOR, Sur-Mer, ou Pays-Maritime : d'où Armorique.
ARRÉ, Montagnes-Bornales.
ARTH-UR, Homme-Ours. — Chef des Bretons Cambriens. vi^e siècle.
AURAY, en breton HALL RÉ, Salle ou Palais-du-Roi.
AVALON (Iniz-), Ile-des-Pommes, où Arthur blessé fut transporté et enseveli.
AVEN, Fleuve.
AVON, Fleuve. — Sur les cartes, Aune.

BANALEC, Genetaie.
BAN-GOR, Chœur-Suprême.
BARANTON,* — Fontaine féerique.

Bel, Guerrier. — C'est le dieu Mars du culte druidique. Voir Owen.

Benn-Oded, Embouchure de l'Oded.

Beuzec (S.), Exposé à être noyé. — Archevêque de Dôle au VIIIe siècle. Voir la Légende.

Biniou, Cornemuse.

Blavet, Eau jaillissante et courante.

Bleiz, Loup.

Brécilien,* — Forêt célèbre dans les romans de la Table-Ronde.

Breiz, Bretagne, Pays-des-Guerriers, selon M. Pictet, de Genève.

Cador, Combattant.

Canaouen-ann-anaoun, Cantique-des-Morts. — Ce chant fut recueilli, il y a plusieurs années, par l'auteur : c'est le seul emprunt fait à la poésie locale. M. H. De La Villemarqué, avec sa science d'investigation, en a retrouvé un texte très-pur et très-complet.

Carnac, Amas-de-Pierres. Ossuaire.

Carrek-hir, Roche-Longue, dans la mer.

Clé-maur, Grande-Épée. Claymore.

Cleunn-braz, Grand-Talus.

Coad-ri, Bois-de-la-Colline.

Coat-loc'h, Bois-du-Lac. — A la pointe sud de cette forêt est le hameau de *Penn-Coat-Loc'h*, dont, par abréviation, la première syllabe a été retranchée dans cette histoire.

Conan, Chef.

Conan-meriadec, Chef-des-Peuplades. Premier roi des Bretons. IVe siècle.

Conc-Kernéo, Rade-de-Cornouaille; à la lettre, Conque-des-Promontoires. — Sur les cartes, Concarneau.

Corentin (S.),* — Premier évêque de Cornouaille. IVe siècle.

Cornouaille, Pointe-de-la-Gaule. *Cornu-Galliæ*. Un des quatre grands cantons de la Bretagne. Voir Kerné.

Corré, Pays-Haut.

Corric, Petite-Fée; Corric-wenn, Petite-Fée-Blanche. — Épouse de Hu-Cadarn, Première des druidesses, etc.

Corrigan, Nain, Lutin.

Croazic, Petite-Croix, ou Verveine. — Sur les cartes, *Croisic*.

Daulaz, pour Daou-glaz, Deux-Douleurs.

Diana, Très-Inconnu. — Dieu unique des druides.

Dôl-men, Table-de-Pierre. — Antel druidique.
Doussal, pour Dour-sall, Eau-Salée.

El-hir-bad, Génie-Éternel; à la lettre, Génie-de-Longue-Durée.
El-lé, Eau-Sombre. — Les Gallois écrivent *El-llai*.
El-orn, Eau-de-l'Épouvante. — Voir la légende du roi El-Orn.
Enn-arh, La-Barrière.
Enn-tell, Le-Tumulus?
Enora (Ste),* — Épouse de S. Ef-flamm. vi° siècle. Patronne des nourrices.
Er-déven, La-Grève.
Erec,* — Roi de Bretagne. v° siècle.
Erhi (Craig-), Rocher-des-Neiges. — Montagne sacrée et poétique des Gallois.
Eussa (Enez-), Ile-du-Terrible, c'est-à-dire du dieu Eusus. — Sur les cartes, *Ouessant*.

Faouet, Bois-de-Hêtre.
Furic, Petit sage; petit malin.

Gador (Ar-), Chaise. — Siége sacré.
Gael, autrefois Gouézel, Pays-Forestier, sauvage.
Garz-cadec, Montagne-Boisée. — Contre les anciens titres, on prononce aujourd'hui *Cascadec*.
Gauvain, en gallois Gwalh-mai, Épervier ou Faucon-de-la-Plaine. — Neveu et conseiller d'Arthur.
Gavr-iniz, Ile-de-la-Chèvre. — Ile druidique dans le Mor-Bihan.
Gildas,* — Premier abbé de Rhuis. vi° siècle.
Glen-nant, Val-du-Courant. — Sur les cartes, *Glénan*.
Gour-rin, Grosse-Colline.
Goz-ker, Pauvre-Village.
Gralon,* — Roi de Bretagne. v° siècle.
Guenn, Blanc, Blanche.
Guenn-du, Blanche-Noire.
Guesclin (Du-) selon un ancien titre, *Goues-clin*, Ruisseau-Courbe?

Haff (Brô-), Pays-de-l'Été, — où fut plus tard Byzance.
Herbot (S.),* — Solitaire du viii° siècle. Patron des vaches.
Hœdic (Ile d'), Ile-du-Petit-Canard.
Hoel et Houel, Celui qui est visible, Remarquable, Notable.

Houad (Ile d'), Ile-du-Canard.
Huel-goat, Bois-des-Hauteurs.

Iann-ar-guenn, Jean-Le-Guenn, ou Le-Blanc. — Un excellent article du *Magasin pittoresque* a fourni les principaux détails sur ce chanteur aveugle et sa maison.
Illi,* — Jeune fille de Cornouaille.
Ilur,* — Ile dans le Mor-Bihan.
Ior, Éternel. — Un des noms de Dianâ.
Izòl, Rivière-Basse. — Les Gallois écrivent *Isdawl*.

Kéd, Bienfaisante. — Un des noms de *Corric-u-enn*.
Kemper, Confluent. — Capitale de la Cornouaille.
Kemperlé, Confluent de l'El-Lé — et de l'Izòl.
Kemri, Les Premiers arrivés dans le Pays, ou les Premiers dans la confédération du Pays. — Nom national des Cambriens ou Gallois.
Ker-barz, Village-du-Barde.
Ker-gôz, Vieux-Village.
Kérien,* — Ermite du v⁰ siècle qui donna son nom à cette commune.
Kerné ou Kernéo, Pays-des-Pointes, des Caps. Cornouaille.
Kernéiz, Cornouaillais : c'est aussi un nom propre.

Lan, et mieux Llan, diminutif d'Alan.
Lan-el-orn, Clan ou Terre-de-l'El-Orn, aujourd'hui Lan-Dernô.
Lan-leff, Terre-des-Pleurs.
Léna, pour Héléna.
Léon, Pays-de-la-Légion. — Un des quatre grands cantons de la Bretagne.
Léta, pour Lét-aw, Près de l'Océan. — Nom de l'Izòl et de l'El-Lé, depuis leur confluent jusqu'à la mer ; et, chez les Gallois, nom synonyme d'Armorique.
Lilez, Couleur-de-Lait.
Loc'h, Lac, Étang.
Lo'-christ, Ermitage, ou Chapelle-du-Christ.
Lo'-théa, Chapelle-de-S.-They.
Loc-guennolé, Chapelle-de-S.-Guennolé, abbé de Lan-Dévennec. v⁰ siècle.
Loc-maria, Chapelle-de-Marie.
Loc-ronan, Chapelle-de-S.-Ronan, ermite au vi⁰ siècle.

Loc-tudi, Chapelle-de-S.-Tudi, abbé au vi° siècle.
Loïc, pour Eloïc, Jeune-Tremble.

Malô, c'est-à-dire Mac-law, Fils-de-Law, — Premier évêque de la ville d'Aleth, laquelle prit son nom. vi° siècle.
Mana,* — Jeune fille du pays de Tréguier.
Meinec, Lieu-des-Pierres.
Méné-braz, Grande-Montagne.
Men-hir, Pierre-Longue. — Monument druidique.
Merlin,* — Barde du vi° siècle.
Moal, Chauve.
Mona, — Ile-Mère, — parce qu'elle était le centre du druidisme. Aujourd'hui *Anglesey*.
Montrou-lez, Palais-des-Montres, ou des Revues militaires.
Mor-bihan, Petite-Mer.
Morlaix, c'est-à-dire Mor-laes, Grand-Pertuis.
Mor-vran, Corbeau-de-Mer. Cormoran.
Moustoir, Moûtier.

Naïc, diminutif du diminutif Annaïc.
Nannic, Petit-René.
Nantes, en breton "N-aoned, Les Rivières?
Nona (Ile), Ile de Ste None, mère de S. Divi. v° siècle.

Océrour, Ouvrier.
Occismor, nom latin d'Oc'h-ar-mor, Vers-la-Mer.
Od-diern, Rivage-du-Roi.
Odet, Rivages.
Oniz,* — Barde du vi° siècle.
Ovat ou Oved, Servant des druides. Ovate.

Penn-fred, Pointe-du-Courant.
Penn-marc'h, Cap-du-Cheval.
Pennec, qui a une Grosse tête. Têtu.
Peulvan, Pilier. — Monument druidique.
Plô-goff, Peuplade-du-Forgeron.
Plô-meur, Grande-Peuplade.
Plô-néour, Peuplade-de-S.-Enéour.
Pond-aven, Pont-du-Fleuve.
Poull-du, Rade-Noire.

Ras, Détroit.

Rhuiz,* — Isthme dans le Mor-Bihan.
Ronan, Homme-Velu.
Ros-zòz, Tertre-du-Saxon.

Saint-Pol., Chef-Lieu du pays de Léon, du nom de son premier évêque. vi^e siècle.
Samolus, en breton Gouliz, Vulnéraire. — Herbe sacrée des druides.
Scaer, Beau-Lieu.
Scorff, Eau superflue qui sort d'un étang.
Sein, — Voir le mot suivant.
Seiz-hun, et souvent, par contraction, Sizun et Sein, Ile des Sept-Sommeils, ou de la Semaine. — Ancienne île druidique.
Ster, Rivière.

Tal-houarn, Front-de-Fer.
Tal-iésin, Front-Radieux. — Barde du vi^e siècle.
Tal-ifern, Fond-de-l'Enfer.
Ti-meur, Grande-Maison.
Trev, Tribu. Petit-Territoire. Trève.
Tréguier,* — Ville qui donne son nom à l'un des quatre grands cantons de la Bretagne.
Tristan, Le Turbulent.
Tudial (S.),* — Évêque de Tréguier. vi^e siècle.
Tuèld, Eau-qui-Serpente.

Ur-ien, Homme-froid, indifférent.

Vannes ou Vennes, en breton Guenned, Pays-Découvert ; à la lettre, Pays-Blanc. — Un des quatre grands cantons de la Bretagne, parlant chacun un dialecte particulier.
Viviane, en gallois Houib-lélian, Prêtresse-Souffle. Follet.

TÉLEN ARVOR

LA HARPE D'ARMORIQUE

TÉLEN ARVOR

ANN DÉLEN

Dilézed war gherreg ar môr,
Tével a rè ann délen aour,

Hé c'horfik han ter zigoret,
Hag hé c'herdi nigou torret ;

O wélet eunn dizeûr kén brâz
Va c'halon ivez a rannaz ;

Mé gavaz enn han eun nerven
Hag hi stagaz ouc'h ann délen,

Eur gordennig a garantez,
Ar ré all a staghîz ivez :

Evit péb oad, évit pép stad,
Bréma zon ar zonérez vàd. —

Sonit, délen ! — Ar Vrétoned
Kalz konfort, allaz ! n'hò deùz ked.

LA HARPE D'ARMORIQUE

LA HARPE

Délaissée sur les rochers de la mer.
Elle se taisait la harpe d'or.

Son pauvre corps entr'ouvert
Et ses petites cordes rompues;

A voir une misère si grande
Mon cœur lui-même se fendit;

Je trouvai en lui une fibre
Et je l'attachai à la harpe,

Une petite corde d'amour;
Les autres aussi je les rattachai :

Pour tout âge et pour tout état
A présent chante la bonne chanteuse. —

Chante, ô harpe ! — Les Bretons,
Hélas ! ont bien peu de consolations.

BARZONEK

pé

KANAOUEN AR VRÉTONED

War don Ann hani goz.

I

Ni zò bépred
Brétoned,
Brétoned tûd kaled.

II

O ia! d ar brézel paotred ter,
Paotred vàd ha séven er gher.
Ni zò bépred
Brétoned,
Brétoned tûd kaled.

III

Téc'het a ra Saòz penn-da-benn,
Pa lévéromp ni : « *torr hé benn !* »
Ni zò bépred
Brétoned,
Brétoned tûd kaled.

BARDIT

ou

CHANT DES BRETONS

Sur l'air *La Vieille*.

I

Nous sommes toujours
  Bretons,
Les Bretons race forte.

II

Oh! oui, à la guerre des hommes impétueux,
Des hommes bons et honnêtes au logis.
  Nous sommes toujours
    Bretons,
  Les Bretons race forte.

III

Le Saxon* s'enfuit tout droit
Quand nous crions : « casse-sa-tête ! »
  Nous sommes toujours
    Bretons,
  Les Bretons race forte.

* L'Anglais.

IV

Hoghen, klevid enn eûreûjou
Kanaouen skiltr ar biniou.
 Ni zô bépred
  Brétoned,
 Brétoned tûd kaled.

V

O Breiz-Izel! ô kaéra brô!
Koad enn hé c'hreiz, mòr enn hé zrô!
 Ni zô bépred
  Brétoned,
 Brétoned tûd kaled.

VI

Allas! mar tléann Breiz kuitàt,
Mé wélô leiz ma daou-lagad.
 Ni zô bépred
  Brétoned,
 Brétoned tûd kaled.

VII

Mirit, breûdeùr kez, hô penn-baz
Hô pléô hîr, hô pragou-brâz.
 Ni zô bépred
  Brétoned,
 Brétoned tûd kaled.

IV

Pourtant écoutez dans les noces
Le chant sonore du biniou.
    Nous sommes toujours
        Bretons,
    Les Bretons race forte.

V

O Bretagne! ô très-beau pays!
Bois au milieu, mer à l'entour!
    Nous sommes toujours
        Bretons
    Les Bretons race forte.

VI

Hélas! s'il me faut quitter la Bretagne.
Je pleurerai plein mes deux yeux.
    Nous sommes toujours
        Bretons,
    Les Bretons race forte.

VII

Conservez, chers frères, vos bâtons-à-tête,
Vos cheveux longs, vos grandes-braies.
    Nous sommes toujours
        Bretons,
    Les Bretons race forte.

VIII

Gourennit mâd! Eur gourenner
En deûz kalon ar merc'hed kaer.
    Ni zò bépred
      Brétoned,
   Brétoned tûd kaled.

IX

Mé drouc'hò ma zéòd em bek
Kent diziski ar brézonek.
    Ni zò bépred
      Brétoned,
   Brétoned tûd kaled.

X

Karantez d'Id, brò karadek!
Breiz-Arvorik, douar dervek.
    Ni zò bépred
      Brétoned,
   Brétoned tûd kaled.

XI

Koulskoudé, dreist ann holl vadou;
Karomb ar C'hrist, Doué hon tadou.
    Ni zò bépred
      Brétoned,
   Brétoned tûd kaled.

É miz Gonhéré 1836.

VIII

Luttez bien! un lutteur
Gagne le cœur des belles filles.
    Nous sommes toujours
        Bretons,
    Les Bretons race forte.

IX

Je couperai ma langue dans ma bouche
Avant d'oublier le breton.
    Nous sommes toujours
        Bretons,
    Les Bretons race forte.

X

Amour à toi, pays aimable!
Bretagne-Armorique, terre de chênes!
    Nous sommes toujours
        Bretons,
    Les Bretons race forte.

XI

Cependant, par-dessus tous les biens
Aimons le Christ, Dieu de nos pères.
    Nous sommes toujours
        Bretons,
    Les Bretons race forte.

Au mois de Juillet 1836.

SON ANN NÉVEZ-AMZER

DA JEROMIK, EUZ A GHER-VÉGHEN

EUNN TRÉMÉNIAD

Sétu ann névez-amzer,
Pé-trâ ganit-hu, méser?
Méserik kéz, pé-trâ gan
Al labousik war al lan?

AR MÉSERIK

Al labous gand lévénez
Gan ha gan hé vignonez;
El lan, ével péb labous,
Péb méser a gan hé zous.

AŊN TRÉMÉNIAD

Gwell-a-zé! Kanid ataô!
Né kéd hîr ann amzer vraô.
Karid mâd ha kanid stank,
Laboused ha tûd iaouank.

CHANSON DU PRINTEMPS

A JÉROMIC, DE KER-VÉGHEN

UN VOYAGEUR

Voici la nouvelle saison,
Que chantes-tu, jeune pâtre ?
Cher petit pâtre, que chante aussi
Le petit oiseau sur la lande ?

LE PATRE

L'oiseau tout plein de joie
Chante et chante son amie ;
Sur la lande, ainsi que chaque oiseau,
Chaque pâtre chante sa douce.

LE VOYAGEUR

Tant mieux ! Chantez toujours !
Il n'est pas long le beau temps.
Aimez bien et chantez de tout cœur,
Oiseaux et jeunes-gens.

AR BLEUN LANN

War don *Ernig a gan er c'hoat huel.*

AR PLAC'H

Hag é pé amser évid on, -
Dén iaouang, é verv hò kalon ?
Klévit : pa ém' ar bleûn el lann,
Pé ar bleûn mélen er balan ?

ANN DÉN IAOUANK

Hò daou, vàd ! hò deûz bleûn mélen,
Lan ha balan, koantik Elen ;
Hoghen el lànn éma, em c'hiz,
Bleûn karet gand ar iaouankiz.

AR PLAC'H

Ha pérak, va mignonik kez,
Lan en deuz bleûn a garantez ?

ANN DÉN IAOUANK

Sétu pérak, mignonez ker :
Lann en deuz bleûn é peb amser.

É miz Even

LA FLEUR DE LANDE

Sur l'air Petit oiseau chante au grand bois.

LA JEUNE FILLE

En quel temps, jeune homme,
Brûle pour moi votre cœur?
Écoutez : est-ce quand la fleur est sur la lande.
Ou quand la fleur jaune est sur le genêt?

LE JEUNE HOMME

Lande et genêt, tous deux, en vérité,
Ont une fleur jaune, gentille Hélène;
Mais sur la lande est, à mon gré,
La fleur aimée de la jeunesse.

LA JEUNE FILLE

Et pourquoi, mon jeune et doux ami.
La lande a-t-elle la fleur d'amour?

LE JEUNE HOMME

Voici pourquoi, amie bien chère :
En tout temps la lande est en fleur.

Au mois de Juin.

PÉDEN AL LABOURÉRIEN

War don *Santez Mari.*

I

O sand Alan, sant brò Skaer, stéréden Breiz-Izel,
Lévénez ann élez kaer didan hò diou-askel,
Diouc'h hò kador alaouret ha saved dreist al loar,
Reid eur zell garantézuz d'é-omb oar ann douar.

II

Allas! ni a zò tûd paour, tûd paour dioar ar mez!
Gouskoudé d'hò ti santel é teûomb aliez;
Ia! dré ar fallà henchou, han-goan, é teûomp holl,
Skornet béb sùl gand ann erc'h, dévet gand ann héol.

III

Eunn difenner a glaskomp: kriz éo hor buhez;
Oar-n-omb al labour atò, atò ar baourentez;
Bemdez kalon ann douar a doullomp gand ann houarn,
Ré all a zebr ar guiniz hadet gand hon daouarn.

IV

Hoghen, sellomb uhelloc'h! Eur béd all a vézo,
Péb-unan diouc'h hé ober neûzé en dévézò:
Fall labourer ann hini a gav hé véc'h ré vràz,
Ha fall gristen ann hini ne oar doughen hé groaz.

PRIÈRE DES LABOUREURS

Sur l'air Sainte Marie.

I

Saint Alan, saint du pays de Scaer, étoile de Bretagne,
Joie des beaux anges sous leurs deux ailes,
De votre siége d'or, élevé au-dessus de la lune,
Tournez un regard d'amour vers nous sur la terre.

II
[la campagne,
Hélas! nous sommes de pauvres gens, de pauvres gens de
Pourtant vers votre maison sainte nous venons bien souvent:
Oui! par les plus mauvais chemins, été, hiver, nous ve-
[nons tous,
Glacés chaque dimanche par la pluie, brûlés par le soleil.

III

Nous cherchons un défenseur : dure est notre vie ;
Sur nous toujours le travail, toujours la pauvreté ;
Le cœur de la terre, chaque jour nous le perçons avec le fer,
D'autres mangent le froment semé de nos mains.

IV

Cependant, regardons plus haut! un autre monde sera,
Chacun alors recevra selon son œuvre :
Mauvais laboureur celui qui trouve sa charge trop lourde,
Mauvais chrétien celui qui ne sait point porter sa croix.

V

Evel bugaligou kéz tostèd enn drò d'hò zàd,
Sétu ni holl daoulined enn drò d'é-hoc'h, sant màd :
Kalz ac'hanomb er vrò-man, kalz ho deúz hoc'h hanô,
Er béd-man hag er béd all bézit gan omb atò.

VI

O sand Alan, sant brò Skaer, stéréden Breiz-Izel,
Lévénez ann élez kaer didan hò diou-askel,
Diouc'h hò kador alaouret ha saved dreist al loar,
Reid eur zell garantézuz d'é-omb oar ann douar.

Da gonforti ar Vrétoned
Ar béden-man em eùz saved,

Skaer, é miz Eost 1843

PAOTRED PLO-MEUR

GWERZ

I

Tùd iaouank, tùd glac'hared da guitaad ar vrö,
Kasit gan é-hoc'h, kasid ann espéranz atò :
Skédi a rai war hò hend évcl eur stéren gaer,
Ha dirag hò taou-lagad pa sistrofod d'ar gher.

V

Comme de petits enfants serrés autour de leur père,
Nous voici tous agenouillés autour de vous, bon saint :
Beaucoup d'entre nous en ce pays, beaucoup ont votre nom.
En ce monde et dans l'autre monde soyez avec nous toujours.

VI

Saint Alan, saint du pays de Scaer, étoile de Bretagne,
Joie des beaux anges sous leurs deux ailes,
De votre siége doré, élevé au-dessus de la lune,
Tournez un regard d'amour vers nous sur la terre.

Pour réconforter les Bretons
Cette prière fut composée,

A Scaer, au mois de la moisson (Août) 1845.

LES CONSCRITS DE PLO-MEUR

CHANT HISTORIQUE

I

Jeunes gens, cœurs désolés de quitter le pays,
Emmenez avec vous, emmenez toujours l'espérance :
Elle brillera sur votre chemin comme une belle étoile,
Et devant vos deux yeux quand vous reviendrez au logis.

II

— Béz' ez oé eunn amzer all, eunn amzer zù ha kriz,
Ann holl dùd iaouang a roé malloz d'hô iaouankiz,
A rummadou da Vrô-C'hall mond a réant peb bloaz,
Allaz ! né zistroent mui da Vreiz-Izel biskoaz !

III

Nann ! énep lec'h eùz a Vreiz né wélet ô valé
Néméd ar ré vac'haigned, ré gôz, ha bugalé;
Né oa gour da labourat na da vlénia ann hel;
Ar graghez a éhanaz enn divez da c'hénel.

IV

Napoléon oa ar roué, ar gwir vleiz a vrézel
Héb truez d'ar mammou paour a skrapé hô bughel :
Lavaret rér er béd all éma enn eul lennad,
Éma béteg hé c'hénou enn eur poull leùn a wàd.

V

Pa oé hanvet ré Plô-Meur d'al lazérez vràz-zé :
« Ar bleiz zô gand ann denved, émé-z-ind-hi neùzé !
« Ia ! ann droug a zô war-n-omp ! Dougomb éta hon droug,
« Ha d'al loen gouez ha férô astennomb hor gouzoug. »

VI

D'ar béleg é léverzont : « Sétu deiz ann ankenn,
« Gwiskid ar stoll wenn ha dù évid hor binnighen; »
D'hô c'herent : « Gwiskid ivez hô tillad kanv ha dù ; »
D'ar c'halvez : « Grid évid omp, grid eunn arched diouc'h-tù ! »

II

Il fut un autre temps; un temps noir et cruel, [nesse,
Où tous les jeunes gens disaient malédiction à leur jeu-
Par bandes en Pays-Français ils s'en allaient chaque année,
Hélas! ils ne revenaient jamais en Bretagne!

III

Non! alors en Bretagne on ne voyait personne,
Hormis des estropiés, des vieillards et des enfants;
Il n'y avait plus d'homme pour labourer et conduire la
Les femmes enfin cessèrent d'enfanter.   [charrue;

IV

Napoléon était le chef, le vrai loup de guerre,
Qui sans pitié pour les pauvres mères enlevait leurs en-
On dit qu'en l'autre monde il est dans un étang, [fants;
Il est jusqu'à la bouche dans un marais plein de sang.

V

Lorsque ceux de Plô-Meûr furent appelés pour cette grande
« Le loup est parmi les brebis, dirent-ils alors! [tuerie:
« Oui, le mal est sur nous! Souffrons donc notre mal,
« Et à la bête sauvage et féroce tendons notre cou. »

VI

Ils dirent au prêtre : « Voici le jour de l'angoisse,
« Revêtez l'étole blanche et noire pour nous bénir; »
A leurs parents: « Revêtez aussi vos habits noirs et de deuil; »
Au charpentier : « Faites pour nous, faites tout de suite
                              [une bière. »

VII

Tra spountuz ! dré ar parkou hag al lann oa gwéled
Ar zoudarded iaouank-zè ò toughen hò arched ;
Réna a réand-d'hò béz ha dira-z-hò ar c'haoun,
O kana gand ar bélek pédèn ann anaoun.

VIII

Meùr a zén garantézuz eùz ann holl dréviou
Oa deùet gant goulou-koar, ar c'hloc'h hag ar c'hroaziou ;
Daoulinet war léz ann hent eunn darn a lavaré :
« It, kristénien ! Evid hoc'h pédi a raimp Doué. »

IX

E kreiz lan vràz ar Gòz-ker, war lézen ar barrez,
Choum a réaz tùd ar c'haoun ; énò oé ann enkrez :
Enn arched é oa taoled hò bléò, hò gouriz,
Hag ar c'haoun holl a ganaz neùzè : DE PROFUNDIS !

X

Ann tadou a hirvoudé, allaz ! hagar mammou
A strinké ò tifronka hò éné d'ann envou ;
Ann holl étré hò divrec'h a c'halvé hò mipien :
Hî, èvel pa vent marò, né lavarent mui kén.

XI

Enn eur zioulded gristen, hag hep selled adré,
Kuid ézond ò tilézel hò buhez gand Doué :
A-héd ar wénojénou éz-éend daou-ha-daou,
Ken trist hag ann anaoun, tristoc'h hep làret gaou.

VII

Épouvante ! à travers les champs et la lande on vit
Ces jeunes soldats porter leur bière ;
Ils menaient à leur tombe et devant eux le deuil,
En chantant avec le prêtre la prière des morts.

VIII

Beaucoup de gens charitables de toutes les tribus [croix,
Étaient venus avec des flambeaux de cire, la cloche et les
Agenouillés au bord de la route quelques-uns disaient :
« Allez, chrétiens ! pour vous nous prierons Dieu !

IX

Au milieu de la grande lande du Gôz-Ker, à la lisière de
S'arrêta le deuil ! là fut la désolation : [la paroisse,
Dans la bière furent jetés leurs cheveux et leurs ceintures,
Et tout le convoi chanta : DE PROFUNDIS !

X

Les pères se lamentaient ; hélas ! et les mères
Lançaient en sanglotant leur âme vers le ciel ;
Tous entre leurs deux bras appelaient leurs fils ;
Eux, comme s'ils étaient morts, ne disaient plus rien.

XI

Dans un calme chrétien, et sans regarder en arrière,
Ils s'en allèrent laissant leur vie à Dieu :
Le long des sentiers, ils s'en allaient deux à deux,
Aussi tristes que des trépassés, plus tristes sans mentir.

XII

Gand Doué é-m'int, siouaz! ha didàn ann douar
Hö eskern a zô gwennoc'h éghéd ar goulou-koar,
Ar ghérent néc'hed ivez er béz zô diskenned :
Ann tadou hag ar mipien, holl ez int tréméned!

XIII

— Tûd iaouank, tûd glac'hared da guitaad ar vrô,
Aa péoc'h a zô er béd hag ar béd a zô braô,
Id éta a galoun vâd é-pâd hô iaouankiz!
C'houi a lavarô eunn deiz : « gwéled em euz Paris! »

É miz Ébrel 1839.

AL LIORZ

D'ANN OTROU IANN AR BEK, KÉLENNER

War don Théofilus.

Léz eul liorz dudiuz a oa hanter zigor,
Eur c'hroac'h a lavaré ghiz-zé war doull ann òr :
« Bokédou zô aman, va doué! ha frouez!
« Ha traou màd da zibri ha da c'houésa ivez!

« Eul liorz all anavann, allaz! eul liorzik zû :
« Ann aotrou, pa zeùinn, a zigorô diouc'h-tu ;
« Évid koúsket didrouz eul lec'h don em bézô,
« Eunn dén pinvig em harz martézé c'hourvézô. »

XII

Avec Dieu ils sont, hélas! et sous la terre
Leurs os sont plus blancs que la cire,
Leurs parents affligés sont aussi descendus dans la tombe :
Les pères et les fils, tous sont morts.

XIII

— Jeunes gens, cœurs désolés de quitter le pays,
Maintenant la paix est dans le monde et le monde est beau,
Partez donc de bon cœur durant votre jeunesse !
Vous direz un jour : j'ai vu Paris !

Au mois d'Avril 1839.

LE JARDIN

A M. JEAN LE BEC, INSTITUTEUR

Sur l'air Théophile.

Devant un riant jardin dont la porte était entr'ouverte,
Une vieille parlait ainsi debout sur le seuil :
« C'est ici qu'il y a des fleurs, mon Dieu ! et des fruits !
« Des choses bonnes à manger et aussi à sentir !

« Je connais un autre jardin, hélas ! un petit jardin noir :
« Le maître, quand je viendrai, ouvrira aussitôt ;
« Pour y dormir sans bruit j'aurai une place profonde,
« Un riche à mon côté peut-être s'étendra. »

— Hoghen eunn dén fur bráz oa ò valé el liorz :
« Da 'bétra, va mamm gòz, é chomit-hu er porz !
« Deuid em liorz, deuit ! me éo ann aotrou.
« Mamm gòz, dibrit frouez, c'houésaid ar bokédou. »

É miz Dû 1837.

SON ANN TACHER

Er vourc'h abaoué ma chomann
Morzol ann tacher a glévann.

Héd ann deiz, héd ann nòz ez skò !
Skoei a ra hé vorzol atò !

Sellid hé zivrec'h noaz ha dú
O tistrei ann houarn a bêp-tû.

Héd ann deiz, héd ann nòz ez skò !
Skoei a ra hé vorzol atò !

Ann heol kaer morsé na well,
Bépred glaou ha tan rû er c'hoell.

Héd ann deiz, héd ann nòz ez skò !
Skoei a ra hé vorzol atò !

Da vaga hé vugalé kez
Kant a kant tach a ra bemdez.

Or, un sage se promenait alors dans le jardin :
« Pourquoi, ma vieille mère, restez-vous à la porte ?
« Venez dans mon jardin, venez ! je suis le maître.
« Vieille mère, mangez des fruits et respirez les fleurs. »

Au mois noir (Novembre) 1837.

LA CHANSON DU CLOUTIER

Depuis que je demeure au bourg
J'entends le marteau du cloutier.

Tout le jour, toute la nuit il frappe !
Son marteau frappe toujours !

Regardez ses bras nus et noircis
Retourner le fer en tous sens.

Tout le jour, toute la nuit il frappe !
Son marteau frappe toujours !

Le beau soleil, il ne le voit jamais,
Toujours le charbon et le feu rouge de la forge.

Tout le jour, toute la nuit il frappe !
Son marteau frappe toujours !

Pour élever ses pauvres enfants
Chaque jour il fait des clous par centaines.

Héd ann deiz, héd ann nôz ez skô!
Skoei a ra hé vorzol atô!

Ré all a ia d'ar Pardonou,
Hén a chom da ober tachou.

Héd ann deiz, héd ann nôz ez skô!
Skoei a ra hé vorzol atô!

Tachouigou, tachou pennek,
Hag a houarn évid eur gwennek!

Héd ann deiz, héd ann nôz ez skô!
Skoei a ra hé vorzol atô!

Ehan a ra pép sûl hép-kén
Evit kléved ann oféren.

Héd ann deiz, héd ann nôz ez skô!
Skoei a ra hé vorzol atô!

Dibod a wech ann tavarnier
A well enn hé di ann tacher.

Héd ann deiz, héd ann nôz ez skô!
Skoei a ra hé vorzol atô!

Bennoz sand Alar ha Doué,
Ia, bennoz d'ann obérour-zé!

Héd ann deiz, héd ann nôz ez skô!
Skoei a ra hé vorzol atô!

E miz Kerzù 1842.

Tout le jour, toute la nuit il frappe !
Son marteau frappe toujours !

Les autres s'en vont aux Pardons,
Lui il reste à faire ses clous.

Tout le jour, toute la nuit il frappe !
Son marteau frappe toujours !

Petits clous et clous à tête,
Oh ! combien de fer pour un sou !

Tout le jour, toute la nuit il frappe !
Son marteau frappe toujours !

Seulement le dimanche il chôme
Afin d'assister à la messe.

Tout le jour, toute la nuit il frappe !
Son marteau frappe toujours !

Rarement le cabaretier
Voit dans son cabaret le cloutier.

Tout le jour, toute la nuit il frappe !
Son marteau frappe toujours !

Que saint Éloi et Dieu bénissent,
Oui, qu'ils bénissent cet ouvrier !

Tout le jour, toute la nuit il frappe !
Son marteau frappe toujours !

Au mois très-noir (Décembre) 1842.

OTROU FLAMMIK

War don Ar vamm Mikéla.

Sétu Otrou Flammik, gwisked flamm, gwisked kaer,
Né kéd mui eur mésiad, né kéd c'hoaz eur pòtr ker.

Sellid hé ben toused, toused gant ar c'hrévier :
N'en deuz kéd bléò hîr, n'en deùz kéd bléò berr.

Dond a ra eùz ar skòl, klévomb holl ké brések :
Né kéd mui brézonek ha né kéd c'hoaz gallek.

Foughéer ha direiz, war béb drà grog hé zent :
Goab a ra war ann diaoul, goab a ra war ar zent.

Hanter-vàd, hanter fall, sétu Otrou Flammik.
Allas! ann oanig gwenn a zò deúd eul louarnik.

Sétu Otrou Flammik, gwisked flamm, gwisked kaer.
Né kéd mui eur mésiad, né kéd c'hoaz eur pòtr ker.

E miz Meurs 1843.

MARI

War don Kont a Jaffré.

Va zeúann ken trist dré hô ker,
Na spountit kéd, tùd ar Vouster,
Mé glask va c'hoant, n'ounn kéd eul laer.

MONSIEUR FLAMMIK

Sur l'air *C'est la mère Michel*.

Voici Monsieur Flammik, tout flambant, tout de neuf ha- [billé,
Ce n'est plus un campagnard, ce n'est pas encore un gars
[de la ville.
Regardez sa tête tondue par le tondeur aux moutons :
Il n'a plus les cheveux longs, il n'a pas les cheveux courts.

Il revient de l'école, écoutons tous son langage :
Ce n'est pas du breton, ce n'est pas encore du français.

Fanfaron et sans retenue, sur toute chose mord sa dent :
Il se moque du diable, il se moque des saints.

Demi-bon, demi-méchant, tel est Monsieur Flammik.
Hélas ! le petit agneau blanc est devenu un petit renard.

Voici Monsieur Flammik, tout flambant, tout de neuf ha- [billé,
Ce n'est plus un campagnard, ce n'est pas encore un gars
[de la ville.

Au mois de Mars 1843.

MARIE

Sur l'air *Le comte Jaffré*.

Quand je passe si triste par votre village,
Ne vous effrayez pas, gens du Moustoir,
Je cherche ma belle, je ne suis pas un voleur.

Dré-man mé heûliaz aliez
Em iaouankiz eur plac'hik kéz,
Evel eul labous hé farez.

Pélec'h éma ar plac'hik kaer?
Na spountit kéd, tûd ar Vouster,
Mé glask va douz, n'ounn kéd eul laer.

Gand hé c'hoef digor d'ann avel,
Hi oa é-ghiz eunn durzunel,
Pa 'nem zispleg hé diou askel.

Kolled é ann durzunel gher!
Na spountit kéd, tûd ar Vouster,
Mé glask va c'hoant, n'ounn kéd eul laer.

Er vourc'h, goudé ar gousperò,
Ann holl a làré, trò-var-drò :
« Houn-nez éo flouren ar vrò! »

O iaouankiz flour ha ré verr! —
Na spountit kéd, tûd ar Vouster.
Me oel va douz, n'ounn kéd eul laer.

É miz Gwenr.-Golô.....

Bien souvent dans ma jeunesse
Je suivis ici une jeune fille aimée,
Comme l'oiseau suit sa compagne.

Où donc est-elle la belle jeune fille ?
Ne vous effrayez pas, gens du Moustoir,
Je cherche ma douce, je ne suis pas un voleur.

Avec sa coiffe ouverte au vent,
Elle était comme une tourterelle
Lorsque se déploient ses deux ailes.

Elle est perdue, la tourterelle chérie !
Ne vous effrayez pas, gens du Moustoir,
Je cherche ma belle, je ne suis pas un voleur.

Au bourg, après les vêpres,
Chacun disait autour d'elle :
« Celle-ci est la fleur du pays ! »

O jeunesse fleurie et trop courte ! —
Ne vous effrayez pas, gens du Moustoir,
Je pleure ma douce, je ne suis pas un voleur.

Au mois de la Paille-Blanche (Septembre).....

ANN DERO

BARZONEK

War don *Klévomp, kôz ha iouank.*

I

Kanomb holl ann dero, roué ar c'hoajou brâz!
Kanomb holl, tûd iaouank, ha kanomb ar gwé glâz!
Krîz éo ann hini a drouc'h ann dervenned :
Allas! kémént a wé é Breiz zô diskarret!

II

Ar gwé a zô santol! Ar Gorriked, bemnoz,
A zeu da gorolli war drô ann derô kôz;
Hag ann Anaoun kéz, da sklerder al loar,
A skuill eno daélou, daélou war ann douar.

III

Gant hé zéliou stank brâz eunn derô kant bloasiad,
Ha gant hé vléô hir war hé choug eur Breiziad
A zô ével daou vreûr : daou vreûr, hep laret gaou,
Leun a nerz, a vuhé, krén ha kaled hô daou.

IV

Gwéled em euz, é Skaer, eun derô kenn huel
A zavé enn évou hé vek dreist ann avel;
Eur gourenner ivé kenn stard em euz kavet
En doa oc'h ann douar hé dreid gozik staghet.

LE CHÊNE

BARDIT

Sur l'air Écoutons, jeunes et vieux.

I

Chantons tous le chêne, roi des grands bois !
Chantons tous, jeunes gens, et chantons les arbres verts !
Cruel est celui qui coupe les chênes :
Hélas ! combien d'arbres en Bretagne ont été abattus !

II

Les arbres sont sacrés ! Les Nains, chaque nuit,
Viennent danser autour des vieux chênes ;
Et les pauvres Trépassés, à la clarté de la lune,
Répandent là des larmes, des larmes sur la terre.

III

Avec son feuillage touffu un chêne de cent ans,
Et avec ses cheveux longs sur le cou un Breton
Sont comme deux frères : deux frères, sans mentir,
Pleins de force et de vie, fermes et durs tous deux.

IV

J'ai vu à Scaer un chêne si élevé
Qu'il dressait dans les cieux sa tête au-dessus du vent,
J'y ai trouvé un lutteur si solide
Qu'il avait sur la terre ses pieds comme attachés.

V

Ma vé gand ar gurun d'ann douar diskarret,
Eul lestr gand hé gorf dòn, eul lestr brâz a vò gret :
Labourit'ta, kalvé ! ha deûit, tûd-a-vòr !
Roué ar ménésiou zò c'hoaz roué ar mòr.

VI

C'houi ivez, mésiaded, deûit ! ha gant peb bar
Grit peûliou ha freillou, gand ar c'hef eunn alar !
Mes savomp da-ghentâ é kornig ann henchou
Lamm-groaz war bé-hini oé staghed Hon-Aotrou.

VII

'Tal va béz, tûd iaouank, c'houi lakai eunn derven,
Hag ann estik klemmuz a ganò war hé fen :
« BRIZEUK, BÁRZ BLÉO MÉLEN AMAN A ZÒ BÉSIET,
« HEN-NEZ A WIR GALON GARÉ AR VRÉTONED. »

É miz Even 1837.

RIMOU BIHAN

KIMIADOU

« Allaz ! Sétu ann dé da guitaat hò prò :
Kénavò, Kernéviz ! ia, tûd vâd, kénavò !
— Kénavò, dén iaouànk ! Mes deûet c'hoaz, deûet !
Pérak mont kuit pa ver gand ann holl dût karet ? »

V

Si le chêne tombait sous les coups du tonnerre,
Un navire dans son corps profond, un navire sera taillé :
A l'œuvre donc, charpentier! puis, accourez, marins!
Le roi des montagnes est encore roi de la mer.

VI

Vous aussi, campagnards, venez! avec chaque branche
Faites des pieux et des fléaux, avec la souche une charrue!
Pourtant élevons d'abord à l'angle des chemins
L'arbre de la croix sur lequel fut attaché Notre-Seigneur.

VII

Sur ma tombe, jeunes gens, vous mettrez un chêne,
Et le rossignol plaintif chantera sur le faîte :
« LE BARDE AUX CHEVEUX BLONDS EST ICI DANS LA TOMBE,
« CELUI-LA DANS SON CŒUR AIMAIT LES BRETONS. »

Au mois de Juin 1837.

PETITES RIMES

ADIEUX

« Hélas! Voici le jour où je dois quitter votre pays :
Adieu donc, Cornouaillais! oui, braves gens, adieu!
— Adieu, jeune homme! Mais venez encore, revenez!
Pourquoi partir lorsqu'on est aimé de tout le monde! »

DA JESMI

BARZ GWASKONN

Barzik kéz, évid hon diwall,
Lévéromp d'ar C'hallaoued fall :
O kana Doué war ar mez
Peb labousig en deûz hé voez.

DA HERSART

Amzer gòz, o amzer zantel !
Neûzé'kléved, é Breiz-Izel,
È pép koat kana ann eined,
È pép ker kana ar varzed !

DA GAOURINTIN

Barz iaouank disket gan in-mé,
Kaner mâd, mérour mâd ivé,
Ta gorf a vaghez gand ann éd,
Ha gand ar wersou ta spéret.

AR RUSKEN

Plac'hik, hô kalon zô henvel
Ouc'h eur ruskennik leûn a vel ;
Hag enn hoc'h, ével ar wenan,
A voud hô sonjennou bihan.

A JASMIN,

POÈTE DE GASCOGNE

Cher poëte, s'il faut nous défendre,
Disons aux Gaulois méchants :
Pour chanter Dieu dans la campagne
Chaque petit oiseau a son langage.

A HERSART

Temps ancien, ô temps sacré !
Alors on entendait en Bretagne
Dans chaque bois chanter les oiseaux,
Dans chaque village chanter les bardes !

A CORENTIN

Jeune barde instruit par moi,
Bon chanteur et bon fermier aussi,
Ton corps tu le nourris avec le blé,
Et avec les vers ton esprit.

LA RUCHE

Jeune fille, votre cœur est semblable
A une petite ruche pleine de miel ;
Et en vous, comme des abeilles,
Bourdonnent vos légères pensées.

AR BIMOUIGOU

Kan ar penn-glaouig a zó berr,
Hoghen enn han péghen douster!
Né kéd hir ivé ar *Bater*.

IANN DOUSSALL HAG HÉ CHÉMÉNER

Doussall gand hé vragou-bràz a oa eunn dén! — Doussall
Brémâ gand hé vragou-hir en deuz mann eur pesk sall :
Kéméner! kéménerik!
Té a zó eunn traitourik!

GWERSOU SKRIVET WAR ZOR EUR MANER KOZ

Eur C'horrigan, é-pâd eunn nòz,
En deùz me gret gand hé nadoz.

WAR VEZ ANN AOTROU AR-GONIDEK

Peùlvan, diskid d'ann holl hanò Ar-Gonidek,
Dén gwisiek ha dén fûr, tâd ar gwir brézonek.

WAR DI ANN OTROU MALO KORRET

(La Tour d'Auvergn)

Klézé dir er brézel ;
Lévrig aour em c'hastell.

LES PETITES RIMES

Le chant de la mésange est court,
Mais dans son chant que de douceur!
Il n'est pas long non plus le *Pater*.

JEAN DOUSSALL ET SON TAILLEUR

Doussall avec ses grandes braies était un homme! — Doussall
Maintenant avec ses pantalons a l'air d'un poisson salé :
Tailleur! petit tailleur!
Tu es un petit traître!

ÉCRIT SUR LA PORTE D'UN VIEUX MANOIR

Une Fée, en une nuit,
M'a construit avec son aiguille.

SUR LA TOMBE DE M. LE GONIDEC

Peùlvan, apprends à tous le nom de Le Gonidec,
Homme instruit et homme sage, père du vrai langage breton.

SUR LA MAISON DE MALO CORRET

(La Tour d'Auvergne)

Glaive d'acier à la guerre :
Livre d'or à mon foyer.

KOMSIOU

DISHENVEL ENN EUL LEC'H BENNAK

Arvòr, — Brò é-harz ar mòr, pé Breiz-Izel.
Barz, — Kaner, pé ann hini a ra Kanaouennou.
Barzonek, — Kanaouen vràz.
Breiziad, — Dén ghinidig eûz a Vreiz, pé Bréton.
Karadek, — Karuz, kéz.
Ker, — Kéz.
Korolli, — Dansal.
Krévier, — Ann hini a douz ann denved.
Eined, — Laboused.
Hel pé Héal, — Gaol ann alar.
Meser, Meserik, — Pòtr ar zaoud.
Mesiad, — Dén divar ar mez.
Pinvik pé Pinvidik.
Skoei pé Skei.
Télen, — Benvek gant kerdin var bé-hini é gané ar Vrétoned kòz.
Trémeniad, — Baléer-brò.

NOTE

Après une trop longue absence, l'auteur de ces poésies venait de rentrer en Bretagne et dans un village souvent habité par lui : son arrivée y fut à peine connue, que d'anciens amis, des jeunes filles, des enfants déjà grandis accoururent à sa maison ; et quelques-uns, comme pour avertir qu'ils étaient toujours des siens, se mirent à chanter le refrain d'une de ses chansons : « *Nous sommes toujours Bretons, les Bretons race forte.* » Est-il salut plus courtois et plus doux à l'âme d'un barde ? Ici ce n'est point l'amour-propre qui était heureux. — Il fallait citer ce souvenir à ceux qui s'étonneraient qu'on écrivît encore dans une langue si peu répandue.

Pour ce qui est de sa valeur scientifique et originelle, la langue bretonne n'a plus besoin d'être défendue. Après les travaux de notre grammairien Le Gonidec, on a l'important mémoire de M. Pictet de Genève sur l'Affinité des langues celtiques avec le sanscrit, mémoire couronné par l'Académie des Inscriptions. Notre langue n'a donc plus que des ennemis politiques.

Cependant une doctrine un peu large pourrait accepter, en regard même de la France, cette variété du génie breton. Il est peu logique, quand tous les vieux monuments sont avec tant de soin conservés, de détruire une antiquité vivante. La conservation de notre idiome importe à l'histoire générale des langues, et en particulier à la langue française qui y trouve une de ses principales sources : sans nos vieux dialectes les temps primitifs de la Gaule sont en partie inexplicables. Cette conservation, dis-je, qui peut être désirée par une politique et une philosophie éclairées, le serait certainement par tous les historiens et les philologues. Qu'on veuille donc bien ne pas dédaigner ce petit livre.

Plusieurs de ces chansons bretonnes, imprimées sur des feuilles volantes, étaient, comme on l'a vu, depuis longtemps répandues dans nos campagnes : l'accueil qu'elles y ont reçu a permis d'en faire une édition nouvelle, accompagnée cette fois d'une traduction française.

Toute littérale, cette traduction s'est efforcée de reproduire les tournures, sinon l'harmonie, des vers celtiques, dont les fréquents diminutifs et les syllabes molles dans les choses douces, les sons gutturaux et retentissants dans les choses fortes, ne trouveraient guère d'équivalents ; mais, à côté du sens exact, elle pourra fournir avec quelque intérêt une facile comparaison des deux langues.

Quant aux chansons mêmes, elles contiennent, il semble, dans leur cercle restreint, assez de variété pour exprimer les sentiments qui de nos jours animent la Bretagne et la font aimer.

Les trois formes de notre poésie lyrique sont le *Barzonek* ou *Kanaouen* qui répond à l'ode, — le *Gwerz* ou chant historique, — et le *Son* ou chant d'amour, de danse, de satyre. Ne sont-ce point tous les tons de la poésie ?

Maintenant, qu'à cette poésie l'on compare celle des campagnes dites civilisées et, par les plaisirs des intelligences, qu'on juge des populations !

Surtout que ne devra-t-on conclure, si à la langue sans nom parlée dans ces campagnes l'on compare l'idiome d'Armorique dont les lois délicates et la savante grammaire sont naturellement suivies par le moindre laboureur !

Il faut le déclarer cependant, tant pour la pureté même de la langue que pour le choix des sujets, la poésie contemporaine, sauf d'honorables exceptions, avait bien dégénéré des anciens chants nationaux.

Raviver à la fois l'âme et la poésie bretonnes, tel fut l'effort tenté, il y a bientôt huit ans, par le premier de ces chants, dans un appel direct aux Bretons : c'était continuer, sous une autre forme, l'œuvre commencée à l'aide de la langue et de la poésie françaises. De plus experts, sinon de plus dévoués, accompliront un mouvement qui déjà s'est répandu.

Avec une nouvelle espérance, osons donc présenter ces essais à nos compatriotes, bons juges de l'influence salutaire de la langue et de la poésie nationales. Oui, pour tenir à tous les sentiments généraux, comme je l'ai pu dire ailleurs, ne brisons pas les sentiments particuliers où l'homme a le mieux la conscience de lui-même. L'idiome natal est un lien puissant : soyons donc fidèles à notre langue natale, si harmonieuse et si forte au milieu des landes, loin du pays si douce à entendre!

Décembre 1843.

FURNEZ BREIZ

SAGESSE DE BRETAGNE

RECUEIL DE PROVERBES BRETONS

Nos frères du pays de Galles possèdent depuis longtemps un livre intitulé *Science des Bardes*, mais c'est un livre, comme le dit son titre, écrit par des poëtes, par des lettrés.

Le nôtre est tiré, presque tout entier, de la sagesse du peuple. Nous l'avons recueilli de la bouche même des marins et des laboureurs pendant nos paisibles retraites en Bretagne.

Plus d'une source écrite nous a cependant versé sa richesse : ainsi les dictionnaires du P. Grégoire de Rostrenen et de Le Gonidec, le *Barzaz Breiz* de M. de la Villemarqué, et le charmant dialogue appelé le *Bughel Fûr*.

Malgré nos doubles recherches, ce recueil, nous le déclarons, est bien incomplet ; toute la sagesse de Bretagne n'est point ici déposée ; mais le cadre est ouvert, que d'autres plus patients et mieux renseignés pourront un jour remplir.

Ainsi, dans la science aphoristique, seraient comptés les dires de cette race superbe qui, abusant de la victoire, criait : « Malheur aux vaincus ! » ou, avec un plus noble orgueil, répondait au conquérant macédonien : « Nous ne « craignons qu'une chose, la chute du ciel. » Mais ce sont là de ces cris isolés, comme le « Bois ton sang ! » d'un héros moderne, et non des proverbes.

Parmi tous les dictons familiers qui, dans ce recueil, montrent les rapports d'intérêts, de famille, de pays à pays, comme les altercations des bergers antiques, ou les travaux journaliers des laboureurs, quelques-uns cependant s'élèvent avec force ou douceur, et témoignent d'un grand sens moral. Contre l'avarice, quoi de plus terrible que ces quatre vers ?

> Quand vous seriez de la race du chien,
> Entrez dans ma maison si vous avez du bien ;
> Quand vous seriez de la race du roi,
> Si vous n'avez plus rien, passez : chacun chez soi.

Les deux pivots de l'existence humaine, comme ils sont ici indiqués avec imagination !

> Beg ar zoc'h, beg ar vronn,
> Gand hò daou é vévomp.

> Bout du soc, bout du sein,
> Par eux deux nous vivons.

Et, pour finir, voici par quelle image le peuple moraliste et poétique rendra la sentence du roi sage sur la vanité des vanités de toutes choses :

> Avel, avelou, holl avel.

> Vents, vents, tout n'est que vent.

A. B.

Septembre 1855.

FURNEZ BREIZ

LAVAROU WAR MEUR A DRA.

I

Gwell éo furnez évid pinvidighez.

Neb na oar a gavô desk.

Al lestr na zent kéd ouc'h ar stur
Ouc'h ar garreg a rai sur.

Askré c'hlan dioghel éo hé berc'hen.

Ha droug ha mâd
A denn d'hé had.

Mouchet mâd hô kôlé bihan,
Pé hend-all é pô goan gant han.

Heûdet mâd hô marc'hik divank,
Pé en em veûzi rei er stank.

Ann hini né oar kéd senti né oar kéd gourc'hémenn.

SAGESSE DE BRETAGNE

PROVERBES DIVERS

I

Mieux vaut sagesse que richesse.

Qui ne sait pas trouvera à apprendre.

Le navire qui n'obéit pas au gouvernail
Devra obéir aux écueils.

Un cœur pur et ferme est son maître.

Le mal ou le bien
De sa semence vient.

Bandez bien les yeux de votre jeune taureau,
Ou il vous donnera du mal.

Entravez bien votre poulain folâtre,
Ou il se noiera dans l'étang.

Qui ne sait obéir ne sait pas commander.

II

Didalvez éo ha koll amzer
Diski ar mâd héb hé ober.

Ann ifern a zò leûn eûz ar vénoziou mâd.

Hennez a venn hennez a c'hall.

Kasid ann éro da benn.

Dén mâd, grit hô sonj :
Savid eunn tî pé grid eul lônj.

III

Seûl kêntoc'h
Seûl gwelloc'h.

Aliez eûz a furnez
A zeû ar gorréghez.

Gand kolô hag amzer
É veûra ar mesper.

Strinka ann trébez war lerc'h ar billik.

Teurl ar bonned war lerc'h ann tok.

Enn nôz é kémérer ar ziliou.

Né kéd gand ann taboulin é vé paked ar c'had.

II

C'est peine inutile et temps perdu
Qu'apprendre le bien sans le faire.

L'enfer est plein de bonnes intentions.

Celui qui veut celui-là peut.

Tracez le sillon jusqu'au bout.

Brave homme, faites à votre guise :
Mais élevez maison ou cabane.

III

Le plus tôt
C'est le mieux.

Souvent de sagesse
Vient lenteur.

Avec de la paille et du temps
Les nèfles mûrissent.

Jeter le trépied après le bassin.

Jeter son bonnet après son chapeau.

La nuit on prend les anguilles.

Ce n'est pas avec un tambour qu'on prend le lièvre.

IV

Ne deûz ked a énébour bihan.

Né c'hoariit ked gand al lagad.

Pep ki a zô hardiz enn hé di.

Né kéd red tôl mein war lerc'h kément ki a c'harz.

Komps gand eur sod, red éo gwelloc'h
Rei flour gwiniz d'ar moc'h.

Arabad éo lakad pensel burel oud limestra.

V

Barnid ar ré all ével ma fell déhoc'h béza barned.

Ar c'has a vourr o logota,
Hag ar c'hi o koulineta.

Lavaret réar aliez gaou é lec'h gwirionez.

Kant klévet né dléont kéd eur gwélet.

Klask pemp troad d'ar maout.

Ober ann denvad.

Digarez ober al luè.

IV

Il n'y a pas de petit ennemi.

Ne jouez pas avec l'œil.

Tout chien est hardi dans sa maison.

Ne jetez pas de pierre à tout chien qui aboie.

Parler avec un sot,
C'est jeter de la fleur de froment au pourceau.

Pas de pièce brune sur un drap violet.

V

Jugez autrui comme vous voulez être jugé.

Le chat aime à chasser la souris,
Le chien à chasser le lapin.

On dit est souvent un grand menteur.

Cent entendus ne valent pas un vu.

Chercher cinq pieds à un mouton.

Faire la brebis.

Sous prétexte de faire le veau.

Em milin né deuz kéd dour awal'ch
Evit mala hoc'h arréval.

Digant mignoun éo gwell kaout dour
Évit gwin digant ann traitour.

Kared a rer ann trubardérez,
Kasoni a zô eûz ann trubard.

Né-d-éô ked pec'hed német mâd
Mouga ann aer gand hé c'hofad.

Bréton biskoaz
Trubardérez na réaz.

VI

Gwaz éo ar véven éghed ar vézéren.

Eur mignoun mâd a zô gwelloc'h évit kar.

Bugalé ann ghéfinianded
Gwasâ kérend a zô er béd,
Ha gwellà ma vint dimezed.

Hévélep tàd, hévélep mab,
Mab diouc'h tâd.

Mâb hé dâd éo Kadiou.

Janned éo matez Janned,
Janned hag hé mestrez a ribod kévred.

Ar mestr mâd a ra ar mével mâd.

Mon moulin n'a pas assez d'eau
Pour bien moudre votre mouture.

Mieux vaut boire l'eau d'un ami
Que boire le vin d'un traître.

On aime la trahison,
On hait le traître.

Ce n'est point un mal, c'est un bien
D'étouffer la vipère et sa portée.

Jamais Breton
Ne fit trahison.

VI

La lisière est pire que le drap.

Un bon ami vaut mieux qu'un parent.

Les enfants des cousins éloignés
Sont les plus mauvais parents du monde :
Et les meilleurs si on les épouse.

Tel père, tel fils,
Le fils d'après le père.

Cado est bien fils de son père.

Jeanne est la servante de Jeanne,
Jeanne et sa maîtresse battent ensemble le beurre.

Le bon maître fait le bon serviteur.

VII

C'hoand Doué ha c'hoand dén a zò daou.

Bézà ann avel é lec'h ma kérò,
Pa ra glaò é vleb atò.

Goudé c'hoarzin é teu goéla,
Goudé c'hoari huanada.

O vont d'ar fest c'hui a ganò,
O tont endrò c'hui a welò.

Gortozid ann nòz évit lavaret éo bet kaer ann deiz.

Eunn dén kré eunn dén kréved;
Eunn neuier kaer eun dén beûzed;
Eunn tenner mâd eunn dén lazed.

Diou teir amzer en deûz ann dén,
N'int kéd hével ann eil eûz hé ben.

Dalc'het mâd d'hoc'h ar féiz, dalc'het mâd d'hoc'h hò léz

Eur feiz, eur iez, eur galon!
Ar c'hiz gòz, ar c'hiz gwirion!

Eul liser wenn ha pemp planken,
Eunn torchen blouz didan hò penn,
Pemp troated douar war c'horré,
Sétu mâdou ad béd er bé.

Avel, avelou, holl avel.

VII

Désir de Dieu et désir de l'homme sont deux.

Que le vent souffle où il voudra,
S'il tombe de la pluie elle mouille toujours.

Après le rire les pleurs,
Après les jeux les douleurs.

En allant à la fête vous chanterez,
En revenant vous pleurerez.

Attendez à la nuit pour dire que le jour a été beau.

Homme fort, homme crevé;
Beau nageur, homme noyé;
Bon tireur, homme tué.

L'homme compte deux ou trois saisons,
Mais aucune ne ressemble à l'autre.

Conservez bien la foi, conservez votre loi.

Une seule foi, une seule langue, un seul cœur!
Les vieilles coutumes sont les bonnes coutumes.

Un drap blanc et cinq planches,
Un bourrelet de paille sous votre tête,
Et cinq pieds de terre par-dessus,
Voilà les biens du monde dans la tombe.

Vents, vents, tout n'est que vent.

EUZ AR MERC'HED

HAG ANN DIMIZIOU

Gwell éo karantez leiz ann dorn
Évid madou leiz ar forn.

Pa vec'h ken dù hag ar mouar
Gwenn kan oc'h d'ann hini hò kàr.

Ann délien gouez var ann douar
Ar c'héned ivé a ziskar.

Ar bleunig a drò wéchigò,
Karantez ar plac'h drò atò.

Evid reiza ar bleiz ez éo red hen dimézi.

Dimez ta vab pa ghiri
Ha ta vec'h pa helli :
Gwelloc'h éo dimizi merc'h
Éghet kaout anken var lec'h.

A zivar moueng ar gazeg
É vé paked ann eubeulez.

C'hoand dimizi ha béva pell
En deùz péb Iann ha péb Katell;

Dimézed int, pell é vévont,
Holl var hò c'hiz é kéront dont.

DES FEMMES

ET DU MARIAGE

Mieux vaut plein la main d'amour
Que des richesses plein le four.

Fussiez-vous plus noire qu'une mûre,
Vous êtes blanche pour qui vous aime.

La feuille tombe à terre,
Ainsi tombe la beauté.

La petite fleur tourne parfois,
L'amour de la jeune fille tourne toujours.

Pour ranger le loup il faut le marier.

Marie ton fils quand tu voudras
Et ta fille quand tu pourras :
Mieux vaut tôt marier sa fille
Qu'avoir plus tard des regrets.

C'est par-dessus la crinière de la jument
Qu'on prend la pouliche.

Se marier, vivre longtemps,
Désir de tout Jean et de toute Catherine ;
    (Désir des sots.)

Ils sont mariés, ils vivent longtemps,
Tous voudraient revenir en arrière.

Ann dimiziou a bell
Ne dint némed touriou ha kestel.

Né deûz kòz voutez
Na gav hé farez.

Dimézed éo Iann-Billen
Da Janned-Truillen.

Frita laouen ar baourentez
War ar bilig ar garantez.

Eur draen-fuil é vé é ti
Mar deuz kighel é komandi.

Iann-Iann! Iannik-Iann!
Iann diou-vech Iann!

Goaz mesier ha greg a c'hoari
A skarz ter màdou euz ann ti.

Pép stròden ha pép loudouren
A gav mâd hé c'heûsteûren.

'Vit ma krised ann aval mâd
N'ed éo két kolled hé c'houez vâd.*

Ar bank en tan na laker két
Dré ma vé ann alc'houé kollet.**

Lamfet ket 'r c'hok digand ar iar,
Na Iann ar bòc'hik digand par.

* Evid eur groac'h gòz. — ** Evid ann intanvézed.

Les mariages vus de loin
Ne sont que tours et châteaux.

Il n'y a pas de mauvaise chaussure
Qui ne trouve sa pareille.

Avec Jean-Guenillon
S'est mariée Jeanne-Guenille.

Frire la vermine de la pauvreté
Dans le bassin de l'amour.
(Amour et misère.)

Brouille sera à la maison,
Si la quenouille est maîtresse.

Jean-Jean ! Pauvre-Jean !
Jean deux fois Jean !

Mari ivrogne et femme joueuse
Chassent vite les biens de la maison.

Toute femme malpropre et dégoûtante
Trouve bons ses mauvais ragoûts.

Pour être ridée une bonne pomme
Ne perd pas sa bonne odeur.*

On ne jette pas le coffre au feu
Parce que la clef en est perdue.**

Vous n'enlèverez pas le coq à la poule,
Ni Jean le rouge-gorge à sa compagne.

* Pour une vieille femme. — ** Pour les veuves.

Ann durzunel a ra trúez
Pa en deuz kolled hé farez.

EUZ AR GWIN

Pa vêz ann dén en hé c'hrouez,
Na zent kéd é vé paour kéz.

Gwell éo gwin névez
Éghét mez;
Gwell éo gwin bar
Éghét mouar.

Gwellâ tòm d'ann dreid dré ar boutou,
Ha d'ar c'hoff dré ar c'hénou.

Dén kòz, gwin kòz en hô kwéren;
En hô tâs, dén iaouank, dour ienn.

Ann hini a ziwal sec'hed
A ziwall iec'hed.

Greg a ev gwin,
Merc'h a gomps latin,
Héol a sav ré veûré,
Pé divez a oar Doué.

Lakaad dour é gwin eunn all

La tourterelle fait pitié
Quand elle a perdu sa moitié.

DU VIN

L'homme, lorsqu'il se sent enflammé,
Ne sent plus qu'il est un pauvre être.

Mieux vaut vin nouveau
Que bière ;
Mieux vaut vin de raisin
Que de mûre.

Chauffez les pieds par la chaussure,
Et chauffez le corps par la bouche.

Vieillard, du vin vieux dans votre verre ;
Dans votre tasse, jeune homme, de l'eau froide.

Qui est maître de sa soif
Est maître de sa santé.

Femme qui boit du vin,
Fille qui parle latin,
Soleil levé trop matin,
Dieu sait quelle sera leur fin.

Mettre de l'eau dans le vin d'un autre.
    (Aller sur ses brisées.)

Mui a win é zispigner er Pardoniou
Éghed a goar.

EUZ AR BRÉZEL

Skrigna ra bleizi Breiz-Izel
O'kléved embann ar brézel.

Tec'hed a ra Saòz penn-da-benn
Pa lévéromp-ni : « *Torr hé benn!* »

Evel eur bar grizil er môr
Ar Zaòzon a steûz enn Arvòr.

N'am eûz kéd aoun rog ar C'halloued
Kriz éo va c'halon, va dir lemmet.

Bez a C'hallaoued péz a garò,
Mé na derc'hann kéd rog ar marò.

Mar vervomb évèl ma dléed
D'ar gristénien, d'ar Vrétoned,
Morsé na varvimp ré abred.

Ni zò bépred Brétoned,
Brétoned tûd kaled.

Plus de vin se dépense aux Pardons
Que de cire.

DE LA GUERRE

Les loups de Bretagne grincent des dents
En entendant le ban de guerre.

Le Saxon (l'Anglais) s'enfuit tout droit
Quand nous crions : « *Casse-sa-tête !* »[*]

Comme la grêle dans la mer
Les Anglais fondent en Bretagne.

Je n'ai pas peur des Gaulois (des Franks),
Dur est mon cœur, tranchant mon acier.

Qu'il y ait des Franks par milliers,
Je ne fuis pas devant la mort.

Si nous mourons comme doivent mourir
Des chrétiens, des Bretons,
Jamais nous ne mourrons trop tôt.

Nous sommes toujours Bretons,
Les Bretons race forte.[**]

[*] Tiré du Télen-Arvor. — [**] Ibid.

EUZ ANN DANVEZ

I

Gwell éo diski mab bihan
Éghéd dastum màdou d'ézhan.

Gwell éo brut màd da péb-hini
Évid kaout màdou leiz ann tî.

Doué ouz' ar stad na zell ket.

II

Béza paour né kéd eur péc'hed,
Gwell éo kouskoudé tec'hét.

Ann hini en deûz a lip hé c'heûz,
Ann hini'n'en deûz a zell a dreûz.

Gwelloc'h moghed évid réo,
Gwelloc'h argand évid bléô.

Gwell éo mérer pinvidik
Éghéd dijentil paourik.

Eunn alc'houé arc'hand a zigor
Gwelloc'h eunn alc'houé houarn ann òr,
Gwelloc'h arc'hand eunn alc'houé aour.

DE LA FORTUNE

I

Mieux vaut instruire son petit enfant
Que de lui amasser du bien.

Mieux vaut un bon renom
Que du bien plein la maison.

Dieu ne regarde pas à la condition.

II

Pauvreté n'est pas un péché,
Mieux vaut cependant la cacher.

Celui qui a se lèche les lèvres,
Celui qui n'a pas regarde de travers.

Mieux vaut fumée que gelée,
Mieux vaut argent que cheveux.

Mieux vaut riche paysan
Que gentilhomme sans argent.

Une clef d'argent sait ouvrir
Mieux qu'une clef de fer toutes les portes,
Mieux qu'une clef d'argent ouvre une clef d'or.

III

Ataò é gaver éost ann amézek
Gwelloc'h évid hon hini.

Ker bràz laer éo néb a salc'h ar zac'h
Evel néb a lak ébarz.

Dibaod dén né pinvidika
Oc'h ober gaou eûz hé nésa.

Paourik pa pinvidika
Gwàz évid ann diaol éz ia.

Hag a vec'h euz ar wenn ar c'hi,
Mar hoc'h eûz màdou deûd enn ti;
Hag a vec'h euz ar wenn ar roué,
Mar d'hoc'h paour id é hanò Doué.

IV

Madou zeû ha madou ia,
Évèl moghéd, évèl pép tra.

Ann danvez distumet gand ar ratel.
A iélò buhan gand ann avel.

"N hini a viraz a gavaz
Antrònòz beûré pa zavaz.

Ann arc'hand a zeû a-berz ann diaol
A zistrò vàd, da houarna Pòl.

III

Toujours l'on trouve la moisson du voisin
Meilleure que la sienne.

Qui tient le sac est aussi grand voleur
Que celui qui l'emplit.

Rarement homme s'enrichit
Sans tromper son prochain.

Pauvre qui s'enrichit
Devient pire que le diable.

Quand vous seriez de la race du chien,
Si vous êtes riche entrez dans ma maison ;
Quand vous seriez de la race du roi,
Si vous êtes pauvre allez à la grâce de Dieu.

IV

Les biens viennent, les biens s'en vont
Comme la fumée, comme toute chose.

Le bien qu'amasse le râteau
Avec le vent s'en va bientôt.

Celui qui épargna trouva
Le lendemain quand il se leva.

L'argent qui vient du diable
Vite s'en va pour le ferrer.*

* A la lettre : pour ferrer Pôl, un des surnoms du diable.

V

Esoc'h d'ar mab goulen oc'h tâd
Évid d'ann tâd goulen oc'h mab.

Pa zeù ar paour da doull hò tor,
Ma na roit kéd d'ézhan respontit gand énor.

PÉDEN O. RIBOTAT)

Sant Iouen, sant Iann,
Leiz ma ribot a aman;
Hag eur bannik bihan a léz
Évid ober d'ar paour kéz.

EUZ AL LABOUR

I

Beg ar zoc'h, beg ar vronn,
Gand hò daou hé vévomp.

II

Laerez hé amser, hé voéd,
Brasà pec'hed a zò er béd.

Da louarn kousked
Na zeù tamm boéd.

V

Il est plus facile au fils de demander au père
Qu'au père de demander au fils.

Quand le pauvre viendra à votre porte,
Si vous ne donnez pas parlez-lui poliment.

PRIÈRE EN BATTANT LE BEURRE

Saint Ives, saint Jean,
Mettez du beurre dans ma baratte :
Et laissez-y un peu de lait
Afin d'en donner au cher pauvre.

DU TRAVAIL

I

Bout du soc, bout du sein,
Par eux deux nous vivons.

II

Voler son temps et sa nourriture
C'est le plus grand péché du monde.

A goupil endormi
Rien ne lui chet en la gueule.

Kî besk ha kaz diskouarned
N'int mâd néméd da zibri boéd.

Da sadorn éo bet ganet,
A ébat gand al labour gret.

Kamm kî pa gar.

Fallà hibil a zò er charr a wigour da ghentà.

Eur spréc'hen a zebr aliez kémend hag eur mac'h mâd.

III

Va màb, ré gòz ann douar évit ober goab anézi.

Deûz kléved ann alc'houédez
Kana ké zon d'ann goulou deiz!

Brâz al labour, bihan ann dibri.

Doc'h hé dant vé gorred ar veuc'h.

Enn douar fall ma fall ann éd.

Abarz ma vézò fin ar béd,
Fallà douar ar gwellà éd.

Chien sans queue et chat sans oreille
Ne sont bons que pour manger.

Il est né le samedi,
Il aime besogne faite.

Chien boiteux quand il veut.

La plus mauvaise cheville de la charrue fait du bruit la première.

Une haridelle mange souvent autant qu'un bon cheval.

III

Mon fils, la terre est trop vieille pour s'en moquer.

Viens entendre l'alouette
Chanter sa chanson au point du jour!
   (Appel au travail du matin.)
Grand travail petite nourriture.

D'après sa dent (sa nourriture) on trait la vache.

En mauvaise terre mauvais blé.

Avant que vienne la fin du monde,
La plus mauvaise terre donnera d'excellent blé.

ALMANAC'H AL LABOURÉRIEN

I

MIZ GWENVAR

Avel ar c'reisteiz.
A zigaz glaô é leiz.

Kanévéden eûz ann nòz,
Glaô hag avel hanter-nòz.

Réo gwenn ar c'hresk,
Amzer gaer ha fresk;
Réo gwenn en diskarr,
Amzer gléb héb mar.

Gwell éo gwélet ki oc'h kounar
Évit héol tôm é miz gwenvar.

II

MIZ C'HOUÉVRER

Miz c'houévrer a c'houez, a c'houez,
Hag a laz ar voualc'h var hé neiz.

Gand 'dillad tomm ha bévans mâd
Pép miz goan a zò déréad.

Da voel Mathiaz
É choas ar big hé flaz.

ALMANACH DES LABOUREU

I

MOIS DE JANVIER

Le vent du midi
Amène force pluie.

Arc-en-ciel vers la nuit,
Pluie ou vent pour minuit.

Gelée blanche au croissant,
Signe de frais et de beau temps :
Gelée blanche au décours,
De la pluie sous trois jours.

Mieux vaut voir un chien enragé
Qu'un soleil chaud en Janvier.

II

MOIS DE FÉVRIER

Février souffle, souffle,
Et tue le merle dans son nid.

Habit chaud et bonne nourriture
Rendent bon chaque mois d'hiver.

A la Saint-Mathias, la pie
Cherche une place pour son nid. (24 février.)

III

MIZ MEURS

Er miz Meurs glaò hag avel foll
A rai lakad évez d'ann holl.

Meurz gand'hé vorzolou a lazò
Ann ohen'barz kornig ar c'hraò.

Da sùl-Bleûnviou, kont ar viou :
Da sùl-Bask, terri hò fennou ;
Da sùl-ar-C'hasimodo frika ar c'hòz podou

IV

MIZ EBREL

Blavez gliz
Blavez gwiniz.

Pask pé Kasimodo
En Ebrel, sur, a vézò.

Pask gléb ha môr-larjes kaillarek
A lak enn arc'h da vézà barrek.

Sant Jorc'hdik diwar hé dorchen
A lak ar vuoc'h da vreskenn.

Pa vé glaò da c'hoel Mark
A goez ar c'hinez er park.

III

MOIS DE MARS

Au mois de Mars vent fou ou pluie :
Que chacun veille bien sur lui.

Mars avec ses coups est capable
De tuer les bœufs dans l'étable.

Le dimanche des Rameaux, compter les œufs ;
Le dimanche de Pâques, les casser ;
Le dimanche de la Quasimodo, briser les pots.

IV

MOIS D'AVRIL.

Année de rosée,
Année de froment.

Pâques ou Quasimodo,
Onc en Avril ne fait défaut.

Pâques mouillé et carnaval crotté,
Et le coffre sera comblé.

Saint Georges, quand il est sur son siége,
Fait courir la vache. (23 avril.)

S'il pleut le jour de la Saint-Marc,
Les guignes couvriront le parc. (25 avril.)

V
MIZ MAÉ

Da viz Maé.
Lamm ar ségal dreist ar c'haé.

Glaò bemdé,
Nébeùt péb eil-dé.

Pa ganò kaer ar gougou,
Va buoc'hik kéz a vévò;
Ha pa ganò ann durzunel,
M'em bô léz é-leiz va skudel :
Évid da raned da gano,
Va buoc'hik paour a varvò.

Ann déliou zigor enn derô
Kent évid dighéri er faò.

VI
MIZ EVEN

Eur park a zò gwall fall
Mar da viz Even né dall.

Gwalc'h da gorf en divez enn dé,
Bez laouen ha na zébr kéd ré.

VII
MIZ GOUÉRÉ

Da c'hoel Maria Karméz
Gwelloc'h gaour évid eur vioc'h léz.

V
MOIS DE MAI

Au mois de Mai
Le seigle déborde la haie.

Pluie chaque jour,
C'est trop peu tous les deux jours.

Quand le coucou chantera,
Ma bonne vache alors vivra ;
Quand chantera la tourterelle,
J'aurai du lait plein mon écuelle ;
Quand la grenouille chantera,
Ma pauvre vache alors mourra.

Les feuilles s'ouvrent sur le chêne
Avant de s'ouvrir sur le hêtre.

VI
MOIS DE JUIN

Un pré est bien mauvais
Si en Juin il ne donne rien.

Lave ton corps à la fin du jour,
Tiens-toi en joie et ne mange pas trop.

VII
MOIS DE JUILLET

A la fête de N.-D. du Mont-Carmel,
Mieux vaut une chèvre qu'une vache à lait.

Pa véz glaỏ da c'hoel Madalen,
A vrein ar c'hraon hag ar c'hesten.

Da viz Gouérỏ
Laker falz war ann érỏ.

Da gann Gouérỏ
Eost é péb brỏ.

Da gann Gouéré, gand hé c'hoastell gwenn,
Ma né vé-ked haff ann éost, é vỏ panen.

Da zantez Anna néb ia,
Anna n'ankoua.

VIII

MIZ EOST*

Pa vé glaỏ da c'hoel Eost,
Kolled é ar c'hraon kalvé.

Néb a ia da Zantez-Elen
Né a goll kéd hé foen.

IX

MIZ GWENN-GOLỎ**

Er miz Gwen-Golỏ,
En abardé 'ma ann dorno.

Da c'hoel Mahỏ,
Ar frouez holl a zỏ ahỏ.

* Mois de la Moisson. — ** Mois de la Paille-Blanche.

S'il pleut à la Madeleine,
On voit pourrir noix et châtaigne. (22 juillet.)

Au mois de Juillet
On met la faucille aux sillons.

A la pleine lune de juillet,
En tout pays la moisson.

A la pleine lune de Juillet, avec son disque blanc,
Si la moisson n'est pas mûre, il y aura disette.

A Sainte-Anne celui qui prie,
Sainte Anne jamais ne l'oublie. (26 juillet.)

VIII

MOIS D'AOUT

S'il pleut à la fête d'Août,
Les noisettes sont perdues.

Qui va prier à Sainte-Hélène
Ne perd pas sa peine. (25 août.)

IX

MOIS DE SEPTEMBRE

Au mois de Septembre,
C'est dans l'après-midi qu'on bat.

A la Saint-Matthieu,
Tous les fruits sont mûrs.

Kouls er baros hag en douar
Sant Kadô n'en deûz kéd hé bar.

Da c'hoel Mikel, da c'houlou dé,
Ar Tri-Roué vé er c'hreiz dé.

E Foar-ann-Drogherez,
Eunn heubeûl évid eur gwennek.

X

MIZ HÉRÉ *

E miz Héro,
Teilled mâd hag hô pézò.

Héré, Dû, ha Ker-Zù
É c'halveur ar miziou dû.

Péd hanvou kaer en deûz roed
Da penn ar bloaz ar Vrétoned :
Dibenn-Eost, Dian-Eost,
Raz-arc'h, Misiou-Dû, Rag-Eost,
Diskarr-amzer, ha Dilost-Han,
Skub-déliou, hag Han-Goan.

XI

MIZ DU **

Eet Miz-Héré en hé hent,
Antrônôz ma goel ann Holl-Zent.

Kala-goan, kaled greûn,
Déliou kouet, lennou leûn.

* Ce nom est inexpliqué. — ** Mois noir.

Au paradis et sur terre
Saint Cado n'a point son pareil.

A la Saint-Michel, au point du jour,
La constellation des Trois Rois paraît au midi.

A la foire du Troc,
Un poulain pour un sou. (29 septembre.)

X

MOIS D'OCTOBRE

En octobre fumez bien,
Et vous récolterez de même.

Héré, Noir, Très-Noir,
Ainsi nomme-t-on les mois d'automne.

Écoutez combien de beaux noms
L'Automne a reçus des Bretons :
Abatteur-de-Moisson, Temps après la Moisson.
Plein-coffre, Mois-Noirs, Suivant de la Moisson.
Saison-de-Chute, et Fin-de-l'Été,
Balayeur-de-Feuilles, ou Été-Hiver.

XI

MOIS DE NOVEMBRE

Octobre a fini son chemin,
Demain fête de la Toussaint.

En automne dur est le grain,
Les feuilles ont tombé, tous les étangs sont pleins.

Màd éo hada ann douar
War ann diskar eûz al loar.

Ségalik Sant-Andrez,
Deùt Nédélek pa deui er mez :

Hag o néza é-ma oc'h-hu c'hoaz ?
Goel Sant-Andrez a zò war c'hoaz.

XII

MIZ KER-ZU *

Han-goan bétek Nédelek :
Diwar Neûzé vé goan kaled
Kén né vezò bleûn en halek.

Earc'h kent Nédelek,
Teil er ségalek.

Eur ghéliénen da Nédelek,
A zò koulz hag eur c'hévélek.

Pa vé loar venn da Nédelek,
É vé lin màd é péb havrek.

Miz-ker-zù, berr-deiz, hîr noz ;
Gwénen a dav, broenn war roz.

* Mois très-noir.

Il est bon d'ensemencer la terre
Au décours de la lune.

Le seigle de la Saint-André (30 novembre.)
Ne sort qu'à Noël arrivé.

Êtes-vous encore à filer,
Quand c'est demain la Saint-André ?
    (Il ne faut pas veiller trop tard.)

XII

MOIS DE DÉCEMBRE

L'automne jusqu'à Noël :
Depuis là le dur hiver
Jusqu'à ce que fleurisse le saule.

Neige avant Noël,
Fumier pour les seigles.

Une mouche à Noël,
Vaut une bécasse.

S'il y a lune blanche à Noël,
Il y a bon lin dans chaque guéret.

En décembre, journée courte, longue nuit ;
L'abeille se tait ; le jonc pousse sur la colline.

EUZ AR VROIOU *

I

Kant brô, kant kîz.
Kant parrez, kant iliz.

O Breiz-Izel, o kaéra brô !
Koad enn hé c'hreiz, mòr enn hé zrò.

II

Mòr Kerné a zò peskéduz,
Douar Léoun a zò éduz.

Va Doué, va diwallid da drémen Beg-ar-Raz,
Rag va lestr a zò bihan hag ar mòr a zò brâz.

Né dréménas dén ar Raz,
N'en divizé aoun pé glaz.

Abaoué beûzet Ker-Is,
N'eûz ket kavet par da Baris.

Paris
Par-Is.

Pa ziveûzò Is
É veûzò Paris.

Kastell, Santel. — Kemper ar gaër. — Oriant ar c'hoant.

Ménéz Arré kein Breiz.

* Plusieurs des proverbes qui précèdent ont leurs analogues dans les proverbes français; cependant on n'a pas voulu les omettre, ignorant si la sagesse française n'était pas héritière de l'antique sagesse des Gaulois. — Dans cette section *Sur les Pays* tout est local : ce sont des épigrammes rustiques et familières, telles qu'en pouvaient échanger les cantons et les

DES PAYS

I

Cent pays, cent usages.
Cent paroisses, cent églises.

O Bretagne, ô très-beau pays !
Bois au milieu, mer alentour. (Tiré du Telen Arvôr.)

II

La mer de Cornouaille est poissonneuse,
La terre de Léon abondante en blé.

Mon Dieu, protégez-moi au passage du Raz,
Car ma barque est petite et la mer est grande.

Nul n'a passé le Raz
Sans frayeur ou sans mal.

Depuis qu'est submergé Ker-Is,[*]
On n'a pas trouvé le pareil de Paris.

Paris
Pareil à Is.

Quand des eaux sortira Ker-Is,
Dans les eaux entrera Paris.

Saint-Pol, la ville sainte. — Kemper la belle. — Lorient la
[jolie.
Les montagnes d'Arré, échine de la Bretagne.

petites bourgades de la Grèce, et qu'il serait si curieux de connaitre. Les antiquaires et les artistes en sentiront la valeur. C'est surtout dans les choses simples que les mœurs d'un peuple sont vivantes.

[*] La ville d'Is, située dans la baie de Douarnenez, fut submergée vers l'an 442.

Kompéza Brâz-Parz,
Divéina Berrien,
Diradéna Plouié,
Tri zrâ dic'halluz da Zoué.

PÉDEN AR PIRC'HIRINED

O Sent ma brô, mé diwallet!
Sent ar vrô man né m'anévézont ket.

III

Er barrez a Daolé, entré ann daou dreiz,
Éma ar bravâ brézouneg a zò é Broiz.

Brézounek Léoun ha gallek Gwenned.

Non ha *oui*
Sétu galleg ann tî.

Komps brézonek ével eunn Normand.

IV

Eunn Normand en deûz hé lavar,
Hag en deûz hé zislavar.

Sétu eur ghir eûz a wéchall :
Skanv a fougher ével eur Gall,
Droug-obéruz ével eur Zaòz,
Rog ha morgant ével eur Skoz.

Sôd ével eur Gwennédad,
Brusk ével eur C'hernévad,
Laer ével eul Léonard,
Trétour ével eunn Trégbériad.

SAGESSE DE BRETAGNE.

Aplanir Brasparz,
Épierrer Berrien,
Arracher la fougère de Plouié,
Sont trois choses impossibles à Dieu.

PRIÈRE DES PÈLERINS

Saints de mon pays, secourez-moi !
Les saints de ce pays ne me connaissent pas.

III

Dans la paroisse de Taulé, entre les deux grèves,
Est le meilleur breton parlé dans la Bretagne.

Breton de Léon et français de Vannes.

Oui et *non*,
C'est le français de la maison. (Cornouaille, 1842.)

Parler breton comme un Normand.

IV

Un Normand a son dit
Et il a son dédit.

Voici un dire d'autrefois :
Vain et léger comme un Français,
Dur et méchant comme un Anglais,
Orgueilleux comme un Écossais,

Sot comme un Vannetais (un Morbihanais),
Brusque comme un Cornouaillais,
Voleur comme un Léonnais,
Traître comme un Trégorrais.

Kléier Sand Iann Vong a lavar :

Keraniz! Keraniz!
Laéroun holl! laéroun holl!

Kléier Sant-Iann Keran a respount :

Ar pez ma zoump, é zoump!
Ar pez ma zoump, é zoump!

Panez! Panézen!
Eul Léonard na zéb trâ kén.

Bara kerc'h fresk amanenned
A blij da Ghintiniz meûrbed.

Iòtaérien, debrerien kaol,
Ar Zant-Briéghiz a zò holl.

Faò rû ha faò briz
Sétu briskez al Lan-Bâliz.

Eur mailh éò eul Lan-Bâlad
Évid ober kleûziou mâd.

Gall brein! Gall brein! *
Sac'h ann diaol war hé c'hein.

Penn-sardinen ar C'honkiz,
Penn-éog ar C'hastell-Liniz,
Ha Penn-Merluz ar C'hon-Bridiz.

Bek meilk, bek sall!
Ré Ghemperlé na zéb trâ all.

TRIVÉDER KERNÉ

Person Kemper a zò skolaer,

---

* Surnom des Gallos ou Hauts-Bretons, lesquels ne parlent plus que le français; on leur fait dire proverbialement :

Je suis un sot Breton, je ne sais pas ma langue.

SAGESSE DE BRETAGNE.

<small>Les cloches de St-Jean de Vougay disent :</small>

Keraniens ! Keraniens !
Tous voleurs ! tous voleurs !

<small>Les cloches de St-Jean de Keran répondent :</small>

Ce que nous sommes, nous le sommes !
Ce que nous sommes, nous le sommes !

Panais ! Panais !
C'est le dîner d'un Léonnais.

Pain d'avoine et beurre frais,
C'est le plaisir des Quintinais.

Mangeurs de bouillie et de choux.
Ceux de Saint-Brieuc le sont tous.

Fèves rouges et fèves bariolées,
Abricots des Lamballais.

Un Lamballais est un maître
Pour faire de bons talus.

Français pourri ! Français pourri !
Le sac du diable sur son dos.

Têtes-de-sardine, ceux de Concarneau ;
Têtes-de-saumon, ceux de Châteaulin ;
Têtes-de-Merlus, ceux de Combrit.

Bec de rouget, bec salé :
C'est ce qu'on mange à Quimperlé.

TRIADE DE CORNOUAILLE *

Le recteur de Kemper est instituteur,

---

* Cette triade nous semble personnifier d'une manière assez originale, dans chacun de leurs recteurs ou curés, le caractère de quelques paroisses o la Cornouaille.

Ann hini Erc'hié-Vràz marrer,
Ann hini Elliant falc'her.

Person Kong a zô peskéter,
Ann hini Beûzek louzouer,
Ann hini Melven mestr-préegher.

Person Pond-En a zô kérer,
Ann hini Rosporden tôker,
Ann hini Trévou boutouer.

Person Korré a zô gwiader,
Ann hini Leuc'han kéméner,
Ann hini Fouesnant foughéer.

Person Tourc'h a zô barazer,
Ann hini Ker-névèl karrer,
Hag ann hini Skaer gourenner.

V

EUZ AR C'HÉMÉNÉRIEN

Nao c'héméner évid ober eunn dén.

Néb a lavar eur c'héméner
A lavar ivé eur gaouier.

EUZ AR MILINÉRIEN

Krampoez hag aman a zô mâd,
Ha nébeudig eûz pép sac'had,
Hag ar merc'hed kempenn a-vâd.

VI

A béb liou marc'h mâd.
A béb vrô tûd vâd.

Celui du Grand-Ergué écobueur,
Celui d'Ellian faucheur.

Le recteur de Concarneau est pêcheur,
Celui de Beuzec herboriseur,
Celui de Melven beau parleur.

Le recteur de Pont-Aven est cordonnier,
Celui de Rosporden chapelier,
Celui de Trévou sabotier.

Le recteur de Corré est tisserand,
Tailleur est celui de Leurhan,
Fanfaron celui de Fouesnant.

Le recteur de Tourc'h est tonnelier,
Celui de Ker-névél charroyeur,
Et celui de Scaer est lutteur.

V

DES TAILLEURS

Il faut neuf tailleurs pour faire un homme.

Qui dit tailleur
Dit menteur.

DES MEUNIERS

Des crêpes et du beurre, c'est bon,
Et un peu du sac à farine de chacun,
Et les jolies filles aussi.

VI

De toute couleur bon cheval.
En tout pays bonnes gens.

Al laouénan a gar atò
Hé toen ha kornig hé vrò.

GHIRIOU

Alleno. — Màd é kélen é péb amser.

Aot-Red. — Dré ar mòr.

Bòd-Déru. — Berped krenw.

Bois-Guéhenneuk. — Karantez ha guirionez.

Breiz. — Kent mervel.

Kamereu. — En kichen rei, é ma kéméret.

Charruel. — Kalonek a drec'h beb tra.

Kastell. — Da vâd é tui.

Koat-an-Skours. — A galoùn vâd.

Koet-Ivi. — Bépred.

Koet-Kelven. — Béza é péoc h.

Koetudavel. — Réd é vé.

Déogher (Ann). — Dléed éo guir d ann déogher.

Drének. — Né zeùz pesk héb hé zréan.

Doujet (Ann). — Dén a galon a zò doujet.

Gaédon. — Pa zoun ar c'horn, é saill ar gaédon.

Jentil Koad-ann-Froter. — Jentil d'ann holl.

Le roitelet aime toujours
Son toit et le petit coin de son pays.

DEVISES*

Alleno. — Un conseil est bon en tout temps.

Autret (Rivage-du-Courant). — Au delà de la mer.

Bodéru (Buisson-de-Chêne). — Toujours fort.

Boisguehenneuc (Du) (Forestier). — Amour et vérité.

Bretagne (Pays-des-Guerriers). — Plutôt mourir. — *Potiùs mori quam fœdari.*

Camereu. — Après donner, il faut prendre.

Charruel. — L'homme de cœur surmonte tout.

Chastel (Du). — Tu viendras à bien.

Coatanscours (Bois-de-la-Faucille). — De bon cœur.

Coetivy (Bois-d'Ivy). — Toujours.

Coetquelven (Bois-du-Coudrier). — Être en paix.

Coetudavel. — Il faudrait.

Déauguer (Le) (Le Dimeur). — Le droit est dû au dimeur.

Drénec (Du) (Le Bar ou l'Épinaie). — Il n'est poisson sans épine.

Douget (Le) (Le Redouté). — L'homme de cœur est redouté.

Gaédon (Lièvres). — Quand sonne le cor, les gaédon (lièvres) se lèvent.

Gentil (Le) de Coatanfroter (Bois-du-Frotteur). — Gentil pour tous.

* Pour les devises purement françaises, voir encore le Nobiliaire de Bretagne de M. Pôl de Courcy et tous les Armoriaux.

Gonidek (Ar). — Ioul Doué.

Guern-Izak. — Péd bépret.

Haleg-Goat. — Ker guenn hag haleghek.

Huon-Kérések. — Endra badô, birviken...

Huon-Ker-Madek. — Ataô, da virviben.

Ker-Aéred. — Pa elli.

Ker-an-Guen. — Laka évez.

Ker-an-Réz. — Réz pé bar.

Ker-Aôt-Red. — Martézé.

Ker-Goet. — E kristen mâd mé bév an Doué.

Ker-Jar. — Réd éo mervel.

Ker-Lec'h. — Mar c'har Doué.

Ker-Louet. — Araok! Araok!

Ker-Mavan. — Doué araok.

Ker-Réd. — Tével hag ober.

Ker-Roz. — Graz ha spéret.

Ker-Saôzon. — Préd éo, préd éo.

Kerou-zéré. — List! List!

Léz-Kiffiou. — Kémer ar c'hoad, ha les ar c'hiffiou.

Mesanven. — Emé-t-hu.

Molak. — Grik da Molak!

Névet. — Pérag?

Park-Skaô. — Amzéri.

Pen-ann-Koet. — A bép pén léalded. — *Hag ivéz :* En diavez.

Pen-Guern. — Doué da Guentâ.

Gonidec (Le) (Le Gagnant, le Vainqueur). — Volonté de Dieu.

Guernisac (Aunaie ou Marais de l'Isac). — Prie toujours.

Halegoat (Bois-de-Saules). — Aussi blanc que saules.

Huon de Kérésec (Cerisaie). — Tant qu'elle durera, jamais...

Huon de Kermadec (Riche-ville). — Toujours, à jamais.

Keraéret (village-des-Couleuvres). — Quand tu pourras.

Keranguen (village-du-Blanc). — Prends garde.

Keranrais (village-de-la-Mesure). — Ras ou comble.

Kerautret (village-du-Bord-du-Courant). — Peut-être.

Kergoet (village-du-Bois). — En bon chrétien je vis en Dieu.

Kerjar (village-de-la-Poule). — Il faut mourir.

Kerlec'h (village-de-la-Pierre-levée). — S'il plaît à Dieu.

Kerlouet (village-Moisi). — En avant! En avant!

Kermavan. — Dieu avant.

Kerret (village-du-Courant). — Se taire et faire.

Kerroz (village-de-la-Rose). — Grâce et esprit.

Kersauzon (village-des-Saxons). — Il est temps, il est temps.

Kerouzéré. — Laissez! Laissez!

Lesguiffiou (Cour-des-Souches). — Prends le bois et laisse les souches.

Mesanven. — Dites-vous.

Molac. — Silence à Molac!

Névet. — Pourquoi?

Parscau (Parc-du-Sureau). — Temporiser.

Penancoët (Bout-du-Bois). — Loyauté partout. — *Et aussi :* A découvert.

Penguern (Bout-du-Marais ou de l'Aunaie). — Dieu d'abord.

Pen-C'hoet. — Réd éo.

Pen-Marc'h. — Prest vé.

Portz-Moguer. — Var vòr ha var zouar.

Kélen. — E péb amzer kélen.

Richard, Aotrou Ker-Iann. — Karet Doué, meùli Doué. énori Doué.

Riou. — Mud oud é?

Rodellek. — Màd ha léal.

Rouazle. — Sel pétra ri.

Rouz (Ar.). — Pé brézel, pé karantez.

Salaun. — Guir ha léal.

Trédern. — Ha souez vé?

Trévou. — Pa garò Doué.

Penhoüt (Bout-du-Bois). — Il faut.

Penmarc'h (Cap-de). — Il serait prêt.

Portzmoguer (Port-de). — Sur mer et sur terre.

Quélen (Houx. Instruction). — En tout temps Quélen (Du Houx. De l'Instruction).

Richard, Sr de Kerjean. — Aimer Dieu, louer Dieu, honorer Dieu.

Riou. — Es-tu muet?

Rodellec (Homme aux cheveux frisés). — Bon et loyal.

Rouazle. — Prends garde à ce que tu feras.

Roux (Le) de l'Aunay. — La guerre ou l'amour.

Salaun (Salomon). — Franc et loyal.

Trédern (Douaire). — Qu'y aurait-il d'étonnant ?

Trévou (Tribus). — Quand il plaira à Dieu.

A LA MÉMOIRE

DE

LE GONIDEC *

◆

Quelques jours avant sa mort, M. Le Gonidec, recueillant le peu de forces que lui avaient laissées cinq mois de maladie, revoyait sur son lit les dernières épreuves de sa *Grammaire Celto-Bretonne*. Quand le texte entier fut composé, un ami, un élève, qui surveillait et hâtait cette impression, réunit en un volume les feuilles éparses qu'on présenta au savant philologue. Le génie de sa langue natale était fixé dans ce livre : il l'ouvrit et le parcourut en silence ; puis, d'un air satisfait, le tint quelque temps fermé entre ses mains. — Ce dernier trait résume bien la vie d'un homme dévoué à une seule idée : il connaissait le prix de son travail, et se félicitait en mourant de l'avoir accompli.

Oui, quelles que soient vers l'unité de langage les tendances de la philosophie, ceux-là ont bien mérité, qui surent conserver, en pénétrant leurs principes, les formes

* Ce recueil de proverbes offrant comme un résumé de l'esprit de la Bretagne, il semble utile de faire connaître celui qui a fixé sa langue. La Notice sur LE GONIDEC précédait la deuxième édition de la Grammaire qui parut au moment de sa mort; supprimée avec les préfaces de l'illustre auteur dans la nouvelle édition in-4°, qui comprend aussi les Dictionnaires, elle laissa ainsi dans l'ombre une vie intéressante et honorable, et sans explications les immenses travaux qui sont la règle et la gloire de la langue celto-bretonne. Cette notice reparait donc ici comme une introduction littéraire et comme un hommage.

variées qu'a revêtues la pensée humaine. Le Gonidec fut de ce nombre : il peut s'appeler le régulateur de la langue et de la littérature celto-bretonnes. Grammaire, dictionnaires, et textes de langue, son œuvre embrasse tout, et ses livres, si chers à son pays, ne se recommandent pas moins par leur saine critique aux érudits de toute l'Europe ; disons mieux, ils se recommandent par le sujet comme par la méthode, puisque les civilisations modernes recouvrent en bien des lieux des origines celtiques.

La France, qu'on nous accorde ces préliminaires, a trop oublié la Gaule. Et cependant la France trouverait encore en Armorique la source première de sa langue, j'ajouterais de son ancienne littérature, s'il fallait ici entourer le grammairien et l'écrivain breton des vieux bardes, ses devanciers. Et qui niera devant les noms d'Hoël et d'Arthur, le chef gallois, que le mouvement poétique des sixième et septième siècles ne fût dans les deux Bretagnes ? Il est vrai, les poëmes d'Armorique, comme les hymnes franks recueillis par Charlemagne, sont perdus ; mais les rimeurs du moyen âge, Chrestien de Troyes, Regnaud, Robert Wace, ne cachent pas leurs emprunts à ces poëmes, *moult anciens*, dit Marie de France.

> *Bons lais de harpe vous apprts,*
> *Lais bretons de notre pays ;*

ajoute le traducteur de *Tristan le Léonnais*. N'est-ce pas la veille de la bataille d'Auray que Duguesclin consulta les *Prophéties de Merlin* ? Sous la Ligue on chantait encore le *Graalen Maúr*, qui a tant fourni aux romans de la Table Ronde ; et l'on chante toujours :

> *Ar roué Graalen zó en Iz bez.*

Quant au barde Guiklan, qui vivait en 450, Rostrénen et le vénérable Dom Le Pelletier lisaient ses vers, au siècle dernier, dans l'abbaye de Lan-Dévének. Les titres ne sont donc pas contestables : on les retrouverait d'ailleurs, au delà du détroit, dans une littérature jumelle ; et dans les deux pays la langue est vivante. Depuis longtemps travaillée en Galles, elle vient enfin de recevoir en Bretagne sa forme scientifique des veilles de Le Gonidec.

Tâchons d'exposer dans toute sa simplicité cette vie studieuse et peu connue, mais glorieusement liée désormais à l'histoire des idiomes celtiques.

I

Jean-François-Marie-Maurice-Agathe Le Gonidec naquit au Conquet, petit port de mer situé à la pointe occidentale de la Bretagne, le 4 septembre de l'année 1775. Sa mère, Anne-Françoise Pohon, appartenait à une famille de cette ville, où son père, d'ancienne et noble maison, mais sans fortune, occupait un emploi des fermes. Dans le voisinage du Conquet demeurait au château de Ker-Iann-Môl, M. et Mme de Ker-Sauzon, qui, s'intéressant aux époux Le Gonidec, tinrent leur fils sur les fonts de baptême. Ce fut un grand bonheur pour l'enfant. A l'âge de trois ans, privé de sa mère, puis abandonné de son père, homme bizarre et dur qui délaissait ainsi tous les siens, il fut généreusement recueilli par ses parents selon Dieu. Telle fut la tendresse des père et mère adoptifs, telle l'indifférence du père naturel, que, jusqu'à sa douzième année, le pauvre enfant ne se douta point de son sort. Le secret dévoilé, il tomba malade et faillit mourir de douleur.

Dans ce temps, l'abbé Le Gonidec (celui qui refusa sous la Restauration l'évêché de Saint-Brieuc) était grand chantre de Tréguier ; dans cette ville était aussi un collége dont l'enseignement avait de la réputation :

cette double circonstance dut décider à y envoyer l'enfant.

Ses études furent parfaites. Dès le début, soit commencement de vocation, soit influence de son parent l'ecclésiastique, il avait revêtu la soutane. Le jeune abbé Le Gonidec, ce fut ainsi qu'on le nomma dans le monde, laissait voir beaucoup d'esprit et d'imagination, et un vif attrait pour les lettres. Aussi, durant ses vacances au château de Ker-Iann-Môl, tous les manoirs d'alentour lui étaient ouverts. Ses parents adoptifs pouvaient se féliciter.

Voici une occasion plus grande de payer sa dette. Vers la fin de 1794, M. de Ker-Sauzon émigre. Aussitôt le jeune abbé, qui achevait ses études, vient s'installer à Ker-Iann, et là se fait le précepteur du fils et des neveux de son généreux parrain. Mais les biens sont mis sous le sequestre; toute la famille doit se retirer à la ville; Le Gonidec est lui-même forcé de chercher une demeure plus sûre.

En 93, nous le trouvons dans les rues de Brest, entouré de soldats et des hideux témoins de ces fêtes de sang, qui marche à l'échafaud. Il n'avait pas encore dix-huit ans. Arrivé au pied de la machine, il voyait briller le couteau, quand des amis (on n'a jamais su leurs noms) entrent tout armés sur la place, renversent les soldats, et d'un coup de main délivrent le prisonnier. Le Gonidec fuyait au hasard par les rues de Brest; une petite porte est ouverte, il y entre; c'était la maison d'un terroriste. « Ah! monsieur, crie une femme, quel bonheur que mon mari soit absent! mais sortez, sortez vite, ou vous êtes perdu. — Et perdu, madame, si je sors! Pour un instant, de grâce, cachez-moi! » La pauvre femme tremblait à la fois de peur et de pitié. Enfin, la nuit vint; le proscrit put franchir les portes de la ville, d'où, gagnant à travers champs un petit port de Léon, il passa en peu de jours dans la Cornouaille insulaire.

Dans le calme de la vie scientifique, où nous recherchâmes M. Le Gonidec, plus d'une fois nous l'avons entendu raconter les détails de cet événement terrible. Au sortir de Ker-Iann, il lui fut difficile de rester paisible et ignoré dans sa nouvelle retraite. La Bretagne fermentait. Les paysans le pressaient de se mettre à leur tête; mais de Brest on le surveillait; une visite domiciliaire fit découvrir des armes placées par des ennemis sous son lit; de là son arrestation, un long et cruel emprisonnement à Carhaix, puis sa marche au supplice.

L'aventureux jeune homme semble avoir retrouvé dans l'exil le génie bienfaisant qui le secourut au pied de l'échafaud. Dénué de toutes ressources, il débarquait à Pen-Zanz, dans l'autre Bretagne, quand, au sortir du vaisseau, il est abordé par un domestique qui lui demande si son nom n'est pas Le Gonidec. Sur sa réponse affirmative, le domestique reprend qu'il a l'ordre de lady N..., sa maîtresse, de prier l'étranger de descendre chez elle. Ce fait s'explique ainsi : Le Gonidec avait un parent de son nom, recommandé par lettre à lady N.... et qu'on attendait d'Amérique; depuis plusieurs jours le domestique guettait l'arrivée des bâtiments : la ressemblance de nom amena cette méprise dont la généreuse lady remercia le hasard. Elle garda son hôte pendant près d'une année.

Faute de renseignements précis, il serait malaisé de suivre Le Gonidec depuis la fin de 1794, où il rentra en Bretagne, jusqu'au commencement du xixe siècle. Une note de sa main prouve seulement qu'il prit une part active aux guerres civiles du Mor-Bihan et des Côtes-du-Nord; qu'il y reçut deux graves blessures, l'une à la jambe, l'autre à la poitrine; et que, promu dans les armées royales au grade de lieutenant-colonel, il fit un second voyage dans la Grande-Bretagne, d'où le ramena la fameuse expédition de Quiberon. Depuis lors, errant pendant plusieurs années de commune en commune, il profita enfin de l'amnistie du 18 brumaire et déposa les armes à Brest, le 9 novembre 1800.

II

Ici commence la véritable vie de Le Gonidec, celle-là du moins qui conservera son nom : « *Unius ætatis sunt res quæ fortiter fiunt : quæ verò pro patriá scribuntur æternæ sunt.* »

Cette épigraphe des *Origines gauloises* de notre Malo-Corret (La-Tour-d'Auvergne) pourrait être plus justement celle des œuvres de Le Gonidec. A vrai dire, son génie propre n'était pas dans l'action où l'avaient fatalement jeté les troubles de son temps. Et, chose bizarre, cependant, la suite de ces événements entraîna, par leurs combinaisons, sa vocation scientifique. Forcé de se cacher et de vivre sous l'habit des paysans, il se mit à apprendre parmi eux d'une manière raisonnée la langue celto-bretonne qu'il avait parlée sans étude dans son enfance. De ce jour, l'ardeur de la science ne le quitta plus. Elle le suivit dans les places importantes d'administration qu'il occupa sous l'empire, et dans le modeste emploi où nous l'avons connu pendant sa vieillesse.

Il paraîtrait qu'un compatriote chez lequel notre grammairien reçut une longue hospitalité ne fut pas sans quelque influence sur son esprit. Amoureux des recherches archéologiques, le vieux maître de Ker-Véatou y associa volontiers Le Gonidec. Si ce dernier fut d'un grand secours pour son hôte, il n'importe : on doit saluer en passant ces éveilleurs d'idées.

Voici qu'un nouvel ami sera le nouveau mobile de ce caractère, naturellement fort et opiniâtre, mais comme chez tout Breton timide à entreprendre et combattu d'incertitudes.

C'était l'heure où tout se réorganisait sous la main du premier consul. Chacun, dans les partis détruits ou rapprochés, s'occupait de son avenir : Le Gonidec y devait songer. Or, le baron Sané, son oncle, un des hauts administrateurs de la marine, lui pouvait être d'un grand secours. Telles furent les observations d'un intime ami [1] de Le Gonidec, lequel, partant pour la capitale, le décida à l'y accompagner. Ces espérances n'étaient pas vaines. Arrivé à Paris au mois de juin 1804, il occupa, dès le mois de juillet, un emploi dans l'administration forestière.

L'année suivante, son nom figure parmi ceux des membres de l'Académie celtique, réunion qui se rattache trop aux généralités de notre sujet pour ne pas obtenir ici une mention. D'ailleurs, quels qu'aient été ses travaux, elle a fait naître la *Grammaire celto-bretonne*.

III

L'Académie celtique s'ouvrit le 9 germinal an XIII, avec tout l'enthousiasme que les fondateurs conservaient de leurs relations avec Le Brigant et La-Tour-d'Auvergne. L'auteur du *Voyage dans le Finistère*, Cambry, présida la première séance. Le savant M. Éloi Johanneau, qui avait conçu le projet de l'Académie, exposa le but de ses recherches, toutes dirigées vers les antiquités des Celtes, des Gaulois et des Franks. Cette pensée fut rendue allégoriquement dans le jeton de présence : un Génie, tenant un flambeau d'une main, soulève de l'autre le voile d'une belle femme (la Gaule), assise auprès d'un dòl-men et d'un coq. Réveillée par le Génie, cette femme lui présente

---

[1]. M. de Rodellec du Porzic, à qui sont dus ces détails.

un rouleau sur lequel on lit ces mots celtiques : *Iez ha Kiziou Gall.* (Idiome et usages des Gaulois.) Dans le lointain une tombelle druidique surmontée d'un arbre, et pour légende : *Sermonem patrium moresque requirit.* Le revers portait une couronne formée d'une branche de gui et de chêne, avec cette inscription : Académie celtique, fondée an XIII. — Autour de la couronne : *Gloriæ majorum.*

N'omettons pas cette proposition de Mangourit. Rappelant l'ordre du jour du général Dessoles, qui conservait le nom de La-Tour-d'Auvergne, à la tête de la quarante-sixième demi-brigade, où il avait été tué, Mangourit fit adopter par l'Académie celtique les propositions suivantes :

1° Le nom de La-Tour-d'Auvergne est placé à la tête des membres de l'Académie celtique ;

2° Lors des appels, son nom sera appelé le premier ;

3° Le général Dessoles, qui fit signer l'ordre du jour de l'armée après le trépas de La-Tour-d'Auvergne, est nommé membre regnicole de l'Académie.

Une grande ardeur animait donc les membres de cette assemblée. Par malheur, la langue celtique, qui eût dû être le flambeau de leurs études, fut presque négligée, ou traitée avec une demi-science et des prétentions si folles chez quelques-uns qu'elle excita l'opposition de la majorité. Ceux-ci, au lieu d'examiner, en vinrent à nier l'antiquité de la langue bretonne : — méconnaissant que tous les mots donnés comme celtiques par les auteurs latins ou grecs sont conservés avec leurs sens originel dans la Bretagne-Armorique; ainsi des noms de lieux et d'hommes qui se trouvent en Écosse, en Irlande, en Galles et dans la Cornouaille insulaire. A défaut de textes bretons, puisque le *Buhez Santez Nonn*, ce précieux manuscrit, n'était pas imprimé, les textes gallois existaient, et ces textes sont reconnus des vrais savants comme très-anciens, trèspurs, très-authentiques ;. enfin la curieuse et originale syntaxe de la *Grammaire celto-bretonne* était à étudier.

IV

La *Grammaire celto-bretonne* parut en l'année 1807. L'auteur s'exprimait ainsi dans sa première préface : « Il existait trois grammaires celtiques avant ce jour : la *Grammaire bretonne-galloise*, de Jean Davies, imprimée à Londres en 1621 ; la *Grammaire bretonne*, du P. Maunoir, qui a paru dans le même siècle; et enfin celle du P. Grégoire de Rostrenen, capucin, imprimée pour la première fois vers le milieu du dernier siècle, et réimprimée à Brest, en 1795. La première m'aurait été d'une grande utilité si j'avais eu le bonheur de la connaître plus tôt ; la seconde est totalement incomplète ; je n'ai pu tirer aucun parti de sa syntaxe, vu qu'elle se trouve en tout conforme à la syntaxe latine. Quant à la grammaire du P. Grégoire, quoiqu'elle soit loin d'offrir tous les principes nécessaires à la connaissance de la langue, je conviendrai qu'elle m'a été d'un grand secours. »

A cette liste de grammairiens, l'auteur eût pu joindre Le Brigant et Le Jeune (Ar Jaouanq), tous deux de la fin du siècle dernier.

La grammaire de Le Gonidec, bien supérieure aux précédentes, ne laisse rien à désirer comme rudiment. La syntaxe en est bien établie. Nul n'avait indiqué la génération des verbes ; nul, ce parfait tableau des lettres mobiles dont les lois mystérieuses et multiples étaient si difficiles à découvrir. Quant à l'alphabet, il rend tous les sons des mots, laisse voir leur formation et se prête logiquement aux mutations de lettres : j'y regretterai une seule lettre correspondant au *th* Kemrique ou gallois, son qui existe encore chez les Bretons, et que le *z* ne peut rendre. Les consonnes liquides soulignées, à peine sensibles pour quiconque ne parle pas la langue bretonne dès l'enfance, prouvent chez notre celtologue une finesse d'ouïe des plus rares. Jusqu'à cette dernière édition de la *Grammaire*, il n'avait pu, faute de caractères, indiquer ces consonnes ; sur quoi on lui dit que ce serait une difficulté pour bien lire sa Bible : « Oh! répondit-il, je n'ai jamais employé ces sons liquides dans mes textes! » Et pourtant, hors lui, puriste, qui s'en serait douté? Savants, vous pouvez vous fier à la conscience de cet homme.

V

La hauteur de la pensée et celle du caractère s'unissaient chez M. Le Gonidec, vrai Breton. Tandis que par d'autres travaux philologiques, mais d'un intérêt moins proche pour la France, des savants ont vécu entourés de richesses et d'honneurs, lui n'eut, pour soutenir sa vie laborieuse, que l'estime de son pays, dont il semble emporter le génie dans la tombe. Si jamais homme a rempli sa tâche, ce fut M. Le Gonidec. Dans quelques années, lorsque les regards de la science se seront enfin tournés vers les idiomes celtiques, le nom de notre grammairien ne sera prononcé qu'avec une sorte de vénération. Tel fut le sentiment tardif de M. Raynouard, initié, mourant, aux œuvres d'un homme qu'il avait longtemps méconnu. La *Grammaire celto-bretonne* a exposé les règles originelles et conservées par la tradition, mais non écrites de notre langue ; les deux *Dictionnaires*, autres chefs-d'œuvre, en ont donné le tableau complet, et la traduction de la *Bible* a paru ensuite comme un texte inimitable. Ainsi toute la langue bretonne est comme en dépôt dans ses livres. Les beaux et continuels efforts! Onze années de veilles prises après les travaux journaliers et nécessaires à la famille (dès 1807 il s'était marié) furent données aux *Dictionnaires*, deux ans à la *Grammaire*, dix à l'admirable *Bible*, et cependant nulle récompense ! Si prodigue pour tous les dialectes morts ou bien connus, l'État ne put trouver une obole pour cultiver le celtique, ce vivant rameau des langues primitives qui de l'Asie s'étend encore sur la Gaule.

Qu'on le sache cependant, nous plaidons ici pour Le Gonidec, plus haut qu'il ne le fit jamais pour lui-même. Outre une grande fierté, il y avait en lui comme une humeur allègre, qui le menait bien à travers les nécessités de la vie. Mais si ces dures nécessités le détournèrent de sa vocation, ne sont-elles pas déplorables ? Et ne doit-on pas regretter ce qu'avec plus de loisir il eût fait pour la science et pour le pays ?

VI

Les travaux d'administration vont, pour un long temps, le retenir tout entier. Son intelligence n'avait pas laissé que de le pousser rapidement dans cette carrière. La mission qu'il reçut, en 1806, de reconnaître la situation forestière de la Prusse, prouve l'estime qu'on faisait de ses connaissances variées.

Lorsque Napoléon visitait Anvers et les ports de la Hollande, il fut donné à M. Le Gonidec de le voir de bien près. Admis chaque jour, comme secrétaire de l'inspecteur général, dans le cabinet de l'Empereur, il conserva de son génie, mais sans plus s'engager, une vive admiration.

En 1812, il porte à Hambourg le titre de chef de l'administration forestière au delà du Rhin. Dans cette place élevée, où tant d'autres eussent trouvé la fortune, il ne prouva, lui, que son désintéressement. Bien plus, son père venant à mourir insolvable, il contracta des dettes pour payer celles de ce père qui, dès l'enfance, l'avait abandonné. Arrivent les désastres de Moscou. Les Français évacuent Hambourg ; le dernier à quitter son poste, Le Gonidec y perd ses meubles, ses livres, ses manuscrits. En vain, espère-t-il dans l'ancienne dynastie qu'il avait autrefois si vaillamment servie : la perte de son brevet d'officier annule tous ses services militaires. Une réduction s'opère même dans son administration, et, tour à tour, le conduit à Nantes, à Moulins, à Angoulême, et toujours avec un grade et des appointements inférieurs. Ici l'étude revient le consoler.

VII

Le *Dictionnaire breton-français* est de 1821. On peut le regarder comme un chef-d'œuvre de méthode. C'est un triage complet des précédents vocabulaires et glossaires exécutés avec la critique la plus prudente et la plus sûre. Un supplément encore inédit, auquel sont joints en marge les mots gallois, augmenterait de beaucoup ce dépôt déjà si riche.

Le *Dictionnaire français-breton* a été exécuté selon le même plan et les mêmes principes. Le Gonidec l'entreprit pour s'aider lui-même dans les textes bretons qu'il projetait.

Son premier essai de traduction fut d'après le *Catéchisme historique*, de Fleury [1]. De tous ses écrits, celui-ci est le plus simple de style. Il serait aisément devenu populaire si l'auteur eût mieux su le répandre ; mais faire de beaux livres fut toute sa science.

Le pays de Galles (que les étrangers s'instruisent par ce seul fait des rapports des deux peuples) enleva presque tout entière l'édition du *Nouveau Testament* [2]. Ce livre,

1. Katckiz historik. — 2. Testamant Névez.

le plus beau de notre langue, parut en 1827. Aussitôt la Société biblique demanda l'*Ancien Testament*[1]. Pour ce travail, il fallait au traducteur le *Dictionnaire latin-gallois*, de Davies, introuvable à Paris et fort rare en Galles. Un appel se fit pourtant dans ce pays à la fraternité antique ; appel bien entendu, puisque, peu de temps après, le révérend Price apportait lui-même en France, avec une courtoisie parfaite, le précieux dictionnaire. Dans cette entrevue, Le Gonidec, très-attaché de cœur et d'esprit au dogme catholique, arrêta que l'*Ancien Testament*, comme déjà le *Nouveau*, serait littéralement traduit d'après le latin de la Vulgate. Le manuscrit est en Galles ; une copie très-exacte est restée à Paris entre les mains du fils aîné de l'auteur, l'abbé Le Gonidec.

Les *Visites au Saint-Sacrement*, de Liguori[2], ouvrage pour lequel il avait une prédilection particulière, et enfin l'*Imitation*[3] qu'il terminait avec un grand soin quand la mort l'est venue surprendre, complètent la liste de ses traductions bretonnes. Toutes sont en dialecte de Léon. On se demande derechef si ces trésors de science et d'atticisme celtique disparaîtront avec celui qui les amassa, et seront comme ensevelis dans sa tombe. — Mais épuisons les faits.

VIII

La science avait réservé à la vieillesse de cet homme une place tout exceptionnelle. Mis à la retraite en 1834, il dut revenir à Paris et chercher dans une maison particulière le travail nécessaire pour nourrir sa famille. L'administration des Assurances Générales, dirigée par M. de Gourcuff, est, on peut le dire, une colonie de Bretons :

---

1. Testamant Kôz. — 2. Gwéladennou d'ar Sakramant.
3. Heûl pé Imitation Jésus-Krist.

M. Le Gonidec en devint l'âme, pour ceux-là du moins qui, sous la modestie des formes, devinaient la noblesse de la pensée s'exprimant par le plus pur langage. Ces Bretons ne se lassaient pas d'entendre si bien parler la langue de leur pays; lui, en parlant de la Bretagne, se consolait de vivre forcément loin d'elle. C'était là que lui arrivaient de hautes et savantes correspondances, et qu'une députation de ses jeunes compatriotes le pria, en 1838, de présider leur banquet annuel. A cette fête, qui fut comme le couronnement de sa vie, il répondit dans l'idiome national à une allocution de M. Pôl de Courcy ; on se rappelle ces dernières paroles :

« Fellet éo bet d'in tenna diouc'h eunn dismantr di-
« déc'huz iez hon tàdou, péhini a roé dézhô kémend a
« nerz. Ma em eûz gréat eunn dra-bennag évid dellezout
« hô meûleûdi, é tleann kément-sé d'ar garantez évid ar
« vrô a sav gand ar vuez é kaloun ann holl Vrétouned. Na
« ankounac'hainn bihen al lévénez am eûz merzet enn deiz
« man, é-kreist va mignouned, va Brétouned ker. Keit a
« ma vézô buez enn ounn, va c'houn a vézô évit va brô. »

Mot à mot :

« J'ai voulu tirer d'une ruine inévitable l'idiome de nos
« pères, lequel leur donnait tant de force. Si j'ai fait quel-
« que chose pour mériter vos éloges, je le dois à l'amour
« du pays, qui naît avec la vie dans le cœur de tous les
« Bretons. Je n'oublierai jamais la joie que j'ai trouvée
« en ce jour, au milieu de mes amis, mes chers Bretons.
« Aussi longtemps que la vie sera en moi, mon souvenir
« sera pour mon pays. »

Tels furent les souhaits de vie qui accueillirent l'auteur de ces simples et touchantes paroles, telle fut la vénération qui, durant toute cette solennité, entoura l'illustre président, que son sang aurait dû se raviver au contact d'une si ardente jeunesse. A quelques jours de là, cependant, un mal cruel le saisit. Le Gonidec reconnut vite le terme inévitable, et, chrétien, se soumit une dernière fois à sa devise : Ioul Doué, *Volonté de Dieu*. Après cinq mois de continuelles douleurs, il expirait le vendredi 12 octobre 1838.

Son convoi fut suivi jusqu'au cimetière par un grand nombre de ses compatriotes. Là, celui qui écrit cette notice, rappelant devant sa tombe les grands et nombreux travaux de Le Gonidec, a demandé que la Bretagne ne laissât point dans un cimetière étranger celui qui avait si bien mérité d'elle, mais l'ensevelit dans sa ville natale du Conquet.

A la suite de ce convoi, une commission formée de MM. F. de Barrère, A. Brizeux, Alfred de Courcy, Audren de Kerdrel, Edmond Robinet, Émile Souvestre, a arrêté ces deux articles :

1° Du consentement de la famille, une souscription est ouverte dans le but de transporter au Conquet, sa ville natale, les restes de M. Le Gonidec.

2° Sur sa tombe seront gravés ces vers :

> *Peûlvan, diskid d'ann holl hanô Ar-Gonidek,*
> *Dén gwiziek ha dén fur, reizer ar brézounek.*

C'est-à-dire :

> Pilier de deuil, apprends à tous le nom de Le Gonidec,
> Homme savant, homme sage, régulateur du langage breton.

Notre pays et même le pays de Galles ont répondu à cet appel. Outre l'épitaphe déjà citée et d'autres inscriptions, on lit sur le monument, d'un style gothique élégant :

Ganet é Konk, ar IV a vīz gwengoló, 1775.
Maró é Paris, ann XII a vīz héré, 1838.
Béziet é Konk, ann XII a vīz héré, 1845.

En français :

Né au Conquet le IV septembre 1775.
Mort à Paris, le XII octobre 1838.
Enseveli au Conquet, le XII octobre 1845.

Par cet hommage rendu au savant grammairien, l'Armorique a prouvé qu'elle savait se glorifier de sa langue comme de la plus ancienne peut-être de l'Europe; qu'elle voulait l'aimer comme conservatrice de sa religion et de sa moralité.

IX

En face de la civilisation nouvelle, Le Gonidec a fait ceci, que le breton est écrit au XIXe siècle avec plus de pureté qu'il ne le fut depuis l'invasion romaine : la mort du breton, si Dieu le voulait ainsi, serait donc glorieuse. Il faut l'avouer, la langue écrite avait suivi la décadence de notre nationalité. Cette décadence date même de loin, à en juger par le *Buhez Santez Nonn* (Vie de sainte Nonne), ce mystère antérieur au XIIe siècle, traduit en français et avec tant d'habileté par l'infatigable savant. Les écrivains, sans renoncer aux tournures celtiques, aimèrent trop à se parer de mots étrangers. Or, c'est ce désordre qu'a voulu chasser l'esprit critique de Le Gonidec. Et, chose merveilleuse! dont nous-même avons fait l'épreuve en plus d'une chaumière, ses textes, sauf quelques mots renouvelés, sont bien de notre temps et lucides pour tous. Ce n'est plus ce style franco-breton qui ne présente à l'esprit qu'un sens confus; c'est un style sincère et originel qui, lorsque l'ancien mot a été reconnu et saisi, fait briller les yeux du laboureur et va remuer dans son cœur les sources vives du génie celtique.

Ce mouvement donné à la littérature nationale peut se continuer. Les élèves de Le Gonidec sont nombreux, et plus d'un a la science du maître.

Une doctrine un peu large devrait aimer, en regard même du génie de la France, cette variété du génie breton. Pour tenir à tous les sentiments généraux, ne brisons pas les sentiments particuliers où l'homme a le mieux la conscience de lui-même. L'idiome natal est un lien puissant : soyons donc fidèles à notre langue natale, si harmonieuse et si forte au milieu des landes, loin du pays si douce à entendre.

FIN DU TOME PREMIER.

ERRATA

Page 143, vers 7, *au lieu de :* plus droits!
                     lisez :   tout droits!

— 215, — 10, *au lieu de :* Vous entraîna, mourant, vous-même.
                     lisez :   Vous entraîna, mourant vous-même.

— 223, — 13, *au lieu de :* Elles partirent.
                     lisez :   Elles partaient.

TABLE

Notice sur Brizeux... I

MARIE

Préface....................	3	I. Les Amours...........	42
Marie.....................	5	II. La Noce.............	43
Paris.....................	7	III. La Chaumière........	48
A ma Mère...............	8	Rencontre sur Ar-Voden.....	50
Le Livre blanc............	9	Marie...................	51
Quand on est plein de jours	10	Écrit en mer.............	54
Marie.....................	10	Un jour..................	56
Notre premier malheur	12	Marie...................	56
Le Pays...................	13	Le doute.................	58
Le Barde..................	13	L'élégie de Le Brâz........	59
Hymne....................	15	Bonheur domestique	61
Marie.....................	16	La Verveine..............	63
L'Apprentissage............	21	Marie...................	64
La Chanson de Loïc........	22	*Tout jeune homme aujour-*	
Le Chemin du Pardon.......	24	*d'hui*	66
Le Bal....................	27	Les Batelières de l'Odet	66
Marie.....................	27	*Comme un fruit au prin-*	
J'aime dans tout esprit	29	*temps*..................	70
Souvent je me demande....	29	Marie...................	70
Quand le temps sur nos		Hymne...................	72
fronts..................	29	Jésus....................	73
Marie.....................	30	A ma Mère...............	75
Vers écrits à Livry.........	32	Le Paysagiste	77
Hymne....................	34	Écrit en voyage	78
A la mémoire de Georges		Marie...................	79
Farcy...................	36	*Lorsque sur ma fenêtre*.....	81
Le mois d'Août............	37	La Chaîne d'Or............	81
Marie.....................	40	Le Retour................	84
Histoire d'Ivona	42	Marie...................	86

LES BRETONS

Préface	93	Ch. XIV. Les Mineurs	198
Chant Ier. Le Pardon	99	Ch. XV. La Charrette de la Mort	207
Ch. II. Les Quêteurs	108		
Ch. III. Les Noces de Nona	117	Ch. XVI. Le Convoi du Fermier	215
Ch. IV. Les Iles	125	Ch. XVII. Les Travaux d'automne	222
Ch. V. Carnac	132		
Ch. VI. Retour en Cornouaille	139	Ch. XVIII La Nuit des Morts	230
Ch. VII. Les Lutteurs	147	Ch. XIX. Le Marché de Quimper	239
Ch. VIII. Le Chasse-Marée	156		
Ch. IX. Les Pilleurs de côtes	165	Ch. XX. Les Conscrits	246
Ch. X. La Baie-des-Trépassés	171	Ch. XXI. Les Fileuses	254
Ch. XI. Les Pèlerins	177	Ch. XXII. Les Réfractaires	262
Ch. XII. Rencontre des cinq Bretons	183	Ch. XXIII. Les Fiançailles	272
		Ch. XXIV. Les Noces	281
Ch. XIII. Dans les montagnes	192	Notes	291

LA HARPE D'ARMORIQUE

La Harpe	299	La Chanson du Cloutier	321
Bardit	301	Monsieur Flammik	323
Chanson du Printemps	307	Marie	325
La Fleur de lande	309	Le Chêne	329
Prière des Laboureurs	311	Petites rimes	331
Les Conscrits de Pló-Meur	313	Notes	337
Le Jardin	319		

SAGESSE DE BRETAGNE

Préface	342	Du Travail	367
Proverbes divers	345	Almanach des Laboureurs	371
Des Femmes et du Mariage	355	Des Pays	383
Du Vin	359	Devises	391
De la Guerre	361	A la mémoire de Le Gonidec	396
De la Fortune	363	Errata	413

FIN DE LA TABLE.

www.ingramcontent.com/pod-product-compliance
Lightning Source LLC
Chambersburg PA
CBHW050248230426
43664CB00012B/1873